인권과 함께 살펴보는

사회복지 윤리와 철학

윤성호 · 이미라 · 손지현

KNOWLEDGE COMMUNITY 공동체

머리말
PREFACE

사회복지실천은 인간과 사회를 바람직한 상태로 만들기 위한 노력이다. 우리의 실천이 바람직한 결과를 자아내느냐 그렇지 못하느냐의 판단은 깊이 있는 숙고에 의해 이루어진다. 우리의 실천이 제대로 된 활동인지를 판단하는 것 또한 쉽지 않다. 선량한 마음과 의도만으로 좋은 결과를 내는 것은 아니다. 우리가 가지고 있는 양심이 어떻게 표현되어야 옳은 것인지, 또 바람직한 것인지, 게다가 그 양심이라고 하는 것이 늘 바른 것인지 등을 끊임없이 판단하지 않으면 안 된다. 이렇게 옳고 그름을 구별하고, 바람직한 것과 바람직하지 못한 것을 판단하는 사고작업을 철학이라고 부를 수 있다. 철학적 사고과정을 통해 '무릇 사람이라면 갖추고 행해야 할 것'과 나아가 '전문적 실천을 하는 사람이 갖추어야 할 태도'를 정립하는 것은 무엇보다 원초적이다. 하지만 상황은 녹록하지 않고 복잡하여 우리의 판단을 흐리게 할 경우가 많다. 실천활동의 여러 상황 속에서 인간으로서, 서비스 전문가로서 정당하게 갖추어야 할 태도, 그것을 윤리적 태도라 할 수 있다. 사회복지실천 상황에서는 공학적 프로그램에 의해 짜여진 공식과 같은 윤리적 해답이라는 것이 존재하지 않는다. 하지만 해답을 추구하는 노력 역시 포기해서도 안 된다.

사회복지실천을 담당하는 우리에게는 인본주의적 철학이라는 기본적인 사고의 틀이 있고, 이에 비추어 변하는 시대마다, 다른 상황마다 새롭게 해석해야 할 행위의 방식이 있다. 인간과 사회의 바람직성에 대한 끊임없는 숙고와 토론은 우리의 실천활동의 정당성을 더욱 확보하게 할 것이다. 이를 고민하는 사람들이 모여 이 책을 저술하게 되었다. 일반인이나 또는 사회복지학을 배우는 학생들은 철학, 윤리, 권리와 같은 개념에 대한 이중성이 있다는 것을 알고 있다. 보편적으로 많이 사용하기는 하지만, 깊이 파고들기에는 부담스러운 이중성. 이런 이중성을 떨치게 하기 위해, 조금 더 쉽고 정확하게 정리된 글을 통하여 전문적 깊이를 더하고자 하는 것이 우리의 목표 중 하나이다.

이 책은 총 3부로 구성되어있다.

제1부는 사회복지의 철학에 관한 설명으로 이루어져 있다(윤성호 저). 철학의 영역은 그 역사만큼이나 넓고도 넓어서 모든 철학적 사조를 다루는 것은 불가능하다. 이 책에서 다루고자 한 것은 사회복지와 철학의 관계, 사회복지철학이란 어떤 모습이어야 하는지, 사회복지철학을 이해하기 위해 섭렵해야 할 주요 사조인 인본주의와 정의론에 대한 설명 등이었다. 분배를 중시하는 학문으로서 사회복지학을 이해하는 데 있어 기본적인 개념들을 설명하는 데 목적을 두고 있다.

제2부는 사회복지의 윤리에 관한 설명이 진행된다(이미라 저). 철학과 윤리학은 서로 구별하기 힘들고, 상당부분 중첩될 수밖에 없지만 이를 최대한 해결하기 위해 실천윤리에 가까운 설명을 주로 하게 되었다. 사회복지실천 전문가가 지녀야 할 윤리적 태도와 상황 속에서의 윤리적 판단 등을 중심으로 각종 사례를 들어 설명하였다.

제3부는 사회복지와 권리에 관한 설명으로 이루어져 있다(손지현 저). 권리는 인류 역사상 아직도 논쟁이 되고 현실화하기 위한 각종 노력이 진행되는 개념이다. 인간이 지녀야 할 기본적 권리에 대한 설명을 빠뜨릴 수 없고, 이러한 권리의식이 어떻게 발달되어 왔는지, 우리가 갖추어야 할 권리의식에 관한 설명들을 하고 있다. 철학적 개념과 역사적 발달은 물론 현재에 있어 대상자별 권리에 관해 정리하여 논의하고 있다. 또한 사회복지의 증진을 위해 노력하는 사회복지사의 권익증진에 대한 설명을 최대한 하려고 하였다.

전체적으로 사회복지실천활동을 하는 데 있어 필요한 철학적 개념의 토대를 형성하고, 윤리적 태도를 확보하며, 권익신장을 위한 노력이 어떻게 되어야 하는지에 대한 설명을 하기 위해 최대한 노력하였다. 그뿐만 아니라, 많은 사람들이 더욱 쉽게 다가서고, 이해하면서 진지한 고민을 하는 것을 돕고자 노력하였다. 하지만 갈 길이면 작업이라는 것을 인정할 수밖에 없다. 연구의 일천함과 집필의 세련되지 못함으로 인해 아직 완성된 형태일 수는 없고 지속적으로 보완할 것을 약속드린다.

이 책을 세상에 내는 데 있어 많은 도움을 주신 도서출판 공동체 관계자 여러분들께 감사드린다. 이 책이 우리나라의 사회복지실천활동을 더욱 전문화하는 데 일조하기를 감히 바라며, 우리의 실천적 노력을 통해 더욱 나은 사회가 되기를 간절히 바란다. 이 책의 논의와 설명의 부족함과 오류는 전적으로 저자들에게 있으며, 더욱 나은 저작이 되기 위해 가감 없는 지적과 편달을 독자들에게 바라는 바이다.

2023년 부산에서
집필진 일동

CONTENTS

차 례
CONTENTS

CONTENTS

제 1 부

사회복지의 철학

제 1 장

사회복지철학의 기본 이해

1. 사회복지와 철학

우리는 '철학(哲學, philosophy)'이라는 단어를 일상생활 중에 많이 사용한다. 보통의 사람들보다 약간 더 사려 깊게 생각하는 사람들을 보고 '철학적이다'라는 말을 스스럼없이 사용하기도 하고, 뭔가 이상야릇한 생각에 깊이 빠져든 사람을 놀릴 때도 사용한다. 정작 "철학이란 무엇인가?"라는 질문을 받으면 어렵다는 느낌을 지울 수 없다. 난해한 용어들과 어지러운 문장들로 꽉 채워진 두꺼운 책을 연상하게 된다. 인생과 세계, 존재와 시간 등에 대한 근본적인 질문을 파헤치려고 하지만 결국 제대로 된 답을 내놓지 못하는 사람들의 자화자찬과 같은 고민 덩어리와 같이 생각하기도 한다. 더욱이 정보통신기술이 급진적으로 발달한 현대의 많은 사람들은 철학자, 철학하는 사람은 고리타분하고 무능력하며, 실용적이지 않다는 생각을 하고 있는 것 같다. 물론 일상생활에 관련한 소소한 글들로 장식된 수필류의 책들에서 아날로그적 영감을 얻고, 잠시간의 위로를 받기도 하지만, 바쁜 생활 중에 산책하고 사색하는 것에는 시간을 아까워하는 경우가 많아졌다.

사회복지학을 배우고 실천하는 사람들에게 철학은 어떤 의미일까? 사회복지학에서 주장하는 실천활동과 정책적 모색은 철학적 토대를 떠나서 타당성을 증명할 수 없다. 사회복지학은 인간의 삶을 행복하고 풍요롭게 해야 한다는 가치를 기반으로 하고 있다. 가치에 관한 설명은 철학의 핵심적 주제이다. 인간이란 어떤 존재인가? 인간의 삶에 있어 무엇이 중요한가? 인간의 삶은 다른 존재들보다 가치로운가? 사회는 인간의 삶을 증진시키는 배경이 될 수 있는가? 우리는 어떤 방법으로 실천(praxis)하는 것이 마땅한가? 등과 같은 질문은 유사 이래로 인간이 제기한 철학적 질문이다. 이러한 질문에 대한 궁극적인 답은 결정된 바가 없으며 끊임없이 수정되고 보충되고 있다. 하지만 사회복지 분야에 종사하는 사람은 매 순간 각종의 상황 속에서 '답'을 내리고 그것에 근거한 대안을 제시해야 한다. 우리 행동에 대한 지침과 지식이 완벽하게 갖추어져 있으면 방정식을 풀 듯 해결하면 되지만, 사회복지사가 당면하는 상황은 복잡하다. 이에 사회복지실천활동을 위한 또 다른 실천인 철학하는 활동이 필요하다.

2. 철학의 의미와 분야 그리고 유용성

1) 철학이란 무엇인가?

인간과 세계는 무엇인지, 이들 간에는 어떤 관계가 있는지, 옳고 선한 것은 무엇인지를 파헤치는 노력은 인간이 역사를 기록할 수 있을 때부터 있어왔다. 철학의 아버지라 불리우는 고대의 철학자 소크라테스(Socrates)는 "음미되지 않는 삶은 살 가치가 없다"고 주장했다. 같은 시대를 살던 그리스인들에게 철학은 문자 그대로 '지혜에 대한 사랑'이었다. 그때로부터 2000여 년이 지난 지금 우리에게 이러한 정의는 듣기에는 좋으나 약간은 모호하여 철학이 무엇인지를 구체적으로 파악하는 데는 부족하다. 고대 그리스인이 사용한 철학의 의미를 현대적으로 풀면 '학문'에 가깝다. 그들은 철학자를 학자라고 생각했다. 으레 그렇듯이 학자는 자신이 관심을 둔 대상 혹은 주제에 대한 지식을 생산하고 유포하는 사람들이다.

그렇다면 철학을 각종 학문과 다른 특정한 분야로 지칭한다면 어떤 차이가 있을까? 하나의 특정 학문 체계로서 철학을 말할 때, 아리스토텔레스(Aristoteles)는 철학을 제1학문(proto philosophia)이라고 불렀다. 즉, 학문 중 가장 최고의 학문이라고 이름 붙였다. 제1학문으로서 철학이 추구하는 지식은 최고의 지식이라는 것이다. 최고의 지식이란 근원적 지식을 말하고, 다른 학문에서 다루는 지식은 파편적 혹은 파생적 지식을 말한다. 이를 우리말로 바꾸어 말하면 최고의 지식이란 '지혜'를, 파생적 지식이란 '지식'을 말한다고 할 수 있다. 지식은 소유할 수 있고, 배우고 가르칠 수 있으나 지혜란 소유될 수 있는 것이 아니다. 게다가 소유할 수 없는 지혜 그 자체를 가르칠 수 있는 방법은 없다. 단지 지혜를 찾아나가는 법을 가르치고 배울 수 있을 뿐이다. 이 때문에 소크라테스는 자신을 진리의 전달자가 아닌, 학생이 스스로 진리를 발견하도록 거들어 주는 산파라고 하면서 "대낮에 등불을 들고 사람을 찾아다닌다"고 했다. 또한 독일의 철학자 칸트는 자신의 학생들에게 "나는 철학을 가르치지 않는다. 단지 철학하는 것을 가르칠 뿐이다"라고 했다.

철학에 대한 정의 중 모든 사람을 만족시키는 정의는 존재하지 않는다. 철학은 어떤 정해진 지식을 전수하는 학문체계가 아니라, 근원적이고 온전한 지식을 추구하는 '활동'이기 때문이다. 그래서 '철학은 무엇이다' 정의내리지 않고, '철학한다는 것이 어떤 것이다'라고 한다. 따라서 철학한다는 것은 존재와 대상, 그리고 관계에 관한 올바른 지식을 얻으려는 지적인 노력이다. 철학은 이론이라기보다 지적 탐구 그 자체이다.

이를 야스퍼스(Jaspers)는 자신의 저서 『철학입문(Einführung in die Philosopie)』에서 다음처럼 말하고 있다.

"철학이 도그마티즘으로 변질될 때, 즉 결정적이고 완전한 상태로 형식화된 지식이 될 때 스스로를 기만하게 된다. 철학을 한다는

것은 끊임없는 도정 속에 있는 것이다. 철학적 의문들은 철학적 해답보다 더욱 본질적인 것이다."

2) 철학의 분야

서양을 기준으로 기원전 약 600년에 시작되었다고 전해지는 철학은 각 시기를 거듭하면서 내용이 풍부해졌고, 지나치리만큼 복잡해졌다. 철학에 대한 기본적인 이해를 돕고자 철학하기의 분야를 따진다면 다음과 같은 세 가지 분야로 압축된다(Honer & Hunt, 1987).

첫째는 인식론이다. '우리는 어떻게 아는가' 또는 '앎에 이르는 방법은 무엇인가'에 관한 질문을 제기하고 답을 얻으려는 시도이다. 인식론자들은 앎의 과정을 밝히고 세밀하게 논리적으로 말하고자 한다.

둘째는 형이상학이다. 다른 말로 존재론이라고 한다. '무엇이 실재하는 것인가' 또는 '존재란 무엇인가'에 관한 연구이다. 우리가 감각적으로 경험하는 각종의 대상들의 실재가 무엇인지를 파고드는 노력이다. 대상들의 본질이 무엇인지, 무엇으로 구성되어 있는지를 파악하려는 분야이다.

셋째는 가치론이다. '무엇을 선하다고 할 수 있는가', '어떤 것이 옳은 것인가' 또는 '아름다운 것은 무엇인가' 등과 같은 판단에 관한 분야이다. 인간이라면 당연히 해야 할 바를 탐구하고 전파하고자 하는 윤리학은 가치론적 노력의 산물이다. 그리고 어떤 것이 더욱 아름다운지를 두고 비교하고 평가하는 논의는 미학이다. 가치론은 선(善)과 미(美)에 관한 탐구노력이라고 보면 될 것이다.

이 세 가지 분야는 확실하게 분리되지 않는다. 서로를 넘나들거나 통합하려는 시도는 유명 철학자의 수만큼이나 많이 있다.

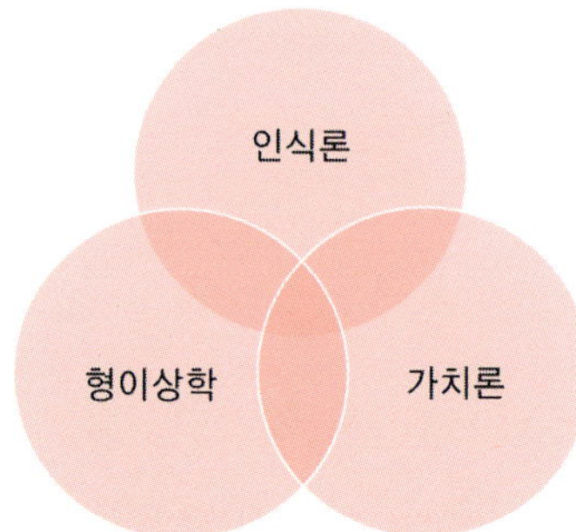

3) 철학의 유용성

영국의 유명한 철학자 버트란트 러셀(Bertrand Russel)이 말했듯이, 많은 사람들은 철학을 공부한다는 것을 아무런 이익이나 해로움이 없는 것을 사소히 구별 짓고, 내리지도 못할 답에 관해 쓸모없이 논쟁하는 것이라고 생각하는 경향이 있다. 철학하는 사람을 바삐 돌아가는 현실 속에서 쓸모없는 질문을 제기하고 엉뚱한 곳에 에너지를 쏟는 무가치한 행동을 하는 사람이라고 생각한다. 그러나 철학이 가지는 고유한 유용성이 없는 것은 아니다. 철학의 유용성은 다음 몇 가지로 추려낼 수 있다.

첫째, 철학은 맹목적인 도그마티즘에 빠지는 것을 방지해 준다. 철학적 정신은 비판정신이다. 우리 자신이나 타인이 지니고 있는 편견과 고정관념, 독단적인 사고방식 등을 분석하고 판단할 수 있는 힘을 준다. 이는 비난이나 염세적 사고방식과는 차이가 있다. 비난이란 근거가 될 수 없는 기준을 가지고 상대방을 깎아내리기 위한 비논리적인 주장을 말한다. 비판이란 상당한 근거를 가지고 논리적으로 새로운 견해를 이끌어 내는 주장이다. 인간의 정신세계가 고정관념에 의해 고착되어 버린다면 자유의지를 발휘할 수 없는 사상적 감옥에 갇힌 상태가 되고 만다. 이러한 인간들로 구성된 사회는 어떤 의사소통도 불가능하며 진보나 성숙이란 있을 수 없다. 철학한다는 것은 자신과 타자, 그리고 세계에 대한 비판정신을 유지하여 좀 더 나은 삶과 세계를 구성하기 위한 노력이다.

둘째, 철학은 인간과 세계와 사물(대상)을 새로운 시각으로 볼 수 있게 함으로써 안목을 넓혀 전체적으로 볼 수 있게 한다. 사람들은 동일한 대상을 볼 때 동일한 판단을 내리지 않는다. 이는 편견 때문이다. 편견을 가지지 않는 사람은 없다. 다만, 편견의 폭이 다를 뿐이다. 인간은 편견을 가지지 않고 생활할 수 없다. 하지만 자신과 타자가 어떤 편견을 지니고 있는지 분석하지 않으면 자신이나 타인이 내린 결정이 얼마나 불완전한 것인지 판단할 수 없게 된다. 편견에 대한 지적 탄력성을 갖추어야 종합적인 판단을 할 수 있는 안목이 생긴다. 이때 지적 탄력성이란 다른 사람들이 쉽사리 인정해 버리는 것을 가치 없는 것으로 배제할 수 있는 자발적 능력을 말한다. 고착된 시각으로 대상을 살피지 않고, 다양한 견해들에 대해 탄력적으로 수용하다 보면 종합적인 안목을 가지게 된다.

셋째, 철학은 우리가 내려야 할 결정을 좀 더 나은 결정으로 만든다. 철학은 우리가 지니고 있는 문제점을 명확하게 인식하게 하고 선택할 사실들을 더욱 엄정하게 구별해 낼 수 있게 하여 좀 더 나은 판단을 하도록 만든다. 우리는 어떤 결정을 할 때 참과 거짓을 분명하게 해야 하고, 중요한 것과 사소한 것, 바람직한 것과 바람직하지 못한 것을 구별해야 한다. 우리는 우리의 편견과 고정관념, 혹은 허세적 지식으로 인해 잘못된 것을 옳다고 주장하거나, 좋지 않은 것을 좋은 것이라 용인하게 되는 경우가 있다. 철학적 태도는 이러한 맹목적 태도와 결정을 받아들이지 않고 근거와 논리를 가지고 새롭게 보려는 시각의 확장을 가져온다.

넷째, 철학이 주는 유용성 중 개인적 유용성이 있다. 철학은 개인의 삶을 더욱 풍요롭게 한다. 철학은 삶과 세계에 대한 종합적 조망을 제시하기 때문에 실존에 대한 새로운 깊이를 느끼게 하고 자신과 세계에 대한 더욱 폭넓은 경험을 제공한다. 철학을 한다는 것은 개인적으로 만족할 만한 삶의 철학을 정립할 수 있고, 새로운 계획을 세우기 위한 토대를 굳건하게 만드는 근거가 될 수 있다. 철학은 개인의 생각과 감정 그리고 행위를 합리적이고 일관되게 함으로써 자신만의 특별한 삶을 살 수 있게 도와준다.

3. 사회복지철학의 의미

철학은 하나의 지식체계가 아니라 지식탐구활동라고 앞서 설명하였다. 이미 철학자들은 철학이란 무엇인가에 대해 정의하는 것이 아니라 철학하기란 무엇인가를 가르치고 있다. 사회복지철학을 설명함에 있어서도 마찬가지다. 사회복지철학은 무엇인가라는 질문보다 사회복지를 철학한다는 것은 무엇인가라는 질문이 적절하다. 따라서 사회복지철학은 사회복지란 무엇이고 사회복지를 형성하는 중요 개념에는 어떤 것이 있으며 이를 어떻게 인식하고 실천해야 사회복지활동이 가치로워지는지를 탐구하는 활동이라고 말할 수 있다.

1) 사회복지학과 철학

사회복지는 사회를 재구성함으로써 인간의 삶의 질을 높이는 사회적 노력이다. 사회복지라는 용어 속에는 이미 철학적 근본 질문이 포함되어 있다. 철학은 삶의 궁극적이고 중요한 문제를 다룬다. 철학에서 다루는 주요한 질문들은 '인간이란 무엇인가? 인간의 인식과 감정과 행동은 무엇인가? 행복이란 무엇인가? 선이란 무엇인가? 아름다움이란 무엇인가? 세계는 무엇인가? 인간과 세계의 관계는 무엇인가?' 등이다.

사회복지를 정의할 때 사용하는 주요 개념들인 인간, 사회(세계), 삶, 행복, 선 등은 철학의 주요 대상이다. 사회복지는 모든 인간이 추구하고자 하는 행복의 문제를 다루고 있고, 이를 위한 배경이자 요건이자 결과인 사회의 성질을 다루고 있다. 사회복지를 한다는 것은 철학하기를 전제로 하지 않고서 달성할 수 없는 가치지향적 행동이다. 철학하지 않고 사회복지활동을 한다는 것은 마치 뇌가 없는 상태에서 반사적으로 움직이는 것과 마찬가지이다.

사회복지학이 지향하는 가치에는 철학정신이 내재되어 있으며 실천하고 있다. 첫째, 사회복지학은 개인이 어떻게 인간답게 살아야 할지를 고민하며 그 길을 찾고 있다. 사회복지학은 인간으로서 개인인 나는 누구인가, 우주세계 속의 사회란 무엇인가라는 질문을 제기하고 끝까지 그 문제와 해답을 찾으며 해결하려고 노력한다. 둘째, 사회복지학 정신은 인간 개인의 주체적 생존과 생활의 자기결정을 최우선으로 한다. 인간은 생명과 생활의 근원을 알고 그곳에서 발생하는 문제를 주체적으로 자각하고 자기 생존에 대해 주체적 판단을 내린다. 즉, 자기 실존에 대한 본인의 자기실현을 향상시킨다. 셋째, 사회복지학 정신은 한시적인 안정 희망을 추구하는 것이 아니라 항상적으로 삶의 복지를 희구하고 있다. 인류의 희망과 생존은 역사적 · 사회적 속성이지만 인간의 생존복지는 인류가 존재하는 한 영원히 복지를 희망하기 때문에 초역사적이고 초월적이며 비적시적이다. 그러므로 사회복지학 정신은 인간생존의 근원을 찾고 문제를 해결하며 복지를 구현하는 실천 노력이다. 사회복지와 철학의 관계를 보면 복지와 철학은 인간의 생존과 정상의 실천과 정신이다. 즉, 철학은 정신이고 복지는 실천이다(오윤수 · 정현태 · 이대주, 2010).

2) 사회복지철학

(1) 윤리학으로서 사회복지학

사회복지활동에는 철학정신이 내포되어 있다. 사회복지활동은 프로그램과 기술을 중시하지만, 명료한 지식과 기술적 체계를 갖추고 있지 않다. 사회복지활동은 인간의 이성과 감성을 관계에 투입하여 자원을 제공하고 변화를 이끌어내는 기획적 활동, 즉 프로그램적 행동이다.[1] 하지만 인간의 이성과 감성에 대

1) 그렇기 때문에 어떤 이들은 사회복지활동을 정서적 활동 내지는 정동적 활동이라고 한다.

한 최종적인 답은 아직 내려지지 않았다. 게다가 감성은 어떤 규칙에 따라 움직이지 않는다. 감성을 지배하는 절대적인 원리는 발견된 적이 없다. 거의 모든 사회철학자들이 받아들이고 있는 인간에 대한 지식은 '인간(성)은 복잡하다'라는 결론이다.

사회과학에서 이성과 감정에 대한 폭넓은 연구들이 있음에도 불구하고, 아직 완벽히 이해하고 있지 못하다. 사회적 관계라는 것 또한 마찬가지이다. 관계형성의 방법과 그 결과에 대한 여러 연구들이 있지만, 절대적인 하나의 원칙은 있을 수 없다. 인간은 프로그램에 의해 움직이는 로봇과는 사뭇 다른 존재이기 때문에 인간과 인간이 만들어 내는 관계를 설명하고 구성하는 명료한 지식과 기술적 체계란 존재할 수 없다. 만일 존재한다면 그것은 인간을 인간답지 못하게 만들어 버릴 것이다. 사회복지활동이 가지는 이러한 성격 때문에 사회복지활동의 효과성을 판단한다는 것은 기본적으로 불가능하다.

결국 사회복지활동은 세부지침이 존재할 수 없는 가치지향적 행동이다. 사회복지활동은 개별적 사안과 상황마다 적절한 기술을 적용시키고 그 결과에 대해 끊임없이 숙고해야 하는 철학적 활동이다. 사회복지활동을 기술(skills)이라기보다 예술(arts)이라고 하는 이유가 여기에 있다. 기술은 공학적 용어라고 한다면, 예술은 미학적 용어이다. 사회복지가 프로그램과 기술을 중시하는 공학적 측면이 있지만, 근본적으로는 인간과 사회에 어떤 행위가 올바른가, 그리고 어떤 행위와 결과가 더 낫고 선한 것인가라는 윤리적이고 미학적인 측면이 자리잡고 있다. 그렇기 때문에 사회복지활동은 공학적 행위라기보다 철학적 행동에 가깝다. 사회복지활동은 철학적 행위를 근본적으로 내포하고 있다. 따라서 사회복지철학이란 사회복지에 대한 근본적인 질문을 제기하고 탐구해 나감으로써 사회복지활동을 가치롭게 하기 위한 지적 탐구 노력이다.

(2) 사회철학과 사회복지학

사회란 공통적 관심과 신념, 그리고 이해를 가진 2인 이상의 개인적 집합 혹은 결사체를 뜻한다. 각 사회는 정치적으로나 문화적으로 독자성을 띠고 있고, 공통의 이해관계에 얽혀있다. 사회복지학에서 개인보다 사회를 우선시하는 이유는 개인이 덜 중요해서라기보다 개인과 사회가 갖게 되는 불가분의 관계 때문이다. 개인은 사회라는 환경적 체계의 영향을 지대하게 받고 있다. 사회는 개인을 생존하게도 하고 사멸시키기도 한다. 또한 사회는 개인의 정체성을 규정하는 데 상당한 영향력을 행사하기도 하고, 거꾸로 개인의 영향을 받기도 한다. 개인의 생존, 유지, 발달이라는 전 측면에서 사회는 상당한 영향력을 주고 받는다. 사회복지학에서 다루는 인간이라는 존재는 환경 속의 인간, 즉 사회 속의 인간이다.

사회의 속성에 따라 개인의 속성이 완벽히 결정되는 것은 아니지만, 아주 의미 있는 영향력이 있다는 것을 부정할 수 없다. 인간에게 사회는 공기와 같은 기본적인 생존요소이다. 이것이 사회복지학이 사회에 관심을 가지는 중요한 이유이다. 이러한 이유로 사회복지학을 공부하고 사회복지를 실천하는 사람들은 관념체계이자 집합체인 사회의 정체성이 무엇인지, 어떻게 구성되는지, 사회를 이루는 데 필요한 요소가 무엇인지, 어떤 사회가 (인간에게) 좋은 사회인지 등에 관심을 기울일 필요가 있다. 사회에 관한 이상의 질문에 대해 답을 추구하는 학문을 사회철학이라고 한다. 사회철학, 즉 사회에 관한 철학적 행위는 사회 자체의 성격과 경향성, 의미, 변화와 지향 등을 탐구하는 행동이다. 사회철학이 다루는 주요 개념들은 자유, 근대, 권력, 권리, 권위, 이념, 군중, 다중, 문화 등등이다.

사회복지학은 인간을 사회적 인간, 다른 말로 사회(환경) 속 인간이라는 관점을 유지하고자 한다. 사회복지학의 주된 관심 중 하나는 사회이며, 사회에 대한 근본적인 질문을 제기하고 답을 얻으려는 시도는 사회철학이라는 이름으로 계속 수행되어 왔다. 형이상학적(존재론적) 측면에서 인간을 다양하게 파악하고 있는데 그중 가장 고전적이면서 현재까지도 유효한 철학적 시각은 '인간은 사회적 존재'라는 아리스토텔레스의 견해이다. 사회적 존재로서 인간의 삶에 긍정적 변화를 추구하는 사회복지학이 사회철학에 도움을 받았고, 앞으로도 받아야 한다. 이런 점에서 사회복지학은 사회철학을 배경으로 하고 있다고 볼 수 있다.

(3) 사회복지철학의 위치

사회복지활동은 사회를 요소이자 배경으로 하여 인간의 삶을 풍요롭게 하기 위한 실천적 행동이다. 다시 말하면, 사회와 복지를 양대 축으로 하여 인간의 삶을 탐구하고 변화를 이끌어 내려는 실천행동이 사회복지이다. 사회복지를 함에 있어 먼저 사회를 이해하고 이의 변화의 추구해야 한다. 동시에 이 변화는 전문적 실천이라는 '예술적(美)' 행위를 통해 '선(善)'을 지향하는 것이어야 한다. 이런 온전한 사회복지실천활동에 대한 지적 탄력성을 가진 진지한 탐색을 해야 하는데 이를 사회복지에 대한 철학이라고 정의할 수 있다.

사회복지활동의 특성을 두고 봤을 때, 사회복지는 사회철학과 윤리학을 그 철학적 배경으로 한다. 즉, 사회복지실천활동을 철학적 방식으로 이해하고자 하는 사회복지철학은 사회철학과 윤리학적 관점으로 구성된다. 이를 다음의 그림처럼 표현할 수 있다.

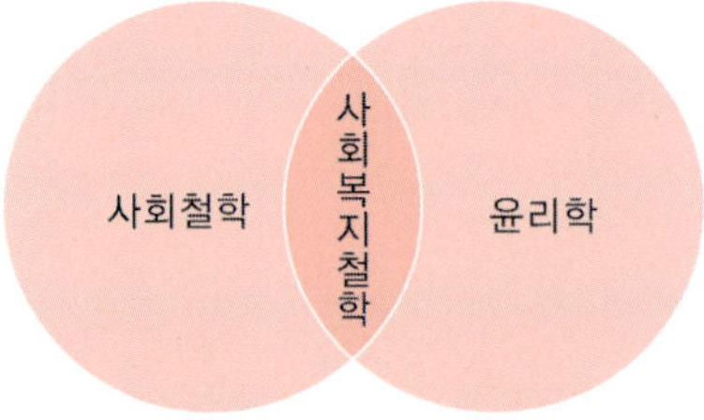

생각해보기

1. 철학의 유용성은 무엇인가?

2. 사회복지실천활동을 함에 있어서 철학하기가 필요한 이유는 무엇인가?

제 2 장

사회복지와 철학사조

각종의 철학사조는 근현대적 의미의 사회복지제도 형성과 실천방법에 큰 영향을 미쳤다. 이 장에서는 근현대 철학사조를 간략히 검토하면서 사회복지와 철학의 관계를 파악하고, 사회복지실천과 정책형성에 있어 어떤 결과를 낳았는지 살펴볼 것이다.

1. 인본주의와 사회복지

인본주의는 기존의 교조주의적 권위체계에 저항하면서 등장한 사조이다. 인본주의는 인간주의, 인문주의, 휴머니즘 등과 같은 용어이다. 인본주의(humanism)는 라틴어 후마니타스(humanitas)에서 유래한 것이다. 그리스 · 로마의 고전이 '보다 인간답게 만드는 일'을 의미하는 후마니오라(humaniora)라는 말로 불리고, 그리스 · 로마 고전을 연구함으로써 인간다움을 높이고 새 시대의 이상적 인간상을 실현하려는 새로운 교육이념이 대두되었다. 그래서 이 '보다 인간다운'을 뜻하는 라틴어 후마니오르(humanior)에서 휴머니즘이라는 말이 생겼다. 넓은 의미에서 인간성 존중의 태도를 포함하는 것을 모두 지칭하지만, 좁은 의미로는 14세기 말 이탈리아에서 기원하여 유럽에 확산된 철학 및 문화운동인 르네상스로 시작한다. 르네상스는 고대의 문예를 부흥시키려는 운동으로,

중세 이래 신학 중심 학문체계에 반기를 들고 새로운 시대의 학자들 간에 '보다 인간다운 학예(學藝)를!'이라는 외침이 일어났다. 즉, 고대의 학예를 부활시킴으로써 교회의 교조적 권위 아래 질식되어 가는 자연스런 인간성을 회복하려고 하였던 것이다(두산백과).

이러한 사상운동의 시작은 단테(Dante), 보카치오(Boccaccio), 페트라르카(Petrarca) 등이 대표적이라고 볼 수 있다. 이후 15세기에 접어들어 이탈리아 르네상스의 전성기를 가져왔다. 인쇄술의 발전과 라틴어의 보편적인 사용으로 더욱 촉진된 인본주의 운동은 알프스를 넘어 네덜란드의 신학자 에라스무스(Erasmus)와 프랑스의 라블레(Rabelais), 몽테뉴(Montaigne), 모어(More) 등에 의해 확산되었다.

17세기에 접어들면서 인본주의는 근대과학의 합리적 정신과 결부된다. 르네 데카르트(Renè Descartes)는 '인간 이상도 이하도 아닌 인간'의 입장에서 진리를 방법적으로 탐구하였다. 신학자처럼 '은총의 빛'에 의해서가 아니라 '자연의 빛'에 의해 세계를 인식하려고 노력하였다. 이와 같은 과학과 인본주의의 통일이라는 과제는 18세기의 계몽주의 사상가들에게 계승되었다. 이 시대의 휴머니즘은 과학적 합리성을 단순히 자연에 관해서뿐만 아니라, 사회・정치・경제 등 각 분야에 걸쳐 추구하여 인간성을 한없이 확충하려고 하였다. 이와 같은 과제의식이 18세기 계몽사상의 부산물이라고 할 수 있는 '진보의 관념'을 낳게 하였다. 이후 여러 가지 사상형태로 등장하게 되어 그 폭이 상당히 넓어진다(두산백과).

인본주의를 설명할 때 빼놓지 말아야 하는 사상은 계몽주의이다. 계몽주의는 인본주의와 근대 과학을 결합시킨 것으로 과학의 정신과 인본주의의 합치를 목표로 하여 인간의 합리적인 자율성을 실현하고자 하였다. 계몽주의 운동은 인간의 존엄과 평등, 그리고 자유권을 강조하여 유럽 중세기의 군주와 종교, 신학의 독단성을 벗어나고자 노력한 생각의 흐름이다.

계몽주의적 사상은 국가와 정부의 역할에 대해 코페르니쿠스적 전환을 시도하였는데, 국가와 정부는 그 자체로서 목적이 아니라 국민의 권리를 보장하고 향상시키기 위한 시민의 수단이라고 봤다. 이러한 개념은 현대 국가들이 지니고 있는 헌법의 기초가 되었다. 대표적인 사상가로는 존 로크(John Locke)가 있다. 계몽주의는 전 유럽의 사상계를 흔들었고, 프랑스혁명과 영국의 명예혁명의 계기가 되었다고 평가받고 있다.

인본주의 사상에는 수많은 다양성이 존재한다. 대부분은 특정한 종교적, 철학적 사명을 강조하는데, 그것은 인간의 선천적 선함, 신의 존재, 인간의 가능한 영역 내에서 자신의 개인성을 최대한 펼침으로써 완전한 인간존재로 전환될 필요성에 대한 신념과 같은 것들이다. 철학적 교의로서 인본주의의 핵심적 측면은 인류가 모두 같다는 신념과 인간이 자신의 노력으로 완전해질 수 있다는 가능성에 대한 신념이다.

흔히 사회복지를 인간의 삶이 중심이 되는 실천행동이라고 한다. 인간의 삶을 긍정적으로 변화시키기 위한 전문적 노력이 사회복지활동이다. 사회복지실천에 있어 인간의 자기결정권을 존중하고, 모든 사람이 지니는 기본적 권리를 옹호하고자 하는 노력의 배경은 인본주의적 사고에 영향을 받았다. 사회복지활동은 인본주의적 사고의 산물이자 인본주의 운동의 일환이라고 할 수 있고, 사회복지철학의 기본은 인본주의에 있다.

정리하자면, 사회복지의 기초적 사상의 근원은 인본주의라고 볼 수 있다. 인본주의는 다른 말로 인문주의라고도 한다. 인본주의는 다른 어떤 것보다 사람의 가치를 우선시하여 존중하고, 사람을 세계의 주인이라고 여기는 사상이다. 인본주의는 말 그대로 세상의 근본을 인간이라고 이해하면서, 모든 인간을 존엄하다고 주장하는 사회사상이다. 인본주의는 계몽시대를 여는 사상의 뿌리였으며, 근현대의 철학적 사고의 틀이다.

인간이 중심이 되는 사회, 이는 적어도 500년 전에는 생소하고 불경스러운 생각이었다. 서양에서 인본주의 전통은 고대 그리스까지 거슬러 올라간다. 중세 암흑기를 거쳐 르네상스 시기에 다시 발원하였다. 그리고 종교개혁기와 계몽주의가 지배하던 17, 18세기의 유럽 사상계에 밑거름이 되었고 현대에도 그 중요성이 퇴색하지 않았다.

인간의 삶을 증진시키려는 전문적 노력인 사회복지는 인본주의에 그 뿌리를 두고 있으며, 사회복지의 정체성을 고민할 때 인본주의적 견해는 우리에게 큰 시사점을 준다. 사회복지실천을 인본주의 운동의 일환으로 봐야 하는 이유가 여기에 있다.

2. 자유주의와 사회복지

인본주의적 사고가 유행하면서 사회복지를 거부하는 아이러니가 생겨났다. 인본주의적 사고가 인간의 절대적 자유의지를 인정하고 국가와 정부는 개인과 민중을 위한 수단이 되어야 한다는 생각을 보편적으로 만들었지만, 국가가 복지를 담당해야 한다는 의견에는 소극적이거나 부정적인 주장들이 득세하기 시작했다. 인본주의적 사고가 발생시킨 중요한 사조가 자유주의인데, 초기 자유주의를 주장하던 사람들은 국가복지에 관해 부정적이었다. 인간 이성의 합리성을 발견하고 주장하던 사람들이 인간의 삶을 증진하기 위한 국가적 · 사회적 노력을 부정했다는 것은 얼핏 이해하기 힘들다.

인간의 권리 중 자유를 최고의 가치로 생각하는 자유주의적 세계관을 가진 이들은 개인에 대한 강제력이 행사되는 것을 극도로 혐오했고, 인간의 삶은 스스로가 결정한 바에 의해 유지하고 강화해야 하는 것이 개인과 사회를 위해 바람직하다고 여겼다. 아울러 인간 사회 역시 자연계와 마찬가지로 봐야 한다는 진화론적 사고가 유행하게 되었다. 진화론적 사고가 주장하는 두 가지 주요한 교훈은 약육강식, 적자생존이었다. 자연계에 질서가 있듯이 인간 사회에도 질서가 있는데 이 질서를 유지하기 위해 순수히 경쟁에 맡길 것을 옹호하였다. 경쟁을 통한 약육강식과 적자생존이 인간 사회를 유지하는 데 도움이 된다고 여겼다. 이러한 경쟁 속 선택을 방해하는 어떠한 물리력도 배제해야 한다고 보았다. 즉, 부를 쟁취하는 것도 자유로운 선택에 맡겨야 하는 것이고, 가난해진 사람들은 자신의 삶을 방치한 것으로 보고 가난을 개인이 짊어져야 할 선택의 결과라고 보았다. 스스로 노력하면 가난을 충분히 해결할 수 있다고 보고 가난을 벗어나지 못하는 것은 순전히 그 자신의 의지의 부족이라는 관점을 유지했다. 의지가 박약한 개인은 스스로의 힘을 통해 극복하거나, 사회 내에서 도태되는 것이 바람직하다고 생각했다. 게다가 가난한 사람을 동정하여 물질적인 도움을 주거나 정부가 개입하는 것은 순수한 경쟁원리를 왜곡시키는 행위라고 생각했다. 이 개입은 가난한 사람을 더욱 타락시킨다고 보았고, 전체 사회 유지와 발전에 해악이 된다고 주장했다. 될 수 있으면 많은 자유를 개인이 누려야 한다는 인본주의적 사고가 아이러니하게 개인의 삶을 향상시키고자 하는 사회적 노력을 감퇴시켜야 한다는 반복지적 주장을 합리화하는 배경이 되었다.

3. 공리주의와 사회복지

공리주의는 계몽주의로부터 출발한다. 계몽주의는 인간의 합리적인 이성이 진리에 이를 수 있다고 여겼으며, 신적 계시를 탈피하기 위해 노력해 왔다. 공리주의는 종교의 위상이 약화된 상황에서 현세적 낙관주의를 펼쳤다. 19세기 영국의 철학자 존 로크(John Locke, 1632~1704)는 “인간의 관심사는 생명, 건강, 안락 및 쾌락을 주는 자연물을 향유하고 피안(彼岸)의 삶을 즐겁게 소망함으로써 이 세상에서 행복하게 되는 것이다”라는 의견을 표했다.

공리주의의 대표적 사상가로 벤담(Jeremy Bentham, 1748~1832)은 그의 최초의 저서인 『정치학 단편』 서문에서 자신의 기본 공리가 "옳고 그름을 판단하는 척도는 최대다수의 최대행복이다"라고 말한다. 이것을 공리성의 원리 혹은 공리주의라고 하는데, 공리성의 원리는 쾌락주의와 최대행복의 원리로 이루어진다. 벤담은 인간이 심리적으로 고통을 피하고 쾌락을 추구하게 되어있으며, 따라서 고통은 유일한 악(惡)이고, 쾌락은 유일한 선(善)이라는 것이다. 쾌락이 유일한 선(善)이라는 쾌락주의는 18세기 영국도덕철학에 있어 일반적으로 합의된 공리였다. 공리성의 원리는 단순히 개인의 행복만이 아니라 당사자 전체의 행복증진에 관련되어 있었다.

벤담은 쾌락의 질적 차이를 인정하지 않았기 때문에 그에 철학은 '돼지에게나 어울리는 철학'이라는 비난을 감수해야 했다. 이에 존 스튜어트 밀(John Stuart Mill, 1806~1873)은 쾌락의 질적 차이를 인정하는 논리를 전개하였으나 질적 구별의 객관적인 기준을 제시하지 못했다. 결국 질적 공리주의는 모호한 상태에 머물게 되었다.

이러한 공리주의는 네 가지 측면에서 의의와 한계를 가진다. 첫째, 쾌락주의로서 공리주의, 둘째, 결과주의로서 공리주의, 셋째, 공리주의의 기본 원리인 최대행복의 원리, 넷째, 분배적 정의 측면 등이 그것이다.

첫째, 공리주의는 기본적으로 쾌락, 즉 행복이 근원적 선이라고 주장하지만, 에리히 프롬(Erich Fromm, 1981)이 주장하듯 쾌락에는 좋은 쾌락과 나쁜 쾌락이 분명히 존재한다는 점을 해결하지 못한다. 에리히 프롬은 쾌락 대신 "인간 본성의 법칙에 따라 인간의 능력을 전개시키는 것"을 선으로 제시하였다. 쾌락을 향유하는 것은 인간 능력의 일면일 뿐, 인간의 잠재능력을 전체적으로 실현하는 자기 실현이 선으로 고려되지 않으면 안 될 것이다. 이러한 에리히 프롬의 견해는 아리스토텔레스(Aristoteles), 브래들리(Bradley) 등의 철학자와 매슬로우(A. Maslow) 등의 인본주의 심리학자 입장과 유사하다.

둘째, 공리주의는 기본적으로 동기보다는 결과(개인의 행복)를 중시하는 경향이 있다. 하지만 행복의 총량을 계측하는 것은 어려운 일이며, 경제학에서는 이미 불가능하다고 판단 내리고 있다. 또한 어떤 행동이 자신이나 타인에게 미치는 결과는 중요하지만, 그 행동의 의도 또한 중요하다. 일반적으로 선한 동기는 좋은 결과를, 악한 동기는 나쁜 결과를 만들어 내기 쉬우나 충분한 지식에 의해 인도되지 않을 때 반드시 그러한 것은 아니다. 비록 불충분한 지식 때문에 의도하지 않은 결과가 산출될지라도 동기는 그 자체로 도덕적 가치가 있고, 결과뿐 아니라 동기도 좋은 행동이 진정 바른 행동이라고 할 수 있다는 점에서 공리주의는 비판받는다.

셋째, 공리주의의 기본적인 지향은 최대행복의 원리에 의한 사회 전체의 행복의 최대화를 목적으로 삼는다. 사회의 모든 성원의 행복을 고려하기 때문에 평등주의적 속성을 지닌다. 자신의 이익만을 중시하는 이기주의도 아니고, 타인의 이익만을 중시하는 이타주의도 아니라 양자를 매우 공평하게 고려한다. 하지만 공리주의의 관심은 행복의 총합의 크기이지 내부 구성이 아니다. 누가 얼마만큼의 행복을 누리는가는 중요하지 않다. 이는 전체를 위해 개인은 얼마든지 희생될 수 있다는 것을 의미한다. 전체를 위한 개인의 자발적인 희생은 아름다운 행위이지만 전체의 이름으로 개인을 희생시키는 것은 개인의 존엄성을 말살하는 것이다. 또한 이러한 희생은 사회적 취약계층의 존엄성을 말살시키기 쉬우나 이에 대한 고려는 전혀 하지 않는다는 점에서 비판을 받는다.

넷째, 공리주의는 분배적 정의를 실현하는 원리로서 취약성을 가진다. 공리주의 정의론은 분배갈등을 다루기에 적절하지 않았다. 왜냐하면 공리주의는 개인이 자기의 만족을 극대화하는 것이 합리적인 것과 마찬가지로 사회가 만족을 극대화하는 것이 옳다고 보기 때문이다. 이는 매우 큰 빈부격차를 허용할 수 있고 개인의 인간다운 삶을 보장해 주지 않는다. 이 점에서 공리주의는 롤즈(John Rawls)의 신랄한 비판을 받는다.

이러한 한계에도 불구하고 공리주의는 근대시대에 막강한 영향력을 지닌 사조였으며, 자유주의와 결합하여 빈곤을 개인의 책임이며, 개인의 나태와 부정에 의해 만들어지는 사회악이라고 간주하게 되었다. 자연생태계의 원리인 약육강식의 원리를 인간사회에도 그대로 적용할 수 있다는 사회진화론의 태동을 야기하였다. 18세기의 서양은 이러한 철학적 관념이 지배하는 사회였으며, 빈민들은 사회의 부적응자인 동시에 사회에 위해를 가하는 존재로 인식되어 스스로 자립하거나 사회에서 도태되어야 한다고 주장하였다. 이러한 상황에서 영국의 신빈민법의 출현은 이상한 일이 아니었다.

4. 사회주의와 사회복지

이러한 아이러니가 합리적인 것으로 받아들여질 때 즈음, 인본주의적 전통을 수용하는 다른 한편에서 새로운 주장이 끊임없이 제기되었다. 18세기 계몽주의 시대가 시작되자 기존의 왕권과 귀족에 의한 국가권력을 신성한 것이라 여기는 구체제를 거부하고 인간이 중심이 되는 새로운 사회공동체를 건설하기 위한 노력이 볼테르(Voltaire), 루소(Rousseau), 드니 디드로(Denis Diderot) 등과 같은 학자들로부터 시작되었다. 인본주의가 파생시킨 중요한 흐름으로서 자유주의가 개인주의적 경향으로 흐르고 있을 때, 또 다른 흐름인 사회주의가 발기하고 있었다.

사회주의자들은 자유가 개인주의적 방식으로 허용되어야 하는 것이 아니라 불평등한 사회를 개조하고 협력적 사회로 재탄생시키기 위해 사용되어야 할 중요한 자원이라고 보았다. 억압적 사회구조 내의 자유는 허위의식의 결과라고 여기고, 억압적 사회구조라는 토대를 협력적이고 공동체적인 사회로 재구성할 때 인간은 해방되어 자유를 누릴 수 있다고 주장했다. 약육강식이나 적자생존을 위한 순수한 경쟁은 인간사회가 받아들일 수 없는 야만적인 것이라 생각했다. 사회는 원조적 관계로 이루어진 공동체라고 보고 개인은 사회를 떠나 살 수 없다고 생각했다. 서로를 위한 이타적 삶을 살기 위해 인간에게 자유가 주어져야 한다고 여겼다.

이들은 부를 소유하는 사람들과 가난해지는 사람들이 극명하게 갈리는 이유를 불평등한 사회구조 때문이라고 여겼다. 다시 말하면 사회 안에서 다수의 사람들이 가난해진 이유는 개인적 책임이 아니라 사회가 제대로 구성되어 있지 않기 때문이라고 보았다. 이를 해결하기 위해서는 억압적인 사회구조를 바꿀 수 있는 권력이 민중에게서 나와야 한다고 주장했다. 이 권력을 기반으로 공동체적 사회결사체인 새로운 정부를 만들어야 구체제나 개인주의를 넘어선다고 보았다. 새로운 정부는 공동체적 사회기반을 통해 인간의 삶을 향상시킬 수 있다고 생각했다.

5. 실존주의와 사회복지

인본주의를 자양분으로 삼아 17~18세기에 가장 중요한 영향력을 행사했던 계몽주의 운동은 지속적으로 분화되어 발전하였다. 독일에서는 고전주의 및 낭만주의 운동과 관념론 철학으로 이어졌고, 니체(Nietzsche)와 톨스토이(Tolstoy)가 대표하는 생철학적 흐름으로 진행되었다. 또한 하이데거(Heidegger), 야스퍼스(Jaspers), 사르트르(Sartre) 등에 의해 전개된 실존주의와 미국의 듀이(Dewey) 등이 발전시킨 실용주의 등으로 퍼져나갔다.

실존주의(實存主義, existentialism)는 세계 속의 인간이란 어떤 존재인가에 대한 해석적 노력이다. 실존주의의 기본 주장은 다음과 같다. 첫째, 실존은 항상 특수하고 개별적이다. 둘째, 실존은 주로 실존의 존재양식에 대한 문제이다. 따라서 실존은 존재 의미에 대한 탐구이기도 하다. 셋째, 존재 의미에 대한 탐구는 끊임없이 다양한 가능성에 직면하며 인간은 이 가능성들 가운데서 선택하고 이 선택에 몸을 맡겨야 한다. 넷째, 이 가능성들은 인간과 다른 사물 및 타인과의 관계에 의해 구성되기 때문에 실존은 항상 세계 내 존재이다. 즉, 실존은 선택을 제한·제약하는 구체적 상황 속에 존재한다. 그래서 인간은 현존재(Dasein)라 불린다.

이러한 주장을 기반으로 한 실존주의철학은 인간을 어떤 절대적이거나 무한한 실체의 반영(그림자)로 보지 않는다. 실존주의에서 인간은 있는 그대로의 존재이며, 인간의 삶은 결정된 바대로 움직이는 것이 아니라고 주장한다. 세상에 던져진 존재로서 인간은 상황 속에서 자신을 결정하거나(야스퍼스, 하이데거), 선택이 상황을 결정한다(사르트르)고 생각한다. 인간을 객관적으로나 과학적으로 연구할 수 없는 대상으로 파악한다. 실존적 인간은 자신과 타자 사이의 상호주관적 관계에서 파악될 수 있으므로 주관성을 배제할 수 없다고 본다. 이러한 주장은 사회복지를 하는 사람들에게 큰 시사점을 준다. 사회복지활동은 인간을 적극적이고 비심판적으로 수용할 것을 권장하고, 스스로의 결정에 의한 변화를 추구한다는 점에서 실존주의적 견해를 배경으로 하고 있다. 또한 자아와 타자(세상) 간의 관계 내에서 인간을 이해하는 데 도움을 준다. 인간 자체를 연구하는 사회복지연구(조사)는 계량주의적 한계를 뛰어넘어야 한다. 자아와 타자(세상) 간의 상호주관성을 파악하려는 질적 연구방법이 필요하다. 이 질적 연구방법의 사상적 토대를 형성하는 데 실존주의는 상당한 영향을 주었다.

생각해보기

1. 인본주의가 사회복지실천에 미친 영향은 무엇인가?

2. 각 사조가 지향하는 사회는 어떤 사회인가?

제 3 장

사회복지실천[1)]의 주요 가치

사회복지실천은 모든 인간의 인간다운 삶을 보장하고 증진하기 위한 노력이다. 인간다운 삶을 보장하고 증진한다는 것은 모든 인간의 존엄을 보장하기 위해 자유와 평등, 그리고 생존권을 보장하는 것과 동시에 정의로운 사회의 구성을 통해 연대적이고 통합적인 사회를 만들어 나가는 것이다. 따라서 사회복지실천의 토대가 되는 철학적 가치는 아주 다양하지만 기초적인 것은 자유, 자율, 다양성, 평등, 공평, 사회정의, 인권 등이라고 할 수 있다. 이중 사회정의와 인권의 경우 이상의 근대적인 정치사회적 개념들을 포괄하여 적용하고 있어 자세한 설명이 필요하므로, 사회정의는 제4장에서, 인권은 제3부에서 자세히 다루기로 한다.

1. 자 유

인간다운 삶의 향유를 위해 자유는 가장 기본적인 가치다. 사전적 의미로 자유는 '남에게 구속을 받거나 무엇에 얽매이지 않고 자기 마음대로 행동하는 일, 또는 그러한 상태'를 의미한다(두산백과). 자유는 생명과 바꿀 만큼 중요한 가치

1) 이때 '사회복지실천'이란 대인적 실천만을 이르는 것이 아니라, 사회복지와 관련된 지적 산물을 형성하기 위한 노력, 법과 제도의 구성, 거시-중도적 정책적 대안 마련 및 행정적 수행, 그리고 대인적이며 지역적 단위의 실행 활동을 모두 포괄한다.

로 인정되고 있으나 한편으로 자유를 향유하는 데는 큰 용기가 필요하다. 인간은 기본적으로 소속되고자 하는 욕구가 있는 만큼 스스로의 자유를 제한하더라도 이러한 통제를 원하기도 한다. 사르트르(Sartre)는 자유는 형벌에 가깝고 결속을 참자유라고 하기도 했다.

존 스튜어트 밀(J. S. Mill)은 그의 저서 『자유론』에서 다음과 같이 설파한다.

> *"인간 사회에서 누구든-개인이든 집단이든- 다른 사람의 행동의 자유를 침해할 수 있는 경우는 오직 한 가지, 자기 보호(self-protection)를 위해 필요할 때뿐이다. 다른 사람에게 해를 끼치는 것을 막기 위한 목적이라면, 당사자의 의지에 반해 권력이 사용되는 것도 정당하다고 할 수 있다. 이 유일한 경우를 제외하고 문명사회에서 시민의 자유를 침해하는 그 어떤 정치권력의 행사도 정당화될 수 없다."*

이러한 사유를 통해 자유가 인간다운 삶의 주요한 가치로 등장한 것은 아무리 빨라도 르네상스와 종교개혁 이전까지 거슬러 올라가지 않는다. 계몽주의 시대 이후에 인간이 지향하고 향유해야 할 가장 기본적인 가치로 받아들였다고 볼 수 있다.

자유는 크게 두 가지 개념으로 나누는데, 한 가지는 아무런 제재가 없는 상태인 'freedom'이라는 용어로 설명할 수 있고, 다른 한 가지는 구속으로부터의 해방, 즉 부정과 부당에 대한 항거를 통해 쟁취해야 하는 상태를 뜻하는 'liberty'라는 용어로 설명할 수 있다. 여기서 주요하게 다루고자 하는 자유(freedom)는 스스로의 본성을 깨닫고 스스로 원하는 바(욕구)에 따라 자신의 삶을 성취하고 실현하기 위한 기초적인 조건이다. 이는 소극적 의미의 자유와 적극적 의미의 자유로 나눈다(Shionoya, 2002, 서미경 외, 2015 : 74 재인용).

① 소극적 의미의 자유

다른 사람의 간섭 없이 자신의 의지대로 행하는 자유로, 외부의 모든 구속으로부터 벗어나는 것(freedom from~)

② 적극적 의미의 자유

자기가 원하는 것을 할 수 있는 자유로, 자기의 본성을 좇아서 인생의 목적을 실현할 수 있는 가능성을 갖는 것(freedom to~)

소극적인 의미의 자유는 적극적인 의미의 자유를 성취하기 위한 전제조건이자 인간으로 삶을 향유하기 위한 기본적 조건이다. 자기발견에서 자기실현에 이르는 여정에서 자유는 가장 기초적인 가치다. 이러한 자유는 사상의 자유, 표현의 자유, 종교의 자유, 결사의 자유 등으로 확장되며, 이는 법률적 자유, 정치적 자유, 경제사회적 자유에까지 구체화되어야 인간다운 삶을 지탱할 수 있는 철학적 가치가 된다.

우선 법률적 자유는 국가의 헌법과 법률에 의해 보장된 시민적 자유를 의미하는데, 보통 신체의 자유, 재산 소유 및 처분의 자유, 언론·출판·결사의 자유, 거주·직업의 자유, 신앙과 양심의 자유 및 통신의 비밀 등이 보장되고 있다.

다음으로 정치적 자유는 소극적 의미의 법률적 자유에서 더욱 적극적 의미를 띄고 있는데, 선거권 및 피선거권을 가지고 국민투표에 참여하고 대표를 선출하여 정부를 구성할 권리를 갖는 자유를 의미한다. 즉, 정부를 구성하는 기본적 권력으로서 국민주권의 행사를 의미한다.

끝으로 경제·사회적 자유는 자본주의 경제체제의 기본적인 모순에 의해 만들어지는 불평등에 저항하기 위한 자유(능력보장)를 의미한다. 법적·정치적인 자유가 보장되더라도 경제적 불평등에 의해 사회구성원의 대다수가 빈곤과 실업 등과 같은 사회적 위험에 빠져 이를 향유할 만한 능력이 없다면, 껍데기만

남은 형식적 권리일 수밖에 없다. 따라서 자유의 법적·정치적 권리를 보장하기 위해서는 경제·사회적 자유를 보장함으로써 기본적인 권리와 함께 자유를 향유할 수 있는 능력을 동시에 갖추게 하는 것이 필요하다. 이러한 경제·사회적 자유에 대한 지향은 사회복지가 현대 사회의 필수불가결한 제도임을 드러내는 가치기반이라고 할 수 있다.

2. 자 율

사전적 의미로 자율(autonomy)은 정치적 자치를 실시하고 다른 것에 의해 간섭·지배되지 않는 것을 의미한다. 유럽의 계몽시대에는 종교에 대한 자유를 주장하는 것이었고, 칸트(Kant)는 의지가 스스로 정언적 명령(인간인 이상 반드시 해야 하는 보편타당한 것)에 따르는 것이라고 했다. 이 자율적 의지를 자유 의지라 하고, 감성적인 의지를 자연적 욕망에 따르게 되는 타율(heteronomy)이라고 불렀다(철학사전).

자유와 의미가 비슷하지만, 더욱 적극적인 의미로서 자유를 뜻한다고 볼 수 있다. 이때 '적극적인 의미'라는 것은 앞서 설명한 '적극적 의미의 자유'와 다른 뜻이다. '무엇으로부터의 자유(소극적 자유)와 무엇에 대한 자유(적극적 자유)'를 포괄하는 동시에 뛰어넘는 개념이다. 자율에는 '자기 통제'를 통한 즉자와 타자에 대한 관계를 형성한다는 의미가 포함되어 있다. 자유는 개인적 삶에 대한 지향이라고 볼 수 있지만, 자율은 공공선에 대한 지향이라고 볼 수 있다. 즉, 자율주의적 관점에서 보면 개인들은 자신과 타자, 그리고 공동체를 위해 적절한 결정을 할 수 있는 선험적 능력이 있으며, 이 자기결정은 의무와 권리를 규정하는 조건으로 작동한다고 본다.

사회복지(학)에서 주요한 개념으로 다루는 자기결정권은 자율이라는 철학적 가치를 기반으로 한 개념이다. 자기결정권은 인간이라면 누려야 할 보편적 권리인 동시에(지적 능력과 상관없이), 인간이라면 누구나 즉자와 타자의 보호와 성장을 위해 행동과 자세, 그리고 관념을 가지고 있다는 철학적 신념에 의해 구성된 권리다.

3. 평 등

평등(equality)은 신분이나 성별, 인종, 재산, 계급에 관계없이 인간의 기본적 가치는 모두 동등하다는 뜻이다. 모든 인간은 근본부터 동등하다는 천부인권사상으로부터 시작하며 민주주의의 가장 핵심적인 이념이며 사회정의와 인권을 가늠하는 척도다. 근대 사회 이전에는 불량한 가치이었다. 계급과 계층은 신적 권위에 의해 만들어진 사회를 지탱하는 기본적인 구조라고 여겼고, 모든 인간이 동등(급)한 존재로 살기 위한 사회를 구성해야 한다는 주장은 사회전복세력의 급진적인 이념이었다. 17~18세기의 사회계약론자들에 의해 평등이라는 가치가 사회 재구성 정치 용어로 전면으로 등장하였고, 현대에는 보편적 가치로 받아들여지게 되었다.

평등의 개념은 보통 세 가지로 구분한다.

① **기회의 평등**(equality of opportunity)

관련되어 있는 사회집단 간의 제도나 사회적 위치에 접근하는 평등을 의미한다. 즉, 모든 사회적 제도에 대한 접근을 모든 사람들에게 개방해야 한다는 의미다. 기본적으로 '출발선'상의 평등으로 신분이나 권력, 성별 등과 같은 조건을 배제하고 성취에 대한 기회를 모두에게 보장하는 평등이다. 하지만 성취조건이나 능력에 대해서는 무관심하다. 이 때문에 기회의 평등은 공정하지 못하다는 비판을 받는다.

② 조건의 평등(equality of condition)

모든 관련되어 있는 사회집단의 삶의 조건에서의 평등을 말한다. 기회를 얻을 수 있는 출발선을 능력이나 조건에 따라 차등을 두자는 뜻이다. 조건의 평등을 수반하지 않고 기회의 평등을 극대화하는 것은 불가능하다. 하지만 인간세계의 복잡성으로 인해 각 조건들을 고려하여 평등의 기회를 확장하는 것은 거의 불가능에 가깝다. 기회의 평등은 실질적 평등을 달성하기 어렵다는 측면이 있고, 조건의 평등은 조건을 구체화하는 것 자체가 불가능에 가깝다는 측면 때문에 결과의 평등이 실질적인 평등을 추구하게 한다는 주장이 설득력을 얻고 있다.

③ 결과의 평등(equality of outcome)

결과의 평등은 엄밀한 의미에서 '결과적 평등'과 '결과의 평등' 두 가지가 있다. 사회복지학에 흔히 말하는 결과의 평등이란 결과적 평등을 말하며 이는 불리한 위치에 있는 자를 보다 유리하게 다루어 결과로서의 평등을 추구하는 것을 의미한다. 결과의 평등은 기회의 평등의 조건이 만족되어도 실질적인 평등이 이루어지지 않는 현상을 시정하고자 하는 노력이다. 피차별 집단의 지위 향상을 위해 '기회균등'의 조건을 정비하는 것만으로는 불충분한 것을 주장하며 일련의 '적극적인 차별시정조치'를 전면적으로 실시하는 등과 같은 것이 결과적 평등이다. 예를 들면, 소득의 평등을 위해 세율의 차이를 둔다든지, 장애인의 취업의 활성화를 위해 취업할당제를 두는 등과 같은 방법을 통해 결과적인 평등을 추구하고자 하는 것이다. 결과적 평등은 수량적 평등이라고도 한다.

평등의 의미는 단순하지만 이를 현실화하기는 상당히 복잡하다. 같은 평등을 추구하고 있는 것처럼 보이지만 평등에 대한 정치・경제적 입장과 철학적 이해에 따라 결과론적으로 상당한 차이를 나타낸다. 그럼에도 불구하고 평등과 자유에 대한 철학은 근대사회를 지탱하는 가치가 되었다. 평등의 확장은 자유의 확장과 궤를 같이 한다. 근대 민주주의 사회의 발생과 진보를 위해 자유와 평등은 핵심적인 가치였으며, 두 가치는 서로 상충한다고 보는 견해도 있었으나 현재는 수레의 두 바퀴와 같이 상보한다고 보고 있다.

4. 공 평

공평(equity)은 다른 말로 공정(公正) 혹은 형평(衡平)이라고도 한다. 형평은 균형(balance)나 평형(equilibrium) 등과 유사한 의미로 사용되므로, 이 책에서는 공평이라고 하고자 한다. 원래는 법적용어로 한자어로는 공평무사의 줄임말로 쓰이지만, 정치·경제학적 용어로서 공평은 공정과 유사한 의미로 사용한다. 공평에는 수평적 공평과 수직적 공평 두 가지 개념이 있다(행정학사전).

① **수평적 공평**(horizontal equity)

동일한 것을 동일하게 취급하는 것을 말한다. 수평적 공평은 모든 사람이 인간의 존엄과 인격 면에서 동등하기 때문에 기계적으로 동일하게 취급되어야 한다고 주장하는 경우를 말한다.

② **수직적 공평**(vertical equity)

상이한 사람들을 서로 다르게 취급하는 것을 말한다. 수직적 공평은 사람들이 인간의 존엄과 인격 면에서는 동등하지만, 능력 등 다른 측면에서 차이가 있는 경우 불평등하게 취급할 것을 주장하는 경우를 말한다.

수평적 공평은 평등의 개념과 맥을 같이하고 있고, 수직적 공평이 현재 사회복지학계에서 통용되는 개념에 가깝다. 수직적 공평으로서 공평은 평등과 달리 개인의 욕구, 노력, 능력, 기여에 따라 사회적 자원이 다르게 분배되는 것을 말한다. 즉, 일한 만큼 보상을 받는 공평한 처우(fair treatment)를 말한다. 공평은 평등과 달리 공평한 불평등(equitable inequality)은 항상 존재한다고 보기 때문에 상대적인 불평등을 어느 정도 인정한다. 사실상 평등의 비현실성을 고려한다면 자본주의 사회에서 실질적으로 가장 널리 사용되는 개념이다. 1834년 영국의 신빈민법의 주요 원칙인 '열등처우(less eligibility)의 원칙'[2)]이 공평의 개념을 사회복지제도에 적용한 사례라고 볼 수 있다(박병현, 2007).

5. 연대성

연대성(solidarity)은 사회복지의 지향인 사회적 통합을 이루는 요건이므로 자세히 살펴볼 필요가 있다. 연대성 또는 사회적 연대는 사회적 관계의 일종으로 사회나 집단에서 보이는 통합, 또는 통합의 종류나 정도를 의미한다. 전근대 사회에서 연대란 주로 혈족 관계나 공통된 이해 관계를 기반으로 하는 사람들 간에 형성되는 관계를 의미하였다. 그러나 사회가 복잡해지면서, 연대는 혈족이나 이익공동체의 상징에서 벗어나 '사회적 연대'라는 의미로 발전하게 되었다(D. Jary, 1995).

연대성은 상당히 모호한 개념으로 이해하는 것에 그치기 때문에 조금 더 자세히 설명할 필요가 있다. 연대성 개념을 사회학적으로 정교하게 만든 사람은 에밀 뒤르켐(Emile Durkheim)이다. 그는 사회를 결속시키고 무질서에 빠지지 않게 하는 사회적·도덕적 연대에 관심이 많았다. 연대는 개인이 사회 집단에 성공적으로 통합되고 일련의 공유된 가치와 관습에 의해 규제될 때 유지될 수 있었다. 그의 첫 주요 저작인 『사회분업론(The Division of Labour in Society)』(1893)에서 산업사회의 발달로 새로운 형태의 연대가 출현했다고 분석하고, 대조되는

2) 열등처우의 원칙이란, 빈민에게 제공되는 급여의 수준을 근로를 통하여 얻을 수 있는 가장 낮은 임금보다 낮게 책정하여 빈곤층의 노동의욕을 감퇴시키지 않으려고 한 원칙이다. '빈곤죄악관'과 아울러 영국의 신빈민법(1834)을 지탱하던 주요한 원칙과 관점이었다. 합리성에 근간하고 있지만, "일하지 않는 자 먹지도 말라"는 노동윤리에 대한 강조와 아울러 빈민들에 대한 지원을 최소화하기 위한 정책적 노력이었다.

두 가지 유형의 연대-기계적 연대(mechanical solidarity)와 유기적 연대(organic solidarity)-를 제시하고 양자와 노동분업[3]의 관련성을 부각시킨다. 그에 의하면, 전통사회는 대부분의 구성원들이 유사한 직종에 종사하는 낮은 노동 분업 상태에 있어 그 문화는 기계적 연대라고 부를 수 있다. 기계적 연대는 의견일치나 믿음의 유사성을 바탕으로 하는데 산업화와 도시화가 노동분업의 증가를 가져와서 연대가 깨지게 되었다. 산업사회에서 직무의 전문화와 사회적 분화의 증가로 인해 사회구성원은 경제적으로 상호의존하고, 타인의 기여가 중요하다는 사실을 인식하게 되는 유기적 연대를 통해 사회통합을 유지하게 되었다. 그러나 사회 변화의 과정은 너무 급속하고 강력해서 주요한 사회적 문제를 낳게 되지만, 이에 대한 대안을 제시하지도 못한 채 전통적인 삶의 방식, 도덕, 종교적 신념, 일상적 행동 유형 등에 파괴적 영향을 미친다. 뒤르켐은 이러한 불안정한 상태를 아노미(anomy)와 연결시켰다(A. Giddens, 2009).

사회복지(학)는 이러한 사회해체에 대응하여 인간다운 삶을 영위할 수 있는 공간으로서 사회공동체를 재구성하고자 하는 노력이다. 사회복지가 추구하는 연대성은 '제도화된 연대성'을 통해 인간 삶의 하부 토대이자 생활공간인 경제·사회적 구조가 급진적으로 변화할 때 만들어지는 변화의 부작용에 대한 대처를 하고자 한다.

생각해보기

1. 사회복지실천에서 주요하게 다루는 가치에 대한 개인적 정의를 내려보자.
2. 사회복지실천을 이루는 주요 가치 간 관계에 대해 생각해 보자.

3) 여기서 노동분업이란 상이한 직업들 간 차별성의 증대를 의미한다.

제 4 장

사회정의(社會正義)와 사회복지

사회복지는 모든 인간이 가치롭고 존엄하다고 여긴다. 사회복지가 상상하고 실현하려는 사회는 모든 인간의 가치와 존엄성을 보장하는 사회를 말한다. 모든 인간의 가치와 존엄성을 보장하는 사회는 어떤 사회일까?

많은 철학자들은 사회를 구성하는 인간이 스스로의 가치를 존중받고 존엄성을 인정받으려면 사회를 정의롭게 만들어야 한다고 생각했다. 정의롭다는 것은 사회를 구성하는 모든 사람이 정당한 몫을 가지고 다른 사람과 균형을 이룬다는 것이다. 정의롭지 못한 사회는 개인이 피해를 받거나 억울해지는 것을 모른 체 하거나 그러한 상황을 만드는 것에 일조한다. 정의로운 사회는 사회복지가 추구하는 사회이자, 복지사회의 근간이다.

정의를 쉽사리 무엇이다라고 규정하기 어렵다. 오랜 세월 정의에 대해 많은 선각자들이 고민해 오고, 수많은 종교들이 어떤 가르침을 내놓고 있기는 하지만, 정의에 대한 일치된 견해는 아직 없다. 이는 인간과 사회에 대한 관점이 서로 다르기 때문이기도 하고, 이상적 사회공동체에 대한 이해가 다르기 때문이기도 하다. 그래서 헨리 시즈윅(Henry Sidgwick)은 다음과 같이 질문한다.

> *"인간들이 권리와 특권, 부담과 고통을 더할 나위 없이 정의롭게 분배할 수 있는 기준이 되어줄 명쾌한 원칙은 과연 없는 것일까?"*
>
> *Henry Sidgwick(1838~1900)*

정의를 말할 때 가장 고전적이면서 많이 인용되는 진술은 로마시대의 법학자 울피아누스(Ulpianus, ?~223)가 설파한 진술이다. 그는 정의(justitia)를 '각자에게 그의 몫을 돌리려는 항구적 의지'라고 보았다. 보다 정확히 그의 표현을 빌리면, "정의는 각자에게 그의 권리를 배분하려는 항구적이고 부단한 의지"라고 하였다. 정의에 대한 개념이라고 할 수 있는 법의 계율은 다음과 같다. 품위 있게 사는 것, 타인을 해치지 않는 것, 각자에게 그의 몫을 주는 것이다(박태용 · 정태일).

울피아누스가 말한 것처럼 정의는 공정성을 내포하고 있기 때문에 자유를 자유되게, 평등을 평등되게, 사랑을 사랑되게 하는 기준이 된다. 한마디로 자유와 평등이 국가 이념의 실현 가치라고 한다면 법이나 윤리는 공동체의 질서 유지이고 정의는 국가나 공동체의 질서를 수호하는 것이다(이서행, 1995).

정의는 인간사회를 구성하는 가장 기본적인 원리이다. 사회복지를 추구하기 위해 정의에 대한 고찰은 필수적이다. 이 정의라는 것에 관한 깊은 이해를 위해 고대 그리스 시대부터 현대에 이르기까지 중요한 설명들을 살펴보기로 한다.

1. 고대 그리스 시대의 정의론

정의에 관한 고민은 동서양을 막론하고 있어왔다. 서양 문헌에서 정의에 대한 고민이 시작되었다고 볼 수 있는 것 중 하나는 고대 그리스에서 출발한다. 다른 지역의 정의에 대한 고찰이 중요하지 않다는 것이 아니라 현재까지는 가장 많이 설명되고 있는 것이어서 이 책에서도 고대 그리스시대의 정의론부터 검토하기로 한다.

서양의 고대 자연주의 철학자들은 우주적 정의라는 고전적 정의 개념을 주장하였다. 이는 자연의 질서 원리로 인간 생활의 질서를 찾으려는 관점에서 만들어졌다. 즉, 자연계는 어떤 절대불변의 원리에 의해 움직이고 변화된다고 여겼고, 이 원리는 인간사회에도 적용될 수 있으리라 생각했다. 고대 자연주의 철학자들은 기하학과 수학 등에 관심을 기울이고 이 학문을 통해 자연법칙을 찾아냄으로써, 인간의 삶을 이해할 수 있을 것으로 여겼다. 그래서 그리스 사람들은 인간 생활을 지도하는 불변이라는 자연의 원리를 정의라고 불렀다.

인간 사회의 근간은 정의라는 기본 법칙에 의해 움직여져야 하는 것이 바람직하다고 생각한 사람들이 고대 자연주의 철학자이었고, 이의 전통이 소크라테스(Socrates) 이후의 철학자들에게 면면히 이어져 내려왔다고 볼 수 있다. 나아가 르네상스기를 거쳐 계몽주의적 사고를 가진 사람들에게 다시 큰 영향을 주었다.

그리스 시대의 정의(justice)라는 말은 dikaiosyne(righteousness)와 dike(justice)에서 비롯된 어원이다. 전자는 정의의 덕을 의미하여 주관적이라고 한다면 후자는 어원상 법(jus)과 떼어서 생각할 수 없기 때문에 질서와 원리적 의미를 전제한 객관적 정의이다. 이 디케는 고대 그리스의 폴리스적 질서의 중심이었던 정의의 여신상 디케(dike)로부터 그 의미를 찾는다. 디케 여신상은 한쪽 손에는 공평을 상징하는 저울을, 다른 한쪽 손에는 관철성을 상징하는 칼을 들고, 두 눈이 헝겊에 가리운 채 서있는 모습을 하고 있다. 이 저울과 칼과 헝겊은 정의의 다면성인 법칙성, 행위성, 가치성을 상징한다. 즉, 정의는 기초적 이념을 제공하는 가치성 요소와 이를 표시하는 법칙성 요소, 그리고 이 법칙성을 실현시키는 행위의 요소의 개념적 총합이라고 할 수 있다. 서양의 정의문화 역사를 보면 이들 세 측면 중 어느 한 면이 중점적으로 강조되는 방식으로 나누어지기도 하고 합쳐지기도 한다.

그리스 시대의 정의의 개념을 고민하는 철학자들은 한편으로는 보편적 덕성으로 이해하거나 인권에의 요청으로 구체화하고자 한 가치의 측면을 강조하기도 하였고, 다른 한편으로는 정의를 '같은 것은 같게 다른 것은 다르게'식의 합리적 비율 개념을 강조하여 법칙의 측면을 강조하였다. 이로써 그리스 시대의 사람들은 정의를 개인과 폴리스 공동체의 질적 매개체로 하였으며, 주관적 근원성과 객관적 규범성이라는 양자의 성격을 정의 개념이 포함하고 있다는 것을 분명히 했다.

2. 플라톤(Platon)과 아리스토텔레스(Aristoteles)의 정의론

1) 플라톤(Platon)의 정의론

소크라테스(Socrates)의 제자인 플라톤(Platon)의 주장의 핵심은 이데아라는 개념으로 압축된다. 이데아의 세계는 개별적 각자의 기능을 완전하게 수행하여 전체적으로 조화와 질서를 유지하고 이때 선의 이데아는 모든 이데아를 동시에 만족시켜 주며 완전성을 실현하게 해주는 역할을 하는 것이다. 이데아계의 논리는 현실계에도 그대로 타당하므로 정의란 모든 실재하는 사물들이 좋은 상태에 있는 것이라고 플라톤은 주장했다.

플라톤은 국가론에서 영혼삼분설, 즉 이성, 기개, 욕구로부터 지혜, 용기, 절제의 삼덕이 발견되고 다시 이 삼덕이 서로 조화를 이룰 때 정의의 덕이 실현되는 인간이 가장 바람직한 것이라고 했다. 그러나 그의 정의 개념은 개인 그 자체가 완전한 개체적 전체로서 존립하는 것이 아니고, 국가만이 완전한 전체라고 하여 철인군주론과 혼합국가론적인 정의론을 폈다.

플라톤의 정의 입장은 개인을 그 자체의 고립된 것으로 보지 않고 질서의 한 부분으로 보았으며 "각자는 자기 나라에 관계되는 일들 중에서 자기 소질에 가장 적합한 한 가지 일에만 종사해야 한다"고 하였다. 즉, 통치 계층은 지혜의 덕을, 방위 계층은 용기의 덕을, 생산 계층은 절제의 덕을 발휘하는 데서 덕은 실현되고 정의는 존립한다는 것이다. 이때의 덕은 '인간다움'과 가능한 완전성의 구현을 이루게 하는 성질이다.

이와 같이 플라톤의 정의에 대한 설명은 덕론에서 비롯되고, 정의의 실현을 위해서는 모든 힘과 기능들이 주어진 그 본분을 지키고 질서와 조화를 가질 수 있도록 삼덕을 통일해야 된다고 보았다.

2) 아리스토텔레스(Aristoteles)의 정의론

정의에 관해 체계적인 설명을 시도한 사람은 아리스토텔레스(Aristoteles, B. C. 384~322)이었다. 그는 정의를 '평등'으로 파악하였다. 그의 정의론은 유명한 『니코마코스 윤리학』 제5편에서 다루고 있다. 그는 이 책에서 법의 이념인 정의의 원리는 근본적으로 평등에 있다고 보았다. 그래서 마치 기하학적으로 선(線)의 양끝에서 중간에 중점이 정하여지듯이, 넘치지도 않고 부족함도 없는 중용의 상태가 정의의 상태라고 하였다. 그는 정의를 여러 덕목으로 하여금 중용을 유지시키는 최고의 표준적인 덕이라 보았다(박채용・정태일, 2001).

아리스토텔레스는 그의 윤리학을 설명하는 글에서 "만인이 희구하는 선"을 다루는 것으로 선이 인간의 덕이지만 그중에서 정의가 "완전한 덕"이고 "최고의 덕"이다라고 설명하고 있다. 다시 말해서 아리스토텔레스에 있어서 정의란 대타적인 관계의 덕(중용)으로서 '완전덕'이고 '최고덕'이며 국가는 정의라는 본질적 원리에 입각하여 조화와 질서를 실현해 나가는 것이다. 따라서 그에 있어 정의는 최고 도덕적 가치이며 국가의 가장 중요한 기초는 정의가 된다.

나아가 아리스토텔레스는 정의를 크게 보편적 정의(universal justice)와 특수적 정의(particular justice)로 구분하여 정의의 적법성과 평등적 측면을 강조하였다. 여기에서 그는 적법성을 평등성보다 더 넓은 의미로 사용한다.

그는 다시 특수적 정의를 '같은 것을 같게, 다른 것을 다르게' 취급한다는 배분적 정의(distributive justice)와 산술적 비례에 의해 되갚는다는 교정적 정의(rectificatory justice)로 나누었다. 그는 전자를 기하학적 비례, 후자를 산술적 비례로 명명하기도 하였다.

특수적 정의 중 배분적 정의를 명예나 돈, 기타 공민 사이에 분담되는 분배에 관계된 것으로 설명하고 있고, 교정적 정의는 사람과 사람 사이의 거래에 있어서 교정적 역할을 담당하는 것으로 설명하며, 이를 다시 판매, 구매 대금의 수의(隨意)적인 것과 절도, 강간, 유괴, 위증 등의 불수의적인 것으로 나누는 경우도 있다.

3. 자유주의의 정의론

중세시대에는 기독교의 사랑을 중심으로 한 평등주의적 이념이 전반적으로 자리잡고 있었다. 이는 정의의 역사에 있어서 획기적인 것이기는 하였지만 종교적 신념의 한계를 넘지 못하여 정치사회화되지는 못하였다. 르네상스와 계몽주의가 시대정신이 되는 근대 이후 정의론은 구체제를 뒤로 하고 새로운 사회를 수립하기 위한 조망을 만드는 데 핵심적인 논의이었다. 하지만 미국의 독립선언과 프랑스 혁명 이후 가장 핵심적으로 등장한 정치사회 이념인 자유와 평등 문제로 인하여 정의실현 갈등 양상이 민족과 국가를 뛰어넘어 국제 정치 이데올로기로 대두되었다.

계몽사상의 핵심적 지위를 차지하고 있었던 공리주의의 공과를 안고 발생된 급진적 사조가 자유주의이었다. 이때 자유주의는 정치 이데올로기로서뿐만 아니라 개인의 생활양식을 뜻하는 다의적 의미를 내포하고 있다.

근세의 절대군주제하에서의 신흥 중산 계층은 양심의 자유와 자연권에 입각한 인간 평등사상을 천명하게 되어 자유주의 정치 발전의 계기를 마련하였고 정치제도는 입헌주의적 권력 운집의 원칙과 자유 시장경제 제도를 지향하게 되었다.

현대의 자유주의적 정의관은 칸트(Kant)에 영향을 받은 바가 크다. 칸트는 공리주의자들이 생각했던 것처럼 인간의 쾌락이나 행복의 증진이 건전한 정의관의 기초가 될 수 있다는 가정을 단호히 부정했다. 칸트는 정의와 관련하여 인간은 자유롭고, 합리적이고, 책임을 질 줄 아는 행위자라고 상정했다.

자유주의 정치이론에서는 두 가지 커다란 지적 흐름이 발견된다. 하나는 하이예크(Hayek)와 노직(Nozick) 등에 의해 대표되는 의지론적 자유지상주의이고, 다른 하나는 롤즈(Rawls)와 드워킨(Dworkin) 등에 의해 대표되는 평등주의적 자유주의이다(박채용 · 정태일, 2001).

이들은 개인의 가치관이 각자의 뜻에 따라 실천되도록 허락되어야 한다고 주장하며 개인의 욕구 충족을 위해 정치 · 경제 · 사회적 여건을 마련해 주어야 한다는 데 의견을 같이 하고 있다. 그러면서도 자유와 평등 어느 쪽에 비중을 두느냐에 대해서는 차이점이 있다(이서행, 1995).

자유주의적 입장에서 정의론은 중립성의 개념에 의존하거나 인간에 관한 사실에 의존하여 나름의 정의론을 전개하기 시작했지만, 결과적으로 특정 분배원칙을 인정하게 되는 것으로 귀결되었다(박채용 · 정태일, 2001).

1) 존 롤즈(John Rawls)의 정의론

롤즈(Rawls)는 "사상체계의 제1덕목을 진리라고 한다면, 정의는 사회제도의 제1덕목이다(1971 : 3)"라고 하였다.

정의로운 사회제도의 기본적인 전제는 모든 사람에게는 '그 어떠한 이유'로도 침해될 수 없는 평등한 인간적 권리가 존재한다는 것이다. 정치적 거래나 사회적 이득의 총량을 증가시키기 위해 사람들의 희생을 요구하는 것은 정의의 길이 아니라는 것이다. 이것은 사회적 쾌락의 총량을 우선시하는 공리주의적 정의관에 정면으로 대립하는 것이다.

롤즈는 공리주의적 전제를 뒤집어 옳은 것을 위해 행하는 것이 좋은 것이라는 의무론적 명제를 제시한다. 이러한 전제를 따를 때만이 그 어떠한 이유로도 희생되어서는 안 되는 인간적 권리를 보호할 수 있다는 것이다.

이러한 전제 위에서 롤즈는 "사회의 주요 제도가 기본적인 권리와 의무를 배분하고 사회협동체로부터 발생하는 이익의 분배를 결정하는 방식(1971 : 7)"으로서 '사회의 기본 구조(basic structure of society)'를 정의론의 핵심적인 주제로 설정하고 있다.

롤즈는 공리주의를 극복하고 자유와 평등의 갈등을 이론적으로 융화·조정하고자 하였다. 그는 복지경제적 자유민주주의를 구상하기 위한 사회정의의 원칙을 세웠다. 다시 말해 이 원칙이 추구하는 바는 평등의 실현, 즉 경제적 평등을 목적으로 한 복지국가의 건설에 있다.

롤즈에 있어서 국가는 자신의 삶의 계획의 실현을 위한 재화들을 보다 효율적으로 생산하기 원하는 개인들이 모여 협동 생산하고 이를 소정의 기준에 의거해 분배하기로 협의하여 성립된 행동체계이었다. 사회복지의 향상을 가져오는 배분적 정의를 실현시키려면 국가의 권력과 기능을 계속해서 확대시킬 수밖에 없다는 주장은 이러한 관점에서는 당연하다.

롤즈는 극단적인 자유나 평등의 입장에 서지 않고 기본적으로 자유주의 입장에서 자유와 평등을 바람직하게 조화시킨 자유주의적 평등주의 입장을 취하면서 최소극대화의 원칙을 고수하였다.

정의의 기본적 전제를 구현할 수 있는 정의의 원칙을 다음과 같이 제시하고 있다(1971 : 42).

① 모든 사람은 다른 사람의 자유와 상충되지 않는 한도 내에서 가장 광범위한 자유를 누릴 동등한 권리를 갖는다.

② 사회적, 경제적 불평등은 다음의 두 가지 조건을 만족시키도록 조정되어야 한다.

㉠ 그러한 불평등이 모든 사람에게 이익이 되리라는 것이 합당하게 기대되고,

㉡ 불평등과 결부된 직무와 직위는 모두에게 개발되어야 한다.

정의의 제1원칙은 시민의 균등한 자유를 규정하고 보장하는 사회체제의 국면을 강조하는 것으로서, 정치적 자유, 언론과 집회의 자유, 양심과 사상의 자유, 재산권과 신체의 자유, 그리고 법의 지배라는 개념에 의해 규정된 것으로서 부당한 체포 및 구금을 당하지 않을 자유 등의 동등한 보장을 의미한다.

그리고 제2원칙은 소득 및 재산의 분배와 권한, 책임 및 명령계통 등에 있어서 차등을 두는 조직들의 기획에 적용된다. 재산 및 소득의 분배가 반드시 균등해야 할 필요는 없으나 그것은 모든 사람에게 이득이 되게 이루어져야 하며, 동시에 권한을 갖는 직위와 명령을 내릴 수 있는 직책은 누구나 접근 가능한 것이어야 한다는 것이다. 그리고 제1원칙과 제2원칙의 관계는 엄격한 서열관계에 있다. 즉, 제1원칙이 보장되고 신장되는 조건하에서만 제2원칙이 가능하다는 것이다.

롤즈의 정의원리는 구체적인 행위나 결정이 공정한가를 판가름해 주는 원리가 아니라 사회의 기본 구조(basic structure)가 만족시켜야 할 원리이다. 사회의 기본 구조는 헌법, 생산수단의 사적 소유, 자유시장경제 체제, 일부일처제와 같은 정치적, 경제적, 사회적인 주요 제도가 될 것이다. 정의원리는 바로 그러한 주요 사회제도가 정의롭기 위해서 충족시켜야 할 원리이다. 정의원리는 사회의 기본 구조가 어떻게 사회적 기본 가치(primary goods)를 분배해야 할 것인가를 규정해 준다. 사회적 기본 가치는 기본적 자유뿐만 아니라 권력이나 권위, 소득이나 부 등을 포함한다.

이러한 관점에서 정의는 정당화될 수 없는 불평등이 없는 상태라고 규정할 수 있으며, 정의의 중심과제는 어떤 차등이 도덕적으로 정당화될 수 있느냐에

초점이 맞추어져 있어 절차에 아무런 하자가 없다면 불평등이나 차등도 정당화될 수 있다는 것이다.

정리하자면, 롤즈의 정의 개념은 세 가지 입장이라고 볼 수 있다. 첫째, 각자는 상호 조화를 이루는 기본적 자유를 최대한으로 그리고 모두가 똑같이 가져야 한다는 동등한 자유의 원리이다. 둘째, 사회경제적 불평등(권력, 권위, 소득, 부의 불평등)은 공직이나 지위가 공평한 기회균등의 조건하에서 모두에게 열려 있을 경우에만 허용된다는 공평한 기회균등의 원리이다. 셋째, 가장 불리한 위치에 있는 계층의 사람들에게 최대의 이익을 가져오는 경우에만 허용된다는 차등의 원리이다.

결론적으로 롤즈의 정의론은 평등주의적 자유주의를 대표하는 것으로 개인의 기본적 인권이 침해되고 무시되는 자유지상주의적 상황에 봉착하여 개인의 실질적 자유와 평등의 영역을 확보하는 것을 주제로 삼고 있다. 따라서 롤즈는 공리주의적 원칙이 개인의 자유와 평등을 통한 사회정의의 실현이라고 하는 사회목적으로 확대될 수 없다는 점에 의문을 제기하면서 개인의 자유와 평등의 보장은 최소국가가 아니라 개인의 권리의 실현을 위해 일정한 수준의 행동을 요구받는 다소 적극적인 국가에 의해서 실현된다고 주장하고 있다(서정갑, 1994). 즉, 롤즈의 정의론은 근본적으로 현대적 복지국가의 이념을 정당화하는 성격을 갖는다. 롤즈의 이론은 사회적 약자를 정책적으로 배려하는 평등주의의 입장을 견지하고 있다(임의영, 2003).

2) 로버트 노직(Robert Nozick)의 정의론

롤즈의 사회정의론 출간 이후 많은 비판이 가해졌는데, 그중 노직(Nozick)은 개인의 권리와 자유주의의 순수성을 지키려는 입장에서 롤즈를 비판하였다. 노직은 평등보다는 개인의 자유와 권리가 철저히 보장되어야 한다는 자유주의 정의관을 내세워 롤즈의 자유주의적 평등주의를 정면으로 비판하고 나서 현대 사회정의 실현에 있어 주요 쟁점이 되고 있다.

그 쟁점 중 노직이 집중하는 것은 자유주의 입장에서 롤즈의 평등주의가 가져올 개인의 기본권에 대한 침해 가능성이었다. 노직의 결론은 다음과 같다.

첫째로 강압・절도・사기로부터의 보호, 계약집행 등과 같은 좁은 기능들에 제한된 최소국가(minimal state)는 정당화된다.

둘째로 그 이상의 포괄적 국가는 어떤 행위를 하도록 강제되지 않을 개인의 권리를 침해할 것이다.

셋째로 최소국가는 옳을 뿐 아니라 영감을 불러일으킨다.

노직의 정의로운 국가란 평등이 실현된 국가라기보다는 개인의 자유와 권리가 철저히 보장되고 이런 보호하에서 개인들이 자신의 가치관을 마음껏 실현할 수 있는 사회를 말한다. 따라서 노직의 국가에 대한 견해는 롤즈와는 달리 최소의 국가(the minimal state)이며 다만 개인들이 독자적으로 또는 다른 개인들과 협동하여 자신들의 삶의 계획을 실현할 수 있게 하자는 것이다. 경제적 재화의 분배는 자유시장 경쟁에 맡기고 이 질서를 파괴시키는 행위만을 금지시키기 위한 데에 노직의 국가의 의미가 부여된다.

노직의 정의론은 최소국가론에서 나타났는데 자유지상주의를 대표하고 있다. 자유지상주의는 권리를 존중하고 그것이 가져오는 결과에 상관없이 이를 견지한다는 입장으로 노직은 자유라는 기본 입장을 인정함과 동시에 경제적 효율성과 개인의 권리가 상충되는 상황이 발생할 경우 개인의 권리를 선택해야 한다는 입장을 택한다.

이러한 노직의 정의론은 소유권리론으로 분류된다. 노직의 소유권리론에서 가장 핵심이 되는 개념은 개인의 자유와 권리의 불가침성이다. 그리고 이에 근거하여 국가의 강제력의 근원과 한계로까지 논의가 발전하였다. 즉, 그가 주장하는 국가는 공정한 계약집행을 감독하는 기능만 하는 최소국가이다. 국가는 편향된 가치기준에 따라 행동할 수 없으며, 단지 보이지 않는 손에 따라 움직이는 사회에 공평한 규칙이 적용될 수 있도록 감독만 하면 된다. 이러한 기본적 입장을 견지하면서 노직은 정당화될 수 있는 가장 포괄적인 국가로서 최소국가를 제시하였다.

노직의 소유권리론은 사회정의 또는 분배정의라는 개념이 없다는 것으로서 다음의 세 가지 원리로 설명할 수 있다.

첫째, 소유물에 대한 소유권리를 어떤 사람이 최초에 정당하게 취득하였다면 그는 그 소유물에 대해 배타적인 정당한 권리를 갖게 된다는 것이다.

둘째, 소유물에 대한 최초의 정당한 권리를 가진 사람이 자신의 소유물을 타인에게 정당하게 이전하였다면 그것을 이전받은 사람도 그 소유물에 대한 배타적인 정당한 권리를 갖게 된다는 것이다.

셋째, 만일 위의 두 과정에서 불의가 발생하였다면 이를 수정해야 한다는 것이다.

노직의 소유권리론은 다음의 과정을 거친다.

첫 번째 과정은 그가 말하는 최초 취득에 있어서의 정의의 원리이고, 두 번째 과정은 이전에 있어서의 정의의 원리이며, 세 번째 과정은 교정의 원리인데 교정의 원리는 불의가 발생하지 않았을 경우에 나타날 상황을 가정하여 그것을 기준으로 앞의 두 원리에 대한 침해를 수정하는 것을 말한다(남찬섭, 1998).

노직의 소유권리론은 상식적인 소유관념에 매우 잘 부합하는 것으로 결국 사람들이 정당하게 소유한 것을 자유롭고 정당하게 교환하였다면 그로 인해 발생한 결과는 그것이 어떤 것이든 정의로운 결과라는 것이다.

> *"각자가 얻은 것은 다른 사람들이 어떤 것과 교환으로 또는 선물로서 그에게 주어지는 것이다. 자유사회에서는 각각의 사람들이 상이한 자원을 통제하며, 새로운 소유는 자발적 교환으로 이루어진다. 총체적 결과는 당해 상이한 개인들이 행할 수 있는 권리를 가*

진 많은 개별적 의사결정의 산물이다. 취득주의의 원리와 이전주의의 원리가 지켜졌다면, 정당한 상황으로부터 정당한 절차에 의해서 생기는 무엇이나 그 자체로 정당하다."(R. Nozick, 1972)

이와 같은 소유권리론을 주장하면서 다음과 같이 롤즈의 정의론을 논박한다(임의영, 2003).

첫째, 소유권은 정당한 노력의 대가나 자유로운 처분권을 포함하는 정의의 근본 개념이라는 주장이다. 이것은 개인이 소유물을 획득하기 위해 들인 노력이나 그에게 소유물을 증여한 다른 개인의 자유로운 처분 행위가 얼마나 중요한 것인가를 보여주는 것이다. "과거의 상황이나 사람들의 과거 행위는 사물에 대한 차별적인 소유권리나 응분의 자격을 창조한다." 노직은 소유권리론이 소유물을 획득하기 위한 개인의 과거의 노력을 존중한다는 점에서 자신의 논리가 역사적인 것이라고 말한다. 이러한 의미에서 보면 개인이 행한 과거의 노력을 무시하는 것은 곧 개인의 권리를 침해하는 것과 같은 것이다. 노직은 롤즈의 분배논리는 개인이 행한 과거의 노력들을 무시하고 '결국 누가 무엇을 갖게 되는가' 하는 문제에 천착하고 있다는 것이다.

둘째, 재분배는 개인의 자유의사에 의해서 이루어져야 한다는 주장이다. 일반적으로 정의론들은 정형화된 재분배의 원리를 찾고 그것을 적용하는 데 초점을 맞추고 있다. 즉, '~에 따라서 각자에게'라는 구절의 빈칸을 채우는 것을 재분배의 중요한 과제로 여기고 있다는 것이다. 정형화된 규칙은 개인에게서 자유로운 선택권을 박탈하는 결과를 가져온다는 것이다. 따라서 진정한 정의론은 정형성을 찾고자 하는 욕심을 버리고, '그들이 선택하는 바에 따라 각자로부터, 그들이 선택된 바에 따라 각자에게'라는 자유선택의 원리에 의존할 때만이 가능하다는 것이다. 따라서 노직의 논변에 의하면, 모든 형태의 분배는 개인의 자유로운 선택에 의해 이루어지는 것이어야 하며, 그 분배의 결과를 판단할 필요는 없다. 이러한 시각에서 보면 롤즈의 정의론도 그러한 원칙을 정형화하는데 관심을 기울임으로써 개인의 자유로운 선택권을 상당 부분 제약하고 있다는 것이다. 따라서 노직에 의하면, 롤즈의 정의론은 좁게는 개인의 소유권을, 넓게는 제 권리를 억압하는 것을 정당화하는 반자유주의적 논리에 불과하다는 것이다.

3) 롤즈(Rawls)와 노직(Nozick)의 비교

자유주의적 정의론들은 재분배장치로서의 복지국가의 분배원칙에 연결되어 있다. 이 점에서 평등지향적 논의를 이끌어 내고 있는 롤즈와 자유지상주의적 논의를 주장하는 노직의 견해를 비교하는 것은 사회복지적으로 의의가 있다.

자유주의적 정의론의 양대 주축 견해를 표현하고 있는 노직과 롤즈를 비교하여 보면 다음과 같다(임의영, 2003).

첫째, 정의로운 사회관의 입장에서 보면, 노직은 자발적인 교환이 보장되는 사회를 주장한 반면에 롤즈는 정의의 원칙에 의해 조직된 사회를 주장하였다.

둘째, 정의를 실현하는 원칙에서 보면, 노직은 교환과 형평을 주장한 반면에 롤즈는 평등과 욕구 및 형평을 주장하였다.

셋째, 정의론을 실현하는 국가관의 입장에서 보면, 노직은 형평원칙과 제한적 욕구원칙을 주장한 반면에 롤즈는 제한적 욕구원칙과 전반적 욕구원칙의 조화를 주장하였다.

4. 사회주의 입장에서 본 정의의 의미

사회주의는 자유주의적 사회관을 거부함으로써 자유주의적 사회 정의관을 용납하지 않고 자유와 평등을 구분 불가능하다고 보는 입장이다. 그것들이 서로 대립한다는 고전적 자유주의나 조화될 수 있다는 현대의 자유주의적 평등주의가 모두 그르다는 입장이다. 사회주의자들은 평등의 실현을 가로막는 가장 큰 장애 요인을 계급이라 보고 계급 없는 사회를 건설하기 위해서는 정의의 행위인 혁명의 불가피성을 주장하게 되었다.

마르크스(Marx)에 의하면 독일 사회주의는 정의, 자유, 평등 그리고 동포애의 여신에 의존하는 현대적 신화를 위하여 역사에 관한 유물론적 기초를 무시하고 있다고 하여 정의를 신화적 요소로 파악하면서 유물론적 역사 개념에 대립시켜 배격하고 있다.

마르크스는 정의의 개념이 시대, 계급에 다라 다르게 해석되고 있는 기만적인 허위의식이라고 인식하고서 정의 개념 대신에 정치공동체의 실현, 협동적인 생산활동, 개성의 실천 여부가 그 사회의 윤리적 기초라고 하였다.

마르크스와 엥겔스(Engels) 같은 과학적 사회주의자는 자유주의 이념을 밑바탕으로 하는 자본주의 체제하에서의 정의의 개념이 수단과 위선에 대한 명분에 불과하다고 하여 타도 대상이 된다. 결국 마르크스를 포함한 사회주의 정의론은 역사의 동력을 지나치게 사회경제적 관계에서만 파악하려 했기 때문에 정의 자체도 사고의 변형으로 된 사회경제적 요소라는 데 그 한계가 있는 것이다(이서행, 1995).

마르크스가 묘사하고 있는 공산주의의 더 높은 단계(공산주의사회)에서는 “분업에 의한 개인의 노예적 종속과 그와 더불어 정신노동과 육체노동 간의 대립이 사라진 이후 개인의 전인적 발전과 더불어 협동적 부의 모든 원천이 더욱 풍요롭게 넘쳐흐를 때에만 부르주아적 권리의 협소한 지평이 완전히 극복될 수 있다”고 하였다. 여기서는 부르주아적 권리와 법체계 및 좁은 의미의 도덕이나 정의의 필요성이 완전히 사라지게 된다. 그 대신 “각자로부터 그의 능력에 따라 그리고 그의 필요에 따라”라는 규칙이 자리할 것이다(박채용 · 정태일, 2001).

5. 현대적 정의론 : 왈저(Walzer)와 영(Young)을 중심으로

1) 왈저(Walzer)의 정의론

롤즈의 정의론은 이론적인 차원에서 모든 부문에 적용 가능한 거대이론을 구축하는 데 초점을 맞추고 있다. 왈저(M. Walzer)는 하나의 원리가 사회의 모든 영역에 동일한 방식으로 적용된다는 것은 불가능하다고 생각한다. 즉, 그의 주장은 사회에는 다양한 영역들이 존재하고, 각각의 영역에는 그 영역에서 중요하게 여겨지고 있는 사회적 재화들(social goods)의 성격에 따라 상이한 분배의 원리가 적용되어야 한다는 것이다(임의영, 2003).

일반적으로 분배적 정의이론의 초점은 '사람들이 다른 사람들에게 재화들을 분배하는 사회적 과정(social process)'이라 생각한다. 하지만 왈저는 이러한 생각이 분배적 정의의 문제를 지나치게 단순하게 이해하는 것이라고 평가한다. 그는 정의의 문제를 다면화할 것을 주장하면서 정의를 영역의 문제로 이해할 것을 권유한다. 그런 의미에서 왈저는 사회적 재화의 특성을 다음과 같은 여섯 가지 측면에서 조명하고 있다(Walzer, 1983).

첫째, 분배적 정의와 관련된 모든 재화들은 사회적 재화들이다. 즉, 모든 재화는 사회적으로 공유된 의미를 부여받음으로써 가치를 갖게 된다. 따라서 재화에 부여되는 의미의 내용은 사회에 따라 다를 수 있다는 것이다.

둘째, 사람들은 사회적 재화를 구상하고 창출하며, 소유하고 사용하는 방식에 따라서 구체적인 정체성을 갖게 된다. 사회적 존재로서 인간은 일군의 재화들을 매개로 다른 사람들과, 그리고 도덕적, 물질적 세계와 일정한 관계를 형성하면서 자신의 정체성을 형성한다는 의미이다.

셋째, 모든 도덕적, 물질적 세계의 차이를 초월하여 어디에서나 근본적인 혹은 원초적인 가치를 갖는 재화는 존재하지 않는다. 즉, 재화들은 사회에 따라서 상대적인 중요도가 다르게 평가될 수 있다는 것이다.

넷째, 재화의 이동을 결정하는 것은 그것이 가지고 있는 의미이다. 분배의 기준은 재화 그 자체(사용가치)에 내재하는 것이 아니라 재화의 사회적 의미(상징적 가치)에 내재한다. 무엇이 재화이고 그것을 재화로 생각하는 사람에게 그것이 의미하는 바가 무엇인지를 이해한다면, 누구에 의해서, 어떻게, 어떤 근거로 재화가 분배되어야 하는지를 이해할 수 있다. 따라서 모든 분배는 해당 재화의 사회적 의미에 따라 정의로울 수도 있고 그렇지 않을 수도 있다는 것이다.

다섯째, 사회적 의미들은 역사적인 성격을 갖는다. 즉, 분배 그 자체와 정의로운 분배 및 부정의한 분배의 개념은 시간이 지남에 따라 변화한다는 것이다.

여섯째, 의미들이 뚜렷하게 구분되는 경우, 분배들은 자율적(autonomous)이어야만 한다. 모든 각각의 사회적 재화들은 독자적인 분배 영역을 구성한다. 그리고 각각의 영역은 거기에 적합한 독자적인 기준과 제도에 따라 분배가 이루어져야 한다는 것이다.

왈저(Walzer, 1983 : 10－11)에 의하면, 사회적 재화들이 그 의미에 따라 자율적인 분배의 영역을 구성하고 유지하는 것이 바람직하나, 이를 체계적으로 방해하는 현상들이 존재한다.

하나는 사회적 의미가 상이하고 따라서 분배의 영역이 다름에도 불구하고 어떤 재화가 다른 재화들을 지배하는 현상이다. 돈으로 정치권력을 매수하는 경우가 좋은 예이다. 다른 하나는 단 한 사람이나 한 집단이 모든 경쟁자들을 물리치고 지배를 위해 사회적 재화를 독점하는 현상이다.

사회적 재화들이 자율적인 분배의 영역을 구성하고 처리되는 것을 방해하는 현상을 극복하기 위해 왈저는 분배의 원칙을 제시한다. 이는 자유교환, 응분의 몫, 그리고 필요 등이다.

먼저, 자유교환은 이미 노직에 의해 정당화된 자유선택을 의미하는 것이다. 분명히 자유선택은 특정한 분배적 결과를 보장하지 않는다. 다음으로 응분의 몫은 상벌의 부여와 관련된 것이다. 하지만 응분의 양을 측정하고 계산하는 것은 상당히 복잡하여 현실적으로 가능한가 하는 의문에 봉착해 있다. 그리고 필요는 사회구성원으로서 자격을 갖추고 활동하는 데 필요한 최소의 기준을 충족시키는 것을 말한다.

그는 이러한 원리들이 적용될 수 있는 영역을 따로 두어야 한다고 주장한다. 만일 이러한 기준들 가운데 하나가 획일적으로 모든 영역에 적용된다면 그것은 비열한 전제(tyranny)를 가져올 뿐이라고 경계한다.

왈저의 정의론은 분배 영역에 관한 논의이다. 그의 논의는 분배의 과정과 분배의 대상이 하나의 획일화된 성격의 것이 아니라는 것에서 출발한다. 분배의 영역에 대한 심도 깊은 고려를 제안한 측면에서 정의론을 한 단계 발전시켰다는 의의를 가질 수 있지만, 논의의 복잡성으로 인해 현실적인 적용이 어렵다는 한계가 있어 지속적인 논의의 대상이 되고 있다.

2) 영(Young)의 정의론

영(Young, 1990)은 롤즈와 노직, 왈저 등의 분배문제 중심의 정의론에서 벗어날 것을 주장한다. 즉, 영은 분배 패러다임에서 벗어나 지배(domination)와 억압(oppression)이라는 측면에서 정의의 문제를 고려해야 한다고 본다. 이것이 정의의 문제에 보다 근본적으로 접근하는 길이라고 주장한다. 사회적 정의는 사회적 재화의 평등한 혹은 공정한 분배보다는 제도화된 지배와 억압의 제거에 우선적인 초점을 맞추는 것으로 이해할 수 있다는 것이다.

근대 자유주의로부터 시작되었고, 현대에 들어와 롤즈와 노직에 의해 구체적으로 짜여지기 시작한 분배 패러다임의 한계를 그녀는 다음의 세 가지 사항으로 설명한다(임의영, 2003).

첫째, 분배는 기본적으로 가치나 재화의 양적인 측정을 전제로 하는데, 계량화가 불가능한 가치마저도 분배의 논리로 해석하는 함정에 빠지고 있다는 것이다. 그녀는 훌륭한 삶(good life)을 구성하는 데 필수적인 가치로 '자신의 능력을 개발하고 발휘하는 것'과 '자신의 행위와 행위의 조건을 결정하는 데 참여하는 것'을 제시한다. 전자가 제도적으로 제약을 받는 경우를 '억압'이라 하고, 후자가 제약받는 것을 '지배'라고 한다. 사실상 분배 패러다임은 이러한 가치들을 간과함으로써 정의의 개념을 물화시키고 있다는 것이다.

둘째, 분배 패러다임은 개인의 정체성 구성에 결정적인 영향을 미치는 사회집단의 중요성을 간과하고 있으며, 지극히 추상화된 개인을 이론의 주인공으로 설정하는 사회적 원자론(social atoms)에 집착하고 있다는 것이다. 분배 패러다임에서 상정하는 개인은 합리성을 지닌 인간인데, 도덕적 주체들의 다양성을 하나의 주관으로 환원시키는 것은 특수성과 다양성이 보편화된 현실을 외면하고 왜곡시킨다는 주장이다. 영은 정상적인 사람이라면 누구나 그렇게 생각한다는 전제보다 이에서 벗어난 사람에게 정의는 무엇일까를 고민한다. 즉, 그녀는 사회정의론의 핵심을 '차이(difference)'에서 찾고 있다. 개인이 신체적 조건이나 취향 등이 다르다는 이유로 억압(차별)받는 일 없이 누구나 동등하게 자신의 의견을 표현하고 주장하는 것이 가능해야 한다는 것이다. 결국 사회는 동질적인 주관을 가진 개인들로 구성된 것이 아니라 다양한 사회집단에서 자신의 정체성을 형성하는 이질적인 개인들로 구성된 것으로 전제되어야 한다고 주장한다. 이를 '이질적인 공중(heterogeneous public)'이라는 개념으로 설명한다.

셋째, 분배 패러다임은 분배의 결과적 측면에 초점을 두고 정형화된 정의의 원리를 구성하고자 한다는 것이다. 정의의 과정적 측면을 고려해야 할 것을 주장하면서, '차이의 정치'를 제안한다. 즉, 적극적으로 집단의 문화적 정체성을 스스로 조직하고 주장하는 것이 지배적인 제도 안에서 권력과 참여의 기회를 획득하는 데 더 나은 전략이라고 한다. 이것이 정의로운 사회를 구현하는 조건이라고 설명하고 있다.

그녀가 말하는 정의로운 사회는 "모든 사람들이 사회의 주요 제도들에 포함되고 그들에게 충분한 참여의 기회가 주어지는 것, 그리고 모든 사람에게 자신의 능력을 개발하여 발휘하고 자신의 선택을 실현할 수 있는 사회적으로 인정된 실질적인 기회가 주어지는(1990 : 173)" 사회적 평등을 전제로 한다. 즉, 억압을 받고 있거나 불이익을 당하고 있는 집단들의 상이한 목소리들과 관점들을 효과적으로 인정하고 드러낼 수 있는 기회가 적극적으로 주어져야 한다는 것이다. 이러한 의미에서 보면, 영의 논리는 우선적으로 약자로서의 '사회적 소수(social minority)'에 초점을 맞추고 있다(임의영, 2003).

생각해보기

1. 사회적으로 정의롭다는 의미는 무엇인가?

2. 자신이 상상하는 정의로운 사회는 어떤 사회를 말하는지 생각해 보자.

❖ 책에 소개된 주요 철학자들

■ 소크라테스, *Σωκράτης*, Socrates, B.C 469~399

소크라테스는 플라톤(Plato), 아리스토텔레스(Aristoteles)와 함께 고대 그리스 철학의 전성기를 이룩한 인물이다. 소크라테스의 생애를 추정할 수 있는 초창기 자료는 대부분 제자인 플라톤과 크세노폰(Xenophon)에게서 나왔다. 플라톤의 대화편 『테아이테토스(Theaetetos)』에 따르면 소크라테스는 기원전 469년경 아테네에서 조각가인 아버지 소프로니코스(Sophroniscus)와 산파인 어머니 파이나레테(Phaenarete) 사이에서 태어났다. 그는 남을 가르치는 일, 즉 철학적 토론에 매진했는데, 남루한 옷차림으로 광장을 거니는 그에게 다양한 계층의 제자들이 모여들었다고 한다. 또한 강의를 통해 세속적인 명예와 부를 누렸던 소피스트(Sophist)와는 달리 소크라테스는 가르침의 대가로 돈을 받지 않았다. 소크라테스는 왜소한 체격과 투박한 외모를 가졌으나 체력이 좋고 참을성이 많았다고 전해진다. 또한 느긋한 성격이었으며 사색에 잠기는 일이 많고, 부(富)에 연연하지 않는 삶을 살았다고 한다.

– [두산백과]에서 발췌.

■ 플라톤, Platon, Plato, B.C 428/427~348/347

고대 그리스의 대표 철학자이다. 소크라테스의 제자이자 아리스토텔레스의 스승으로도 알려져 있다. 30여 편에 달하는 대화록을 남겼는데 그 안에 담긴 이데아론(형이상학), 국가론 등은 고대 서양 철학의 정점으로 평가받는다.

고대 서양 철학의 정점이라 평가는 이유는 다음과 같다. 첫째, 플라톤 사상에는 스승 소크라테스 사상뿐 아니라 고대 자연철학, 엘레아학파, 피타고라스학파, 소피스트에 이르기까지 다양한 철학적 요소들이 조화를 이루고 있다. 고정된 존재, 생성과 다원성, 윤회와 정화, 구원, 영원성, 영혼 등 모든 것들이 플라톤을 통해 진지하게 논의되었다. 둘째, 플라톤 사상은 기존 그리스 전통을 뛰어 넘는 면모를 보인다. 그는 아테네 정치이론에 회의를 품었으며, 그리스 예술과 문학적 전통의 가치에 한계선을 그었다. 그뿐만 아니라 인간을 탐구하는 데 있어 고대 인도철학과 유사한 요소를 끌어들이기도 했다. 셋째, 이데아론을 비롯한 플라톤의 철학은 중세 기독교 철학 및 근현대 사상체계 형성에 중요한 역할을 했다. 중세시대 지배 논리인 세 위계 이론(성직자, 귀족, 제3신분), 세계를 신의 나라(이데아)와 인간의 세상(그림자)으로 나누는 신국론(神國論), 신플라톤주의가 플라톤 사상의 영향을 받았다.

– [두산백과]에서 발췌.

■ 아리스토텔레스, Aristoteles, B.C. 384~322

고대 그리스의 철학자이다. 학문 전반에 걸친 백과전서적 학자로서 과학 제 부문의 기초를 쌓고 논리학을 창건하기도 하였다. 트라키아의 스타게이로스에서 출생하여 플라톤의 학교에서 수학하고, 왕자 시절의 알렉산더 대왕의 교육을 담당하였다. B.C. 335년에 자신의 학교를 아테네 동부의 리케이온에 세웠는데, 이것이 페리파토스 학파(peripatetics : 소요학파逍遙學派)의 기원이 된다. 그는 플라톤의 비물체(非物體)적인 이데아의 견해를 비판하고 독자적인 입장을 취하였지만, 플라톤의 관념론에서 완전히 벗어나지는 못하고 관념론과 유물론 사이에서 동요하였다. 윤리학에서는 노예제 사회에서의 유한(有閑)계층의 사고에 부합하여 관조(觀照)를 정신활동의 최고 형태라 하고, 그 모범을 가장 완전한 철학자, 자기 자신을 사고하는 사상으로서의 신(神)에게서 찾았다. 사회학에 있어서는, 노예제를 자연에 기인한 것이라 주창하고, 국가 권력은 그 최고 형태를 권력의 이기적 행사가 아닌, 사회 전체에 도움을 주는 것에서 찾아야 한다고 주장하였다.

아리스토텔레스의 관념론과 유물론의 2면성은 후세의 철학 사상에 깊은 영향을 끼쳤으며, 특히 중세의 기독교는 그의 관념론을 받아들여 신학 체계를 세우는 데 크게 이용하였다. 그러나 동시에 그의 사상은 이러한 관념론을 타파하는 유물론의 근거가 되기도 하였다.

– [철학사전, 2009]에서 발췌.

■ **임마누엘 칸트, Immanuel Kant, 1724~1804**

독일의 철학자이다. 서유럽 근세철학의 전통을 집대성하고, 전통적 형이상학을 비판하며 비판철학을 탄생시켰다. 저서에 『순수이성비판』, 『실천이성비판』, 『판단력비판』 등이 있다.

칸트의 철학은 3권의 비판서 간행 후 몇 년이 지나지 않아 예나를 비롯한 몇 곳을 거점으로 하여 순식간에 전독일의 대학・논단을 석권하였고, J. G. 피히테에서 G. W. F. 헤겔에 이르는 독일 관념론 철학의 선두 주자로서, 또 그 모태로서 커다란 역할을 하였다. 그 영향은 다시 영국・프랑스의 이상주의철학까지 미쳤으며, 특히 후일의 독일 신(新)칸트학파의 철학은 칸트의 비판주의의 직접계승을 지향한 것이었다. 또한 신칸트학파 퇴조 후에 나타난 수많은 철학 조류도 모두 직접・간접으로 칸트의 영향을 받았다고 할 수 있다.

– [두산백과]에서 발췌.

■ **카를 야스퍼스, Karl Theodor Jaspers, 1883~1969**

독일의 철학자이다. 그의 최대의 저서인 『철학』(3권)을 펴내 '실존철학'을 체계적으로 전개하였다. 서구사회가 제기하는 기계문명, 대중사회적 사회, 정치상황, 특히 제1차 세계대전 후의 가치전환적인 사상적 위기에 대한 깊은 성찰이 기조를 이루었다.

제1차 세계대전이 끝나자 『세계관의 심리학(Psychologie der Weltanschauungen)』을 출간하였다. 이때부터 그는 심리학에서 철학으로 관심을 돌렸고, 스스로도 이 책을 '최초의 실존철학적 저작'이라고 주장하였다. 1921년 철학 교수로 전임한 뒤에 I. 칸트, S. A. 키르케고르, F. W. 니체의 철학에 큰 영향을 받았으며, E. 후설의 영향까지 곁들였다. 그는 더욱 철학에 진력하여 마침내 그의 최대의 저서인 『철학(Philosophie)』(3권)을 펴내 '실존철학'을 체계적으로 전개하였다. 이 체계적 전개의 배경에는 『현대의 정신적 상황(Der geistige Situation der Zeit)』(1931)에서와 같이 20세기 서구사회가 제기하는 기계문명, 대중사회적 사회, 정치상황, 특히 제1차 세계대전 후의 가치전환적인 사상적 위기에 대한 깊은 성찰이 기조를 이루었다. 또한, 그는 실증주의적(實證主義的)인 과학에 대한 과신(過信)을 경고하고, 근원적인 불안에 노출된 인간의 비합리성을 포착하여 본래적인 인간존재의 양태를 전개하는 '실존철학'을 시대구원의 한 방법으로서 제시하였다. 인간존재를 규명하는 철학적 사색은 그 전과 같이 세계의 조감도를 얻는 그런 단순한 추상적 사유가 아니라, 인간존재의 근원에 파고드는 활동이며, 철학은 '철학한다(Philosophieren)'는 일이라고 생각한 것이다. 1937년 부인이 유대인이라 하여 교직에서 쫓겨났지만, 제2차 세계대전 중에도 그 철학적 정신은 흐리지 않았으며, 전후에는 곧 복귀하여 대학의 부흥에 힘썼다. 전쟁 중의 경험을 통하여 『전쟁죄책론』의 반성이 나와 전후 세계에 큰 영향을 주었다.

– [두산백과]에서 발췌.

■ 버트란드 러셀, Bertrand Russell, 1872~1970

영국의 수학자, 철학자, 수리논리학자, 역사가, 사회 비평가다. 20세기를 대표하는 천재이자 지성인으로 여겨진다. 노벨문학상을 수상했다. 그는 일생의 여러 부분에서 자유주의자, 사회주의자, 평화주의자 순으로 자신의 이상을 생각해 왔으나, 자신이 이 중 어느 쪽도 되지 않았다고 회고했다. 일생의 대부분을 잉글랜드에서 보냈으나, 그는 웨일스에서 태어났고 그곳에서 사망했다.

러셀은 1900년대 초반 '관념론 반대운동(revolt against idealism)'을 일으켰으며, 그의 선배 프레게, 제자 루트비히 비트겐슈타인과 함께 분석철학의 창시자 중 하나로 꼽히며, 20세기의 선두 논리학자로 자리매김했다. 그는 화이트헤드와 함께 『수학 원리』를 저술했으며, 이는 수학을 이용해 논리학의 기틀을 닦고자 한 시도이다. 그의 철학 에세이 「On Denoting」은 '철학의 패러다임'으로 간주되고 있다. 그의 저술은 논리학, 수학, 집합론, 언어학, 철학 중에서도 언어철학, 인식론, 형이상학에 영향을 주었다.

러셀은 당시 반전 운동가로서 크게 활약했다. 그는 자유 무역을 지지했으며, 반제국주의 운동가로도 활약했다. 러셀은 1차 세계대전 때 반전 운동으로 인해 감옥에 수감되었으며, 이후 아돌프 히틀러, 스탈린주의자, 전체주의, 미국의 베트남 전쟁에 대한 비판과 반대 운동을 펼쳤다. 그는 핵무장 반대운동에도 열렬히 참가했다. 1950년, 러셀은 "인본주의와 양심의 자유를 대표하는 다양하고 중요한 저술을 한 공로를 인정받아" 노벨 문학상을 받는다.

– [위키백과]에서 발췌.

■ 알리기에리 단테, Alighieri Dante, 1265~1321

13세기 이탈리아의 시인이다. 예언자, 신앙인으로서, 이탈리아뿐 아니라 전인류에게 영원불멸의 거작 『신곡(Divina Commedia)』(1308~1321)을 남겼다. 중세의 정신을 종합하여 문예부흥의 선구자가 되어 인류문화가 지향할 목표를 제시하였다. 주요 작품은 『신생』, 『농경시』, 『향연』 등이다.

– [두산백과]에서 발췌.

■ 지오반니 보카치오, Giovanni Boccaccio, 1313~1375

파리 출생이다. 단테의 『신곡(神曲)』에 대해 '인곡(人曲)'이라고도 일컬어지는 단편소설집 『데카메론』을 지어 근대소설의 선구자로 칭송된다. 그는 소년시절 스승의 영향으로 단테의 위대함에 대해 강렬한 인상을 받았으며, 평생토록 단테를 존경하였는데, 후에 『단테전(傳)(Vita di Dante)』(1364)을 집필한 일과 만년에 피렌체의 교회에서 『신곡』 강의를 한 사실 등이 이를 증명한다.

인문주의자로서의 보카치오의 활동에는, 1350년에 밀라노에서 만난 페트라르카(1304~1374)의 영향이 크다. 또 페트라르카는 보카치오가 신앙적인 위로를 구하였을 때, 맹신(盲信)에 흐르는 것을 막아주었으며, 수도사 차니의 협박으로 그의 모든 산문작품을 태워버리려고 하자 현명한 충고로 이를 저지하였다. 1373년 피렌체에서 『신곡』을 강의하였으나, 병 때문에 몇 달 후에 중단하고, 첼타르도에 은퇴하여 사망하였다. 작품으로는 『데카메론』과 초기의 연애소설 『필로콜로』, 『피아메타』, 여성을 비난한 『코르바치오』, 운문소설 『필로스트라토』, 『피에졸레의 요정』, 라틴어 논문 『이교(異教) 신들의 계보』 등이 있다.

– [두산백과]에서 발췌.

■ 프란체스코 페트라르카, Francesco Petrarca, 1304~1374

이탈리아의 시인이자 인문주의자이다. 교황청에 있으며 연애시를 쓰기 시작하는 한편 장서를 탐독하여 교양을 쌓았고 이후 계관시인(桂冠詩人)이 되었다. 성아우구스티누스와의 대화형식인 라틴어 작품 『나의 비밀』을 집필하였고, 이탈리아어로 된 서정시 『칸초니에레』로 소네트의 극치를 보여주었다. 그는 단테에 이어 출현한 이탈리아 최고의 시인으로서 후세에 큰 영향을 주었다. 16세기 프랑스 르네상스가 특히 페트라르카의 영향을 크게 받았으며 이는 페트라르카주의(pétrarquisme)이라 명명되기도 하였다. 그는 세속적 쾌락이나 명성을 구하는 한편 종교적 고독에 묻혀, 상충하는 두 가지 욕구로 번민한 근대인이었다.

– [두산백과]와 [위키백과]에서 발췌.

■ 데시데리우스 에라스뮈스, Desiderius Erasmus, 1466(?)~1536

네덜란드의 인문학자이다. 수도사(修道士)로서 서원(誓願)하였다. 그는 교회의 타락을 준열하게 비판하고, 성서의 복음 정신으로의 복귀를 역설하였으므로 제자들 가운데에서 많은 종교개혁자가 나왔다. 휴머니즘(人文學)이란 '보다 인간적인 학예'를 초래하려는 운동인데, 가톨릭 교회에 속하는 에라스뮈스가 '그리스도교의 복위 · 복원'을 원하여 가톨릭 교회 제도를 비판하고, 성서의 교정을 하고, 고대학예를 소개함으로써 경화된 사고방식 · 견해를 시정하려고 한 것은 바로 휴머니즘의 정도를 제시한 것이라고 할 수 있다.

– [두산백과]에서 발췌.

■ 프랑수와 라블레, François Rabelais, 1483~1553

프랑스의 작가 · 의사 · 인문주의 학자이다. 프랑스 르네상스의 최대 걸작인 『가르강튀아와 팡타그뤼엘 이야기』를 썼다. 몽테뉴와 함께 16세기 프랑스 르네상스 문학의 대표적 작가이다. 영국의 셰익스피어, 에스파냐의 세르반테스에 비견된다.

– [두산백과]에서 발췌.

■ 미셸 몽테뉴, Michel Eyquem de Montaigne, 1533~1592

프랑스의 사상가 · 모랄리스트이다. 프랑스의 르네상스기(期)를 대표하는 철학자 · 문학자이며 『수상록』의 저자이다. 자기의 체험과 독서생활을 근거로, 있는 그대로의 인간, 변천하는 대로의 인간을 그렸다. 자연에 대하여 단순히 몸을 맡기는 데에 인생의 지혜를 추구하였다.

그는 처음에 금욕적(禁慾的) 인생관에 호의를 가진 듯이 보였으나, 중도에는 온건한 회의론에 기울어 '나는 무엇을 아는가?(Que Sais Je?)'를 좌우명으로 삼았다. 그와 동시에 루크레티우스를 통하여 에피쿠로스의 자연주의에도 공명하였다. 그러나 후기에는 자기의 체험과 독서생활을 근거로, 있는 그대로의 인간, 변천하는 대로의 인간을 그려, 자연에 대하여 단순히 몸을 맡기는 데에 인생의 지혜를 추구하였다. 그가 죽은 뒤에 그르네는 그가 마지막 손질한 것을 기초로 하여 『수상록』의 신판을 펴냈다. 그는 이 『수상록』(3권)으로 프랑스에 모랄리스트의 전통을 구축하였을 뿐만 아니라, 17세기 이래의 프랑스 문학, 유럽 각국의 문학에 큰 영향을 끼쳤다. B. 파스칼은 몽테뉴의 인생관을 비판하면서도 인간을 관찰하는 점에서 그로부터 많은 영향을 받았다.

– [두산백과]에서 발췌.

■ 토머스 모어, Thomas More, 1478~1535

이상적 국가상 그린 명저 『유토피아』를 쓴 영국의 정치가 · 인문주의자이다. 르네상스 문화운동의 영향을 받았고, 에라스뮈스와 친교를 맺었다.

그는 인문주의자로서 해학취미(諧謔趣味)의 소유자로 신랄한 언사를 서슴지 않았으나, 동시에 경건한 그리스도교도이며, 이름난 명문가(名文家) · 논쟁가(論爭家)로서 서민 사이에 인기가 있었다. 작품에 『피코 델라 미란돌라전(傳)』(1510), 『리처드 3세전』(1543) 등이 있다. 1935년, 로마 교황은 그에게 '성인(聖人)'의 칭호를 주었다.

– [두산백과]에서 발췌.

■ 르네 데카르트, René Descartes, 1596~1650

프랑스의 철학자, 수학자, 물리학자, 생리학자이다. 라틴 이름은 레나투스 카르테시우스(Renatus Cartesius)이며, '근대철학의 아버지'라 불리우며, 합리주의 철학의 길을 열었다. 또한 해석기하학의 창시자이며, 투렌 지방의 귀족 출신이다. 스콜라학의 교육을 받고 군대근무를 한 후, 당시 유럽 최초의 자본주의 국가인 네덜란드에 머물러, 자연과학과 철학을 연구하고 그에 대한 저술을 시작했다. 그는 동시대인인 영국의 프란시스 베이컨과 마찬가지로 지식 연구의 목적은 인간이 자연을 지배하고 기술을 개발하며, 원인 · 결과의 연관을 취하여 인간 본질을 개선하는 데 있다고 보았다.

– [철학사전, 2009]에서 발췌.

■ 존 로크, John Locke, 1632~1704

영국의 철학자이자 정치사상가로서 계몽철학 및 경험론철학의 원조로 일컬어진다. 데카르트 철학과 아이작 뉴턴에 의해 완성된 당시의 자연과학에 관심을 가졌고 반(反)스콜라적이었으며, 계몽철학 및 경험론철학의 원조로 일컬어진다. 『인간오성론』은 그의 영향을 바탕으로 조지 버클리와 데이비드 흄에게로 계승되었던 경험론과 내재적 현상론(內在的現象論)의 입장에서, 임마누엘 칸트에 이르러 결실을 보게 되는 인식을 근본 과제로 제기하여 논술한 저서이다.

법・정치 사상에서는 계약설을 취하지만, 홉스의 전제주의(專制主義)를 자연상태보다도 더 나쁘다고 생각하고 주권재민(主權在民)과 국민의 반항권을 인정하여 대표제에 의한 민주주의, 입법권과 집행권의 분립, 이성적인 법에 따른 통치와 개인의 자유・인권과의 양립 등을 강조하여 종교적 관용을 역설했다. 그의 정치사상은 명예혁명을 대변하고 프랑스혁명이나 아메리카 독립 등에 커다란 영향을 주어 서구(西歐) 민주주의의 근본 사상이 되었다. 그러나 유럽인들의 아메리카 정복을 정당화하기 위하여 유럽 문명과 아메리카 인디언의 원시적 사회를 비교하는 등 서구 중심주의로 치우친 면이 있다.

– [두산백과]에서 발췌.

■ 제러미 벤담, Jeremy Bentham, 1748~1832

영국의 철학자・법학자이다. 인생의 목적은 '최대 다수의 최대 행복'의 실현에 있으며 쾌락을 조장하고 고통을 방지하는 능력이야말로 모든 도덕과 입법의 기초원리라고 하는 공리주의(功利主義)를 주장하였다. 변호사를 하다가 나중에 민간 연구자가 되었는데, 의회의 개혁과 같은 정치활동에도 관계한 바 있다. 주요 저서는 『정부소론(政府小論)』(1776) 『도덕과 입법의 원리 서설』(1789, 신판 1823) 등이다.

– [두산백과]에서 발췌.

■ 존 스튜어트 밀, John Stuart Mill, 1806~1873

19세기 영국의 철학자이자 경제학자이다. 벤담의 양적 공리주의와 구분되는 질적 공리주의 사상을 발전시켰으며, 자유주의와 사회민주주의 정치사상의 발전에도 크게 기여하였다. 그는 아담 스미스의 『국부론』을 비판하며 사유재산을 보장해 주면서도 자본주의의 모순을 시정하기 위한 제한적인 정부개입을 옹호하는 경제학 사상을 주장하였다. 논리학에서도 실증주의적인 사회과학 방법론을 체계화하는 성과를 남겼다. 그리고 그는 사회적 입법을 통한 개혁을 주장하며 현실 정치에도 직접 참여하였는데, 특히 노동입법이나 단결권의 보호, 지대(地代) 공유 주장 등을 통해 민주주의적 정치 제도와 사유재산 보호의 틀 안에서 점진적인 분배의 평등을 강조하는 영국 사회주의 사상의 발달에 크게 기여하였다. 또한 사회적 공리의 실현을 위해 보통·비밀선거에 기초한 의회와 선거제도의 개혁을 주장하였으며, 여성에게 교육의 기회뿐 아니라 시민으로서의 자유와 경제적 기회도 똑같이 제공할 것을 주장하였다. 자유주의 정치철학의 발전에도 크게 기여하였는데, 『자유론』에서 밀은 '다수의 전제'로부터 개인의 자유를 보호하기 위한 '사상의 자유'와 '행복추구권(선택의 자유)', '결사의 자유'를 강조한다. 어떤 사상이 옳든 그르든 사상의 자유와 언론·출판의 자유는 절대적으로 보장되어야 하는데, 이는 인간 정신이 토론과 경험을 통해서 잘못을 시정시킬 수 있는 능력을 지니고 있기 때문이다. 또한 다른 사람에게 피해가 없다면 개인의 행위는 다른 사람과 다르다는 이유로 박해를 받아서는 안 된다. 개성이 발달되면 한 개인의 삶뿐 아니라 사회 전체도 더 활기 넘치게 될 수 있다. 그렇기 때문에 개인이 한 인격체로 성장하기 위한 자발적 선택권은 반드시 보장되어야 한다는 것이다. 이러한 인식을 기반으로 그는 사회나 국가가 개인에 대해 행사하는 권력이 도덕적으로 정당성을 지닐 수 있는 한계에 대해 논했다.

주요 저작으로는 『논리학 체계(A System of Logic)』(1843), 『정치경제학 원리(Principles of Political Economy)』(1848), 『자유론(On Liberty)』(1859), 『대의정치론(Considerations on Representative Government)』(1861), 『공리주의(Utilitarianism)』(1863), 『영국과 아일랜드(England and Ireland)』(1868), 『자서전(Autobiography)』(1873) 등이 있다.

– [두산백과]에서 발췌.

■ 에리히 프롬, Erich Fromm, 1900~1980

신프로이트학파의 정신분석학자이자 사회심리학자이다. S. 프로이트와 K. 마르크스의 영향하에서 출발한 프롬은, 파시즘의 선풍에 대중이 말려들어가는 것을 목격한 체험을 통해 '근대인에게서의 자유의 의미'를 추구하는 데에 그의 사색활동의 전부를 바쳤다. 현대에 와서 일반화되어 가는 신경증상이나 정신적 불안은 개인적인 정신분석 요법으로 해결될 수 없다고 생각하였으며, 프랑크푸르트학파에 프로이트 이론을 도입하여 사회경제적 조건과 이데올로기 사이에 그 나름의 사회적 성격이라는 개념을 설정하였다. 이 3자의 역학에 의해 사회나 문화의 변동을 분석하는 방법론을 제기하였는데, 그것이 즉 '인간주의적 정신분석'이다. 저서에 『자유로부터의 도피』(1941) 『인간의 자유』(1947) 『건전한 사회』(1955) 『선(禪)과 정신분석』(1960) 『인간의 승리를 찾아서』(1961) 『의혹과 행동』(1962) 『혁명적 인간』(1963) 등이 있다.

– [두산백과]에서 발췌.

■ 에이브러햄 매슬로, Abraham Harold Maslow, 1908~1970

미국의 심리학자 · 철학자이다. 매슬로가 등장하기 전 심리학 진영은 과학적 행동주의자와 정신분석학자들이 심리학을 주도하고 있었으며 이에 완전히 다른 제3세력의 심리학인 인본주의 심리학이 매슬로에 의해 주도, 창설되었다. 매슬로는 기본적인 생리적 욕구에서부터 사랑, 존중 그리고 궁극적으로 자기실현에 이르기까지 충족되어야 할 욕구에 위계가 있다는 '욕구 5단계설'을 주장하였다.

– [두산백과]에서 발췌.

■ 존 롤즈, John Rawls, 1921~2002

미국의 철학자이다. 1921년 미국 볼티모어에서 태어났다. 1950년 프린스턴 대학교에서 철학박사 학위를 받은 후 코넬 대학과 매사추세츠 공대(MIT) 교수를 지냈다. 1962년에는 하버드 대학교 철학과 교수가 되었으며, 그 후 이 대학에서 명예교수를 지냈다. 『정의론』에서 공리주의를 대신할 실질적인 사회정의 원리를 '공정으로서의 정의론'으로 전개했다. 가장 불리한 상황에 있는 사람들의 이익을 최대화하기 위해서는 사회경제적 불평등이 정당화된다는 '격차원리(隔差原理)'를 주장했다.

– [두산백과]에서 발췌.

■ 로버트 노직, Robert Nozick, 1938~2002

미국의 자유주의 사회철학자이다. 1938년 미국 뉴욕시 브루클린에서 러시아 출신 이민자의 아들로 태어났다. 컬럼비아 대학교에서 철학을 전공한 뒤, 25세 때인 1963년 프린스턴 대학교 대학원에서 철학 박사 학위를 받았다. 브루클린에서의 학창 시절부터 사회주의 계열의 청년단체에 가입해 활동하였고, 대학 때는 산업민주주의 학생연맹 지부를 창설하는 등 학생 때 이미 논쟁적인 인물로 주목받았다.

1974년에 발간된 유명한 첫 저서 『아나키에서 유토피아로』에서 무정부주의적 자유주의에 대해 국가의 역할을 인정하였다. 그러면서도 국가의 권력이 더 이상의 자유를 제약해서는 안 된다는 자유주의 국가론을 주장하였다. 따라서 그는 같은 대학교의 롤스(John Rawls) 교수가 1971년 출간한 『정의론』을 강하게 비판하였는데, 그에 따르면 정의론에서 주장하는 분배적 정의는 부유한 사람들에 대해 부당한 세금을 부과함으로써 개인이나 기업의 권리를 침해한다는 것이다. 이후 두 사람 사이에 전개된 자유와 평등에 관한 논쟁은 미국뿐 아니라 세계적으로도 사회철학 및 정치철학의 쟁점이 되었다. 노직은 1975년 『아나키에서 유토피아로』로 전미도서상을 받았고, 이 저서 외에 『자유주의의 정의론』이 한국어로 번역되어 있다. 미국의 대표적인 자유주의 철학자로 불린다.

– [두산백과]에서 발췌.

■ 볼테르, Voltaire, 1694~1778

18세기 프랑스의 작가, 대표적 계몽사상가이다. 본명은 François－Marie Arouet이고, 파리 출생이다. 유복한 공증인의 아들로 예수회 학교 루이 르 그랑에서 공부하였다. 1717년에 오를레앙공(公)의 섭정을 비방하는 시를 썼다 하여 투옥되었는데, 비극 『오이디푸스(d'Þdipe)』를 옥중에서 완성하고, 1718년에 상연하여 성공을 거둔 다음 볼테르라는 필명으로 바꾸었다. 비극작품으로 17세기 고전주의의 계승자로 인정되고, 오늘날 『자디그』, 『캉디드』 등의 철학소설, 역사 작품이 높이 평가된다. 백과전서 운동을 지원하였다.

－ [두산백과]에서 발췌.

■ 장 자크 루소, Jean-Jacques Rousseau, 1712~1778

18세기 프랑스의 사상가·소설가이다. 작품은 『신 엘로이즈』, 『에밀』, 『고백록』 등이다. 그가 죽은 지 11년 후에 일어난 프랑스 혁명에서 그의 자유민권 사상이 혁명지도자들의 사상적 지주가 되었다. 19세기 프랑스 낭만주의 문학의 선구적 역할을 하였다.

평생 동안 많은 저서를 통하여 지극히 광범위한 문제를 논하였으나, 그의 일관된 주장은 '인간 회복'으로, 인간의 본성을 자연상태에서 파악하고자 하였다. 인간은 자연상태에서는 자유롭고 행복하고 선량하였으나, 자신의 손으로 만든 사회제도나 문화에 의하여 부자유스럽고 불행한 상태에 빠졌으며, 사악한 존재가 되었기 때문에 다시 참된 인간의 모습(자연)을 발견하여 인간을 회복하지 않으면 안 된다는 것이다. 이와 같은 입장에서, 인간 본래의 모습을 손상시키고 있는 당대의 사회나 문화에 대하여 통렬한 비판을 가하였으며, 그 문제의 제기 방법도 매우 현대적이었다. 한편, 그의 작품 속에 나오는 자아의 고백이나 아름다운 자연묘사는 19세기 프랑스 낭만주의 문학의 선구적 역할을 하였다.

－ [두산백과]에서 발췌.

■ 드니 디드로, Denis Diderot, 1713~1784

프랑스의 철학자·문학자이다. 18세기 프랑스의 대표적 계몽주의 사상가이다. 『맹인서간』에는 무신론의 경향을 나타내었다. 사상적으로는 18세기의 가장 철저했던 유물론자로서, 최신의 생물학이나 화학을 도입한 그의 사고 속에는 이미 진화론이나 변증법이 예고되었음을 알 수 있고, T. 레싱, J. W. 괴테 등에게도 영향을 끼쳤다. 대표작은 『달랑베르의 꿈』, 『수도녀』 등이다.

– [두산백과]에서 발췌.

■ 프리드리히 니체, Friedrich Wilhelm Nietzsche, 1844~1900

독일의 철학자이다. 생(生)철학의 대표자로 실존주의의 선구자, 또 파시즘의 사상적 선구자로 말해지기도 한다. 본 대학을 거쳐 스위스의 바젤 대학 교수직(1869~1879)을 그만두면서부터 고독한 생활을 하다가 정신이상으로 정신병원에서 생애를 마쳤다.

그는 종래의 합리적 철학, 기독교 윤리 등 모든 종래의 부르주아 자유주의의 이데올로기를 부정하고 철저한 니힐리즘(nihilism)을 주장하여 생(生)의 영겁회귀(永劫回歸) 속에서 모든 생의 무가치를 주장하고, 선악의 피안에 서서 '약자의 도덕'에 대하여 '강자의 도덕'을 가지고 '초인'(超人)에 의해서 현실의 생을 긍정하고 살아야 함을 주장했다.

이 사상 속에는 생물진화론의 생존투쟁의 사고가 존재하고 있음과 동시에, 자본주의가 제국주의 단계로 진행해 가는 19세기 말의 사회상태를 반영하여, 노동자 계급의 격렬해져 가는 공세 앞에서 자본주의를 수호하기 위해 종래의 자유주의적 부르주아 이데올로기를 대신하여 파시즘의 이데올로기를 제창하였으며, 사회주의를 '노예도덕'으로 간주하고 지배계급의 독재지배를 '군주도덕'으로 높이 내걸어 '권력에의 의지'를 강조하는 입장에 선 사람이었다. 주저는 『반시대적 고찰』(1873~1876) 『차라투스트라는 이렇게 말하였다』(1883~1885) 등이 있다.

– [철학사전, 2009]과 [두산백과]에서 발췌.

■ **쇠렌 키르케고르, Søren Aabye Kierkegaard, 1813~1855**

덴마크의 철학자이다. 그는 대중의 비자주성과 위선적 신앙을 엄하게 비판하였다. 다른 한편에서는 절망의 구렁텅이에서 단독자(單獨者)로서의 신(神)을 탐구하는 종교적 실존의 존재방식을 『죽음에 이르는 병』 등의 저작을 통해 추구하였다.

– [두산백과]에서 발췌.

■ **레프 톨스토이, Lev Nikolayevich Tolstoy, 1828~1910**

19세기 러시아 문학을 대표하는 세계적 문호임과 동시에 문명비평가 · 사상가였다. 사실주의 소설의 대가로, 대표작은 나폴레옹의 모스크바 침입과 러시아 사회를 그린 『전쟁과 평화』(1864~1869), 사랑과 결혼 등의 문제를 다룬 『안나 카레니나』(1873~1876), 러시아 민담을 개작한 『바보 이반』(1886), 죽음을 소재로 한 『이반 일리치의 죽음』(1886) 등이 있다.

– [두산백과]에서 발췌.

■ 마르틴 하이데거, Martin Heidegger, 1889~1976

20세기 독일의 실존철학을 대표한다. 1889년 9월 26일 바덴주(州) 메스키르히에서 출생하였다. 프라이부르크대학교에서 E. 후설에게 현상학(現象學)을 배웠다. 1923년 마르부르크대학교 교수, 1928년 후설의 뒤를 이어 프라이부르크대학교 교수, 1933~1934년 총장을 지냈으나, 제2차 세계대전 중에 나치스에 협력하였다는 이유로 전후에 한때 추방되었다. 후에 다시 복직하여 강의를 하였지만, 전전·전후를 통틀어 그의 사색의 대부분은 슈바르츠발트의 산장(山莊)에서 이루어졌다. 주요 저서로는 『존재와 시간』(1927), 『칸트와 형이상학의 문제』(1929), 『형이상학이란 무엇인가』(1929), 『휴머니즘에 관하여』(1947), 『숲 속의 길』(1950), 『니체』(1961) 등이 있다.

– [두산백과]에서 발췌.

■ 장 폴 사르트르, Jean-Paul Sartre, 1905~1980.

프랑스의 작가·사상가이다. 철학논문 『존재와 무』(1943)는 무신론적 실존주의의 입장에서 전개한 존재론으로, 제2차 세계대전 전후 시대 사조를 대표한다. 사르트르의 문학적 주장은 『실존주의는 휴머니즘이다(L'Existentialisme est un humanisme)』(1946)에서 밝혀두었는데, 그가 말하는 '문학자의 사회 참여'란 그 이전의 『구토』나 『존재와 무』에서 볼 수 있었던 니힐리즘의 그림자가 짙은 세계관과의 사이에 비약을 느끼게 하는 것이어서, 그 사이에는 역시 전쟁의 체험에 따른 사르트르 자신의 주체적 변화가 있었다고 하여야 할 것이다. 전후부터 오늘날에 이르는 사르트르의 발자취는 이른바 '사회참여' 사상으로 일관해 온 것이라 하겠으나, 특히 1940년대부터 1950년대에 걸쳐 그는 그때까지의 개인주의적인 실존주의에 의한 사회참여의 한계를 인정함과 동시에 더욱 경향적인 입장을 취하게 되었다.

– [두산백과]에서 발췌.

■ **에밀 뒤르켐, Émile Durkheim, 1858~1917**

프랑스의 사회학자이자 교육자로 보르도대학을 거쳐 파리대학에서 사회학과 교육학을 강의하였다. 『사회학연보』를 창간하여 뒤르켐학파로 불리우는 거대한 사회학의 한 학파를 형성하여 세계의 사회학계를 이끌었다.
주요 저서에 『사회분업론(De la division du travail social)』(1893) 『자살론(Le Suicide)』(1897) 『종교생활의 원초형태(Les Formes élémentaires de la vie religieuse)』(1912) 등이 있다.

– [두산백과]에서 발췌.

■ **카를 마르크스, Karl Heinrich Marx, 1818~1883**

독일의 경제학자·정치학자이다. 헤겔의 영향을 받아 무신론적 급진 자유주의자가 되었다. 엥겔스와 경제학 연구를 하며 집필한 저서 『독일 이데올로기』에서 유물사관을 정립하였으며, 『공산당선언』을 발표하여 각 국의 혁명에 불을 지폈다. 『경제학비판』, 『자본론』 등의 저서를 남겼다.

– [두산백과]에서 발췌.

제 2 부

사회복지 실천 윤리

제 5 장

사회복지실천의 가치와 윤리

1. 사회복지실천의 가치

사회과학의 여러 학문 분야들 중에서도, 특히 사회복지학은 가치(value)의 문제를 중요하게 다루고 있다. 웹스터(Webster) 사전에서 가치(value)는 "본래적으로 가치 있는 또는 바람직한 무엇"이라고 정의하고 있다. 로웬버그(Loewenberg)는 가치란 "믿음과 같이 좋고 바람직한 것에 대한 지침이며, 적합한 행동의 선택에 대한 지침"이라고 설명한다. 즉, 가치는 바람직스러움의 기준이고 이는 우리가 어떠한 행동을 할 때 선택 기준이 될 수 있다. 알리시(Alissi, 1965 : 14-15)는 가치는 사회적 · 문화적 체계와 분리될 수 없는 것이라고 하였다. 따라서 개인의 가치는 다양한 환경과의 상호작용에 의한 학습과정을 통해 형성되고, 내면화되어 인간행동의 동기적 역할을 하기도 하고, 갈등요인으로 작용하거나, 평가기준으로 기능을 한다. 가치는 추상적인 개념이기 때문에 |그림 5-1|을 통해서 그 의미를 명료화할 수 있을 것이다.

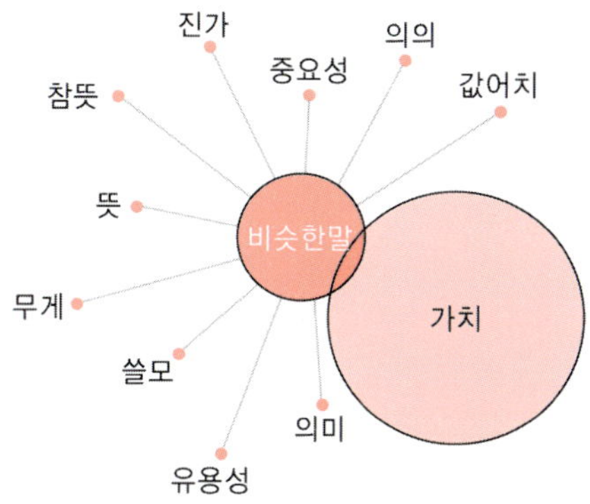

[그림 5-1] 가치의 개념 이해

한 개인이나 조직, 사회가 어떠한 가치를 가지고 있는지에 따라서 성장과 분배의 문제, 낙태, 안락사 등과 같은 쟁점을 해결하는 방식이 달라질 수 있다. 이러한 이슈에 직면했을 때 우리는 어떠한 판단을 내리는가? 또한 사회복지사는 어떠한 태도와 입장을 취해야 최선의 도덕적 판단을 내렸다고 평가받을 수 있을까?

사회복지사는 직업인이기 이전에 개인으로서의 가치를 가지고 있다. 하지만 사회복지사로서 활동을 한다는 것은 국민들로부터 공인받는 원조행위를 공식적으로 행하는 것이기 때문에 개인적 가치 외에도 고려해야 할 가치들이 존재한다. 대표적인 가치가 인간존엄성이며, 이는 사회복지사들이 성별이나 종교, 지위고하에 관계없이 모든 사람을 똑같이 대우해야 한다는 것이다.

NASW의 윤리강령에서는 사회복지의 핵심가치를 서비스, 사회정의, 인간존엄성과 가치존중, 인간관계의 중요성, 진실성, 능력 또는 역량 등의 여섯 가지로 상정하고 있다(우국희 외, 2013 : 29).

첫째, 실천가들은 자기 이익보다 다른 사람을 돕는 것을 최우선시한다. 사회복지사가 된 이유를 물을 때, 대부분 다른 사람들을 돕는 것이 의미 있는 일이기 때문에 이 직업을 선택했다고 한다면, 그때는 가치로서의 서비스를 표현하고 있는 것이다. 실천가들은 그들이 봉사하는 사람들의 욕구, 이익, 소망에 초점을 두기 위해 그들 자신의 개인적 바람을 억누르는 것이 바람직한 것으로 이해된다(Barsky, 2010 : 21).

둘째, 실천가들은 특히 취약하고 억압받는 개인과 집단을 대신하고, 그들과 함께 사회변화를 추구하는 것에 높은 가치를 둔다. 일반적으로 사회정의는 모든 사람이 공평하게 대우받는 사회를 언급한다. 사회정의의 가치를 실현하기 위해, 실천가는 1차적으로 빈곤, 차별, 실업, 억압, 기회의 결핍, 사회적 배제 등과 같은 사회적 불의에 도전해야 한다.

셋째, 실천가들은 인간존엄성 존중에 높은 가치를 부여한다. 사람은 누구나 존중받을 가치가 있으므로 실천가들은 편견이나 고정관념에서 벗어나 개인적인 차이나 문화적 다양성에 민감하도록 노력하는 것이 필요하다.

넷째, 실천가들은 인간관계의 중요성에 높은 가치를 둔다. 인간관계는 효과적인 실천에 필수적인 부분으로, 관계를 통해 클라이언트를 도울 수 있으므로 관계는 변화의 중요한 수단임을 이해한다.

다섯째, 정직은 사회복지실천의 핵심가치 중 하나이다. 이는 실천가들이 정직하고, 신뢰감 있게, 그리고 책임감 있게 일하는 것에 관련된다. 이러한 태도는 모든 사람들에게 적용되는 가치이지만, 사회복지사들에게 특히 더 높은 기준이 요구되는 부분이다. 왜냐하면 사회복지사들이 관여하는 사람들이 사회적으로 억압받는 약자인 경우가 많기 때문이다. 이들과의 관계에서는 무엇보다 정직을 바탕으로 한 신뢰구축이 더 절실히 필요하다.

여섯째, 실천가들은 능력을 중요한 가치로 인식한다. 능력은 전문적 과업을 수행하는 데 요구되는 지식, 기술, 자기이해 등을 갖추고 있음을 의미한다.

이들 여섯 가지의 핵심가치는 사회복지사 개인이 가지고 있는 능력과 진실성이라는 개인적 차원의 가치로부터 시작하여 더 큰 사회에 대한 개인의 책임까지 확장되는 서비스와 사회정의로 이어지는 사회적 차원의 가치로 구성되고 있다.

또한 월시(Walsh, 2006)는 이러한 가치를 개인적 가치, 사회적 가치, 전문적 가치로 구분하고 있다. 먼저, 개인적 가치는 자신의 신념을 나타내는 것으로서 사람들에 대하여 옳다거나 선한 것에 대한 선호를 말한다. 이는 개성, 자존심, 자기의존, 비밀, 자기실현과 같이 개인을 위한 권리 또는 유익하게 생각하는 것이나 개인이 자신을 위한 권리와 선을 생각하는 가치이다(전재일, 1981 : 115-116). 그리고 사회적 가치는 가끔은 정치적으로 협상을 통해서 도달하게 되는 옳다거나 선한 것에 대한 집단성원들 간의 의견일치를 나타내는 것이다. 이타주의, 상호부조, 사회복지, 우애, 민주주의, 호의, 책임 및 사랑과 같이 사회적으로 지향된 방법으로 일반적 또는 집합적으로 인간을 위한 선과 권리를 생각하게 되는 가치이다(전재일, 1981 : 115-116; Walsh, 2006 : 18).

마지막으로 전문적 가치는 실천가들이 도덕적으로 정확한 실행방법을 인식하도록, 그리고 전문직 상황에서 올바르게 활용할 수 있도록 도와준다. 흔히 특정한 분야에 익숙하거나 능숙한 사람을 '전문가'라고 표현한다. 대표적으로 의사나 변호사 등을 전문가라고 지칭한다. 전문가와 전문직이 일치하는 용어는 아니지만, '전문가가 배치되어 직무를 수행하여야 된다는 것이 사회적으로나 제도적으로 인정되고 있는 직무를 전문직'이라 정의(조추용, 1998 : 110)하므로 전문가와 전문직은 보통 유사한 용어라고 할 수 있다. 전문직의 가치는 능력, 공평무사, 클라이언트의 관심을 우선시하는 전문적 행동의 기준으로서 수용하는 것이며, 전문직업인들이 자기 자신을 맡기는 가치이다(전재일, 1981 : 116).

NASW(1995 : 894)에서 제시하고 있는 전문직의 가치로는 개인의 가치와 존엄성, 개인에 대한 존경, 개인의 변화 가능성에 대한 가치, 클라이언트의 자기결정권, 비밀보장과 사생활보장, 적절한 자원과 서비스 제공, 클라이언트에게 권한부여, 동등한 기회보장, 비차별성, 다양성의 존중 등이 있다. 인간존엄성과 사회정의를 핵심가치로 하고 있는 사회복지직은 바람직한 전문적 가치와 윤리적 의무를 규정해 왔고, 그 구체적인 내용은 윤리강령에 포함되어 있다.

특정 이슈에 대하여 각각의 가치들이 일치한다면, 우리는 가치판단을 쉽게 할 수 있다. 하지만 우리는 특정 이슈에 대하여 각기 다른 가치들로 인해 선택의 기로에 서게 된다. 예를 들어, 당신의 클라이언트가 임산부이고, 병원에서 아이가 장애를 가지고 있다는 진단을 받았다. 그리고 그녀는 아이를 출산할 것인지, 아니면 임신중절 수술을 할 것인지 고민을 하고 있다. 물론 최종 결정은 클라이언트가 하겠지만, 여러분은 이 클라이언트에게 어떠한 정보와 조언을 줄 수 있을 것인가? 아마도 당신이 제공하는 정보와 조언에는 평상시 여러분이 가지고 있었던 가치들이 반영될 것이다.

자스트로(Zastrow)는 특별히 사회복지사와 클라이언트 간에 일어날 수 있는 가치갈등에 관심을 가지고 다음과 같은 대처방법들이 매우 유용한다고 제시한다(Zastrow, 1999 : 37－38).

첫째, 가치문제에 대처하는 첫 번째 단계는 가치 딜레마가 있다는 것을 인식하는 것이다. 그러나 인식을 스스로 가지는 것은 어려운 일이다. 윤리적 문제들은 때로는 모호하고 우리들을 불편하게 만든다. 그래서 우리들은 그것들을 피하려 한다.

둘째, 그러한 자기인식은 클라이언트에 대하여 '드러내야' 하며 클라이언트는 상황 영향력을 미치는 상황에서 '말대꾸'하는 것이 허용되어야 한다.

셋째, 클라이언트에게 서비스를 제공할 때 사회복지사의 개인적인 가치가 사회사업전문직의 가치와 갈등적이라면 전문직의 가치에 충실한 것은 사회복지사에게 현명한 것이다.

넷째, 클라이언트는 그들 자신의 가치를 탐색하도록 격려되어야 하며 그들 자신의 가치체계에 부합되는 행동으로 이어질 수 있도록 격려되어야 한다.

생각해보기

1. 아래의 사진은 사진작가 케빈 카터(Kevin Carter)의 '수단의 굶주린 소녀'라는 사진이다. 만약 여러분이 케빈 카터였다면, 이 상황에서 어떠한 행동을 할 것인지 이야기해 보자. (일반인이 아닌 전문 사진작가라고 가정하고 생각해 보자)

2. 지식채널 e '남겨진 논쟁'을 시청하고, 안락사에 대한 개인적인 생각과 사회복지사로서의 생각을 정리해 보자. 이러한 판단의 근거는 무엇인지 이야기해 보자.

2. 사회복지실천의 윤리 : 사회복지사 윤리강령(Code of Ethics)을 중심으로

1) 윤리강령의 개념과 기능

윤리강령은 전문가가 지켜야 할 전문적 행동기준과 원칙을 기술해 놓은 것으로 전문가들이 공통적으로 합의한 내용을 담고 있다. 따라서 법적 제재의 힘을 갖지는 못하지만, 사회윤리적 제재의 힘을 갖는다. 윤리강령은 전문가들이 자신의 전문직 가치기준에 맞게 실천할 수 있도록 판단기준을 제시하며, 해당 전문직 실천 대상자에게 그 전문직이 지켜야 할 기본 윤리행위를 알리고 전문직의 비윤리적 행위에 대해 판단할 수 있는 기준을 제시하는 기능이 있다(권중돈 외, 2014 : 60).

로웬버그와 돌고프(Loewenberg & Dolgoff, 1996)는 사회복지 윤리강령의 주요 기능을 다섯 가지로 제시하였고, 구체적인 내용은 다음과 같다(Loewenberg & Dolgoff, 1996, 서미경 외 공역, 2000 : 53).

첫째, 실천가들에게 윤리적 이슈뿐만 아니라 윤리적 딜레마에 대한 지침을 제공한다. 사회복지사들은 윤리강령에 제시된 내용을 통해 자신의 실천 업무에서 무엇이 어떻게 윤리적으로 문제가 되는지를 알아낼 수 있다. 또한 윤리적인 갈등 상황에 처했을 때 사회복지사가 지향하는 가치에 부합하는 윤리적 결정을 내리는 데 윤리강령이 지침이 될 수 있다.

둘째, 정직하지 않고 무능력한 실천가들로부터 많은 사람들을 보호한다. 사회복지사라고 완전한 혹은 완벽한 사람이 아니다. 경우에 따라서는 활용하는 지식과 기술이 부족할 수 있다. 또한 원조전문직의 특성상 인간에게 정형적인 지식과 기술이라는 것이 불확정적이기 때문에 충분한 지식과 기술이 있다 할지라도 바라는 결과를 얻지 못할 수 있다. 그렇기 때문에 잘못된 실천을 제공하거나 제공했다고 의심받는 경우가 생긴다. 이때 윤리강령은 업무의 전 과정에서 준수해야 하는 행동기준과 원칙을 정한 것이기 때문에 그것을 참고한다면 잘못을 최소화할 수 있다. 또한 의심으로부터 벗어날 수 있다.

셋째, 정부의 통제로부터 전문직을 보호한다. 전문직의 자기규제는 정부의 규제보다 우선된다. 사회복지는 사회로부터 위임받은 서비스를 제공하는 전문직이다. 이때 정부는 사회를 대표한다. 사회복지는 정부로부터 주어진 예산으로 정부의 조정과 통제를 받으면서 실천되기 때문에 정부에 대한 의존도가 높다. 이런 상황에서 윤리강령은 전문직이 자율에 의한 실천을 할 수 있는 근거를 제시해 준다. 경우에 따라 전문직이 추구하는 가치와 정부의 조정과 통제가 상충될 때 사회복지 전문직은 윤리강령을 근거로 전문직의 가치를 실현하기 위해 노력할 수 있다.

넷째, 전문직의 내부 갈등으로부터 초래되는 자기파멸을 예방하여 전문가들이 조화롭게 일하도록 한다. 사회복지사는 클라이언트를 대상으로만 서비스를 제공하는 전문가가 아니라 지역사회의 다양한 전문직과 협력하고 조직 내의 여러 동료들과 더불어 일해야 하는 직업인이다. 따라서 클라이언트와의 관계에서 발생하는 윤리적 문제뿐만 아니라 동료 전문가들과의 관계에서 생기게 될 윤리적 문제에 대해서도 민감할 필요가 있다. 윤리강령은 동료와 전문적 관계를 유지하면서 조화롭게 협력하여 윤리적인 조직문화를 만들어 갈 수 있는 지침을 제공해 준다.

다섯째, 소송으로부터 전문가를 보호한다. 윤리강령을 따르는 실천가들이 실천오류로 인해 제기된 소송에서 일정한 보호를 받도록 한다. 서비스와 관련된 소송은 한국보다 미국에서 훨씬 빈번하고, 소송의 이유도 다양하다. 윤리강령이 소송으로부터 전문가를 보호한다는 의미는 소송에서 전문가가 유리하도록 만든다기보다는 우선적으로는 윤리강령에 입각한 실천을 했을 때 실천상의 오류를 방지해서 사회복지사가 옳은 실천을 할 것인지 그른 실천을 한 것인지를 판단할 수 있는 근거를 제시해 준다. 따라서 사회복지사가 윤리강령의 내용에 따라서 실천했다면 '승소'로서 재판은 종결될 것이다.

2) 한국사회복지사 윤리강령

한국사회복지사 윤리강령은 1973년 2월 윤리강령 초안을 제정하고자 하는 결의를 통해 최초로 이루어졌다. 1982년 1월 윤리강령이 제정되었고, 1988년 3월 제1차 사회복지사 윤리강령 개정이 있었으며, 1992년 10월 2차 개정에서 전문과 10개조로 구성된 윤리강령이 채택되었다(한국사회복지사협회 홈페이지, 2015). 그러나 당시의 윤리강령은 전문과 10개항의 단순한 윤리기준만을 제시하고 있었으며, 전문적 서비스의 현장과 실천과정에서 나타나는 윤리적인 문제에 사회복지사들이 참조할 수 있는 구체적인 윤리기준과 지침이 결여되어 있다는 점이 지적되어 왔다(김상균 외, 2010 : 91).

2001년 12월 3차 개정이 이루어졌고, 개정된 한국사회복지사 윤리강령은 전문, 윤리기준, 사회복지사 선서로 구성된다. 한국사회복지사의 윤리강령 구조는 |그림 5-2|와 같고, 윤리강령의 구체적인 내용은 아래에 제시되어 있다. 특히 윤리강령의 핵심이 되는 윤리기준에서는 사회복지사의 기본적 윤리기준, 클라이언트에 대한 윤리기준, 동료에 대한 윤리기준, 사회에 대한 윤리기준, 기관에 대한 윤리기준, 사회복지 윤리위원회의 구성과 운영을 규정하고 있다.

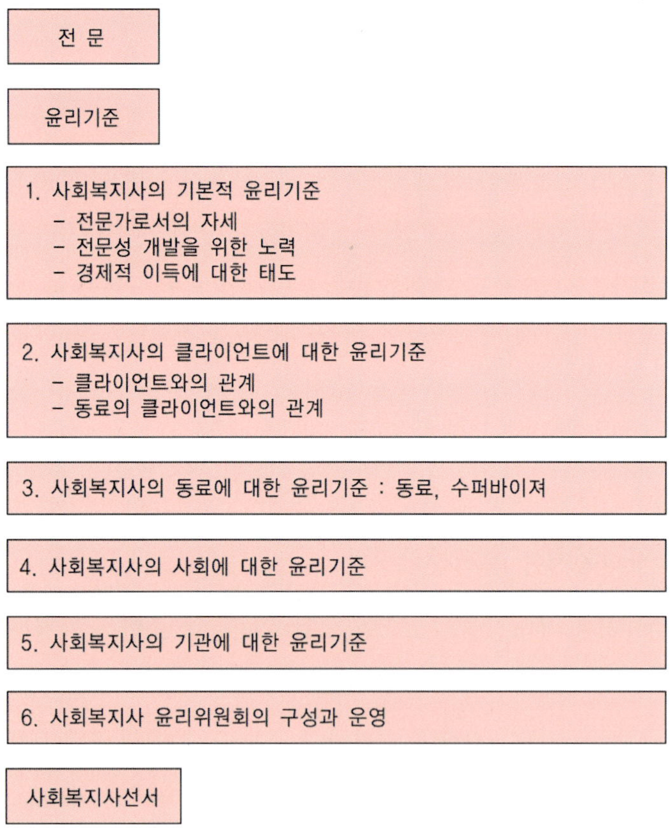

|그림 5-2| 한국사회복지사 윤리강령의 구조

먼저 전문의 내용을 살펴보면, 인본주의, 평등주의 사상, 인간의 존엄성과 가치존중, 천부의 자유권과 생존권의 보장, 사회정의, 평등과 자유, 민주주의 가치 실천 등을 기본 이념으로 선언하고 있다. 그리고 6개의 장으로 구성된 윤리기준을 구체적으로 살펴보면 다음과 같다.

• 윤리기준 1장

사회복지사의 전문적 태도와 역할행동을 제시하고 있다. 특히 개인의 전문적인 품위와 자질 유지, 책임성 있는 업무수행의 태도, 클라이언트의 다양성을 인정하고 수용하는 태도, 취약한 계층에 대한 헌신 등을 강조한다. 그리고 전문성 개발을 위해 새로운 관점과 기법에 대한 적극적인 학습과 클라이언트에게 질적인 서비스를 제공하기 위한 노력을 제시한다. 또한 경제적 이득과 관련해서는 클라이언트의 경제적인 여건보다는 서비스 제공의 의무를 우선적으로 강조하고 있고, 서비스 이용 비용과 서비스 과정에서의 부당이득에 대한 문제를 제시한다.

• 윤리기준 2장

사회복지사의 클라이언트에 대한 윤리기준을 제시하고 있다. 먼저 클라이언트와의 관계에 대해서는 그들의 권익옹호를 우선시하고, 존엄성을 존중해 주며, 자기결정권 및 사생활 존중, 알 권리 보호, 정보제공에 대한 동의, 부적절한 성관계 금지, 클라이언트를 동반자로 인정하는 등의 조항을 언급한다. 그리고 동료의 클라이언트와의 관계에 대해서는 동료 혹은 다른 기관의 클라이언트와 전문적 관계를 금지하고, 동료의 클라이언트를 맡게 되는 경우 정당한 서비스를 제공해야 한다는 내용들을 제시한다.

• 윤리기준 3장

사회복지사의 동료에 대한 윤리기준을 제기한다. 먼저, 동료에 대해서는 존중하고 신뢰해야 하며, 전문직의 권익을 위해 협력해야 함을 언급하고 있다. 또한 구성원이 행한 비윤리적 행위에 대해서는 적절한 조치를 해야 한다. 그리고 슈퍼바이저는 개인적 이익을 추구하기 위해 자신의 지위를 이용해서는 안 된다는 기준을 제시한다.

- 윤리기준 4장

사회복지사의 사회에 대한 윤리기준을 제시한다. 즉, 사회복지사는 자신의 업무만을 수행하는 것이 아니라 사회의 총체적 복지 증진을 위해 사회적 활동을 수행해야 한다. 윤리강령에 의하면 인권존중과 인간평등을 위해 노력하고, 사회적 약자를 위한 활동을 해야 하며, 사회정책의 수립과 집행을 요구하고, 지역사회 문제해결에 참여해야 한다. 그러나 추상적인 개념을 많이 사용하고 있다는 한계점이 있다.

- 윤리기준 5장

사회복지사의 기관에 대한 윤리기준을 제시한다. 사회복지사들은 기관에 소속되어 업무를 수행하기 때문에 소속된 기관과 올바른 관례를 정립하고 이에 대한 기준도 필요하다. 윤리강령에 의하면, 사회복지사는 기관의 정책과 목표 달성을 위해 노력해야 하고, 기관의 부당한 정책이나 요구에 적절히 대응하며, 소속기관의 활동에 적극 참여하여 기관의 성장발전을 위해 노력해야 한다. 즉, 기관의 구성원인 사회복지사에 대하여 기관의 목적 달성을 위해 노력해야 함을 강조하고 있다.

- 윤리기준 6장

사회복지윤리위원회의 구성과 운영에 대한 기준을 제시한다. 한국사회복지사협회(사회복지사업법 제46조에 기반한 법정단체)는 사회복지 윤리위원회의 구성과 운영의 책임을 가지고 있다.

마지막으로 사회복지사 선서에서는 자격증 취득 후 사회복지사들이 전문직 구성원의 일부로서 의무와 책임을 다하고, 윤리강령을 준수할 것을 맹세하도록 하였다.

그러나 한국사회복지사 윤리강령은 몇 가지 점에서 보완되어야 한다. 첫째, 우리나라 윤리강령은 사회복지현장에서 윤리적인 교착상태에서 지침과 원칙을 제공하기에는 구체성이 부족하다. 좀 더 세부적이고 구체적으로 윤리적인 지침을 제공할 필요가 있다. 둘째, 전문가의 자기규제를 통해 클라이언트를 보호하기 위한 목적으로 현장에서 활용성이 저조하다. 현장의 사회복지사들의 윤리강령에 대한 이해 수준이 상이하며, 윤리강령의 윤리기준이 현장의 실천과 구체적으로 연결되지 못하고 있다. 셋째, 사회의 변화 상황에서 요구되는 윤리적인 지침을 담고 있지 못한 한계가 있다. 사회복지환경의 변화에 따라 요구되고 강조되어야 하는 내용이 포함되어야 할 필요성이 있다. 넷째, 실천현장의 윤리적 딜레마와 관련하여 한국사회복지사협회 윤리위원회의 역할이 활성화되어야 한다(김기덕 외, 2012 : 136-137).

3) 윤리강령의 실천적 가치

한국사회복지사 윤리강령에서는 윤리적 갈등 상황에서 의사결정을 할 때 필요한 사회복지전문직의 가치를 다음과 같이 제시하고 있다.

(1) 자기결정권

자기결정권은 헌법 10조(인간의 존엄과 가치, 행복추구권, 기본적 인권보장)에 의해 보장되는 권리이다. 특히 클라이언트의 자기결정권이라고 하는 것은 외부의 압력을 받지 않고 스스로 결정하거나 행동하는 자유를 일컫는다. 이때 사회복지사는 클라이언트의 결정에 도움을 줄 수 있는 모든 사항을 알려주고 신중한 선택을 하도록 도와야 한다. 또한 클라이언트의 결정권에 한계가 있을 때조차도 최대한의 자유로운 선택을 할 수 있도록 해야 한다. 그러나 클라이언트가 자신이나 타인에게 해로운 결정을 내릴 경우에는 클라이언트의 자기결정에 제한을 가할 수 있다. 하지만 이러한 클라이언트의 자기결정권을 제한해야 할 경우, 사회복지사는 윤리적 갈등을 경험할 수 있다.

만약 아동양육과 생계유지에 따른 대안이 전혀 없는 상태의 15세 미혼모가 혼자서 아동을 양육하고자 한다. 그리고 가족들은 미혼모의 아동 양육을 반대하고 있다. 이 상황에서 우리는 15세 미혼모의 자기결정권을 인정해야 할 것인가? 아니면 제한해야 할 것인가? 또한 클라이언트가 자살을 계획하고 있을 때 사회복지사는 클라이언트의 선택을 존중해야 하는가? 등의 질문에 대해 고민해야 할 것이다.

(2) 비밀보장

사회복지사가 클라이언트의 동의 없이는 클라이언트에 대한 정보를 누설하지 않는다는 윤리원칙이다. 한국사회복지사 윤리강령뿐만 아니라 여타 다른 법률에서도 비밀보장에 대한 내용을 주요하게 다루고 있다. 먼저, 헌법 17조에서는 '모든 국민은 사생활의 비밀과 자유를 침해받지 아니한다'라고 언급하고 있고, 사회복지사업법에서는 '사회복지사업 또는 사회복지 업무에 종사하였거나 종사하고 있는 자는 그 업무수행의 과정에서 알게 된 다른 사람의 비밀을 누설해서는 안 된다'고 나와있다.

사회복지사와 클라이언트 간에 비밀보장이 전제가 되지 않는다면, 이들 간에 신뢰관계가 깨어질 수 있다. 그렇지만 자기 자신이나 제3자를 해하려 하는 경우, 미성년자 클라이언트의 부모나 보호자의 요청에 응하는 경우, 법적 명령에 따르기 위한 경우에는 비밀보장의 원칙을 어기고 정보가 공개될 수 있다. 즉, 비밀보장은 사회복지사가 클라이언트의 사생활 보호에 대한 권리와 그 정보에 대한 타인과 사회의 권리 사이에서 득과 실을 비교할 때 발생하게 된다.

만약 20세의 미혼모가 미혼부의 동의를 받지 않고, 아동을 양육하고자 한다. 미혼모는 사회복지사에게 미혼부에게 아동의 출산과 관련된 사실을 비밀보장해달라고 요청하고 있다. 이 상황에서 우리는 미혼모의 비밀을 유지해야 할 것인가? 아니면 미혼부에게 이 사실을 알려야 할 것인가? 등의 질문에 대해 고민해야 할 것이다.

(3) 클라이언트의 알 권리

사람은 누구나 자신의 인생에 중요한 영향을 끼칠 수 있는 정보를 알 권리가 있으며, 이와 관련된 의사결정 과정에 참여할 권리가 있다. 사회복지실천에서는 자기결정권을 위한 확보, 고지된 동의, 기록의 공개 등 클라이언트의 자기결정권을 행사하는 데 충분한 정보가 제공되어야 하고, 이때 클라이언트의 알 권리가 강조되고 있다. 특히 사회복지실천 과정에서 발생할 수 있는 위험과 혜택, 클라이언트 자신이나 주위 사람들에게 미칠지도 모르는 영향, 가능한 대안과 예상되는 비용에 대해 클라이언트가 충분히 이해하도록 설명해야 한다. 또한 사회복지사가 클라이언트에 대한 기록을 하고 이러한 기록에 대한 접근성을 가지는 것은 클라이언트의 알 권리를 행사하는 것이라고 볼 수 있다.

생각해보기

1. 한국 사회복지사 윤리강령이 개정된다면, 어떠한 내용이 추가되었으면 하는지 생각해 보자.

2. 미국의 사회복지사 윤리강령을 읽고, 한국의 사회복지사 윤리강령과의 공통점과 차이점에 대하여 생각해 보자.

제 6 장

윤리적 딜레마

사회복지사는 사회복지사가 지켜야 할 가치가 다른 가치들과 충돌할 때 윤리적 갈등에 직면하게 되고, 이를 윤리적 딜레마(ethical dilemmas)라 한다. 윤리적 딜레마는 주요 가치에 기반을 두고 있는 전문직의 의무와 임무들이 상충하는 상황에서 발생한다. 즉, 가치가 구체적 행위로 나타나는 다양한 의무와 임무들 중에서 무엇이 우선되어야 할지를 결정해야 하는 경우이다(Reamer, 1994 : 4). 리머(Reamer, 1999)는 사회복지실천에서 발생할 수 있는 윤리적 딜레마를 세 가지로 분류하였는데, 직접적인 실천 차원에서의 갈등, 사회복지정책 및 프로그램 차원의 갈등, 사회복지 조직체 및 동료 사회복지사와 관련된 갈등이다. 본 장에서는 리머의 분류에 따라 현장에서 발생할 수 있는 윤리적 딜레마 상황들을 살펴보도록 하겠다.

1. 직접적인 실천 차원에서의 갈등

사회복지사가 개인, 가족, 또는 집단을 대상으로 직접적인 실천을 수행하는 과정에서 두 개 또는 그 이상의 가치가 상충되는 상황일 때 직접적인 실천 차원의 갈등에 빠질 수 있다. 특히 클라이언트의 생명보호와 관련된 이슈들은 사회복지사 개인으로서의 가치, 전문가로서의 가치, 사회적 가치가 상충되는 주제인 경우가 많다.

윤리적 차원에서 '생명보호'라는 것은 다른 어떤 가치들보다 가장 최우선적으로 지켜져야 할 대상임은 분명하지만, 몇몇 상황에서는 생명보호의 원칙을 어떻게 적용하고 어디까지 적용해야 하는지 갈등에 빠지게 된다. 또한 사회복지사는 어떤 결정이 클라이언트의 이익을 최우선으로 하는 것인지 확신하지 못해서 의사결정에 어려움을 겪을 수 있다.

〈사례 1〉 가치 상충

클라이언트 A씨는 15세 중학생이다. 그녀는 몇 달 전 남자친구와 헤어졌고, 이후 본인의 임신사실을 알게 되었다. 이 사실을 부모님께 알릴 수 없어 혼자 전전긍긍하던 중, 평소 봉사활동을 하면서 알고 지냈던 사회복지사에게 이야기를 하게 되었다. A는 출산과 낙태 중 어떠한 선택을 해야 될지 혼란스럽고, 낙태를 하는 것이 더 나을 것 같다는 이야기를 사회복지사에게 하였다. 평소 사회복지사는 낙태에 대하여 반대 입장을 가지고 있었기 때문에 자신의 가치와 다른 가치를 가지고 있는 클라이언트의 상황으로 인해 고민을 하고 있다.

<사례 1>에서 사회복지사는 원하지 않은 임신을 한 미성년자 클라이언트를 보호할 것인지, 아니면 태어나지 않은 태아도 인간으로 보고 태아의 존엄성을 보호할 것인지 고민을 하고 있다. 사회복지사는 클라이언트의 자기결정권을 존중해야 하지만, 클라이언트가 처한 상황에 가장 적합한 결정을 할 수 있도록 충분한 정보를 제공해 주는 것이 필요하다. 즉, 출산을 선택했을 때에는 본인이 양육을 하거나, 입양을 보낼 수 있다는 것, 그리고 낙태를 선택했을 때에는 낙태가 몇 가지 특수한 상황을 제외하고는 불법이라는 점 등이다. 특히 이 사례에서 유의할 점은 출산이나 낙태 중 한 가지 대안을 선택할 때, 클라이언트가 미성년자이기 때문에 부모의 동의가 필요하다는 것이다.

여러분은 평소 낙태에 대해서 어떠한 생각을 가지고 있는가? 또한 사회복지사로서의 입장은 어떠한가? 이러한 질문에 대한 고민들을 하게 되면, 여러 가지 대안들이 발생하게 된다. 그리고 우리는 여러 가지 대안이 있을 때, 가장 최선

의 선택을 하려고 한다. 그러나 클라이언트에게 어떤 선택이 최선의 선택이라고 할 수 있을까? <사례 1>에서 태아의 생명보호를 위해 클라이언트가 출산을 하였다고 가정해 보자. 그렇지만 클라이언트는 미성년자이기 때문에 아이를 양육할 준비가 되어있지 않고, 가족 역시 도움을 줄 수 없는 상황이다. 그럼에도 불구하고 아이를 양육하는 것이 최선의 선택일까? 아니면 더 좋은 환경에서 아이가 성장할 수 있도록 입양을 선택하는 것이 최선의 선택일까? 우리는 어쩔 수 없이 한 가지 대안을 선택해야 하지만 그 결정이 최선인지는 확신을 할 수 없기 때문에 의사결정에 어려움을 경험하게 된다.

사회복지사는 개인뿐만 아니라, 집단을 대상으로 서비스를 제공하기도 하는데 클라이언트가 여러 명일 때도 윤리적 딜레마를 경험할 수 있다. 특히 집단상담이나 가족 상담과 같이 클라이언트가 다수일 경우, 누가 클라이언트이고 누구의 이익을 최우선적으로 고려해야 할지 갈등을 경험할 수 있다.

〈사례 2〉 클라이언트가 다수일 경우

클라이언트 B씨는 '싱글맘'을 위한 집단 프로그램에 참여하고 있다. 본 프로그램은 사회적 편견으로부터 싱글맘을 지지하기 위해 계획되었고, 총 10회기 중 6회기까지 진행된 상황이다. B씨는 1회기 때 참석한 이후, 출석을 하지 않다가 7회기에 프로그램에 참석하게 되었다. 7회기의 목표는 싱글맘들의 주변에 있는 다양한 지지체계를 발견하는 것이다. 그러나 B씨는 2번째로 프로그램에 참여하였기 때문에 7회기 프로그램의 목표와는 달리 자신의 현재 상황에 대한 토로를 하면서 감정이 격해지기 시작했다. 다른 참여자들은 B씨의 행동에 대해서 처음에는 이해를 했지만, 반복되는 그녀의 행동으로 인해 난색을 표했고, 몇몇 참여자들은 B씨의 언행에 대해서 비난하기 시작했다.

<사례 2>에서 사회복지사의 클라이언트는 누구인가? 클라이언트 B씨일까? 아니면 '싱글맘' 프로그램에 참여하고 있는 다수의 참여자들일까? 만약 사회복지사가 클라이언트 B씨의 편에서 프로그램을 진행하게 된다면, 다른 참여자들은 프로그램에 대한 불만을 가지게 될 것이고, 향후 프로그램에 대한 참여의지를 상실할 가능성이 많아진다. 또한 다수의 입장에서 프로그램을 진행하게 된다면, 어렵게 프로그램에 참여한 B씨 역시 만족할 만한 성과를 가지지 못한 채 프로그램을 종결해야 할 것이다. 이와 같이 클라이언트가 여러 명일 때에도 사회복지실천 과정에서 윤리적 갈등이 일어날 수 있다.

또 다른 윤리적 갈등 상황으로는 사회복지사의 의무가 상충될 때이다. 사회복지사는 클라이언트에 대한 의무뿐만 아니라 가족이나 조직·기관에 대한 여러 가지 의무를 동시에 가지고 있기 때문에, 때로는 이러한 의무들이 상충될 수 있다.

〈사례 3〉 사회복지사의 의무가 상충되는 경우

클라이언트 C씨는 정신보건센터에서 정기적으로 상담을 받고 있다. 담당 사회복지사는 C씨와 평소 신뢰관계를 잘 구축해 왔고, 상담 시에도 심각한 문제가 있다고 판단하지 않았기 때문에 조만간 사례를 종결할 계획을 가지고 있었다. 그러던 어느 날, 사회복지사는 주말을 이용해 가족들과 교외로 소풍을 가던 중 클라이언트 C씨로부터 전화를 받게 되었다. C씨는 지금 당장 만나서 하고 싶은 이야기가 있다고 하면서, 센터에 가서 사회복지사가 올 때까지 기다리겠다고 하는 것이다. 사회복지사는 오랜만에 가족들과 함께 시간을 보내는 것이기 때문에 가족들에게 출근을 해야 한다는 말은 못하고 있지만, 한편으로는 클라이언트의 안위가 걱정이 되어서 가족 나들이에도 집중을 못하고 있다.

<사례 3>은 개인으로서 가족에 대한 의무와 사회복지사로서 가족에 대한 의무가 상충하는 상황이다. 이 상황에서 사회복지사는 가족 나들이를 계속해야 할 것인가? 아니면 클라이언트를 만나기 위해서 휴일임에도 불구하고 출근을

해야 할 것인가? 만약 사회복지사가 휴일임을 감안하여 클라이언트에게 다음 번 상담 때 하고 싶은 이야기를 해달라고 요청했는데, 당일 클라이언트에게 위급한 상황이 발생했다면 사회복지사는 본인의 의무를 다하지 못했다고 비난받아야 하는가? 이렇게 사회복지사가 가지고 있는 여러 의무가 상충되었을 때 윤리적 딜레마가 발생할 수 있다.

이 외에도 직접적인 사회복지실천과 관련하여 사회복지사와 클라이언트 간에 권력이나 힘의 불균형 때문에 윤리적 갈등 상황이 나타날 수 있다. 클라이언트는 사회복지사에게 전문적 도움을 받으면서 그들에게 의존하기 쉽다. 그리고 전문직 관계의 특성상 사회복지사가 클라이언트보다 더 많은 권력을 가지게 된다. 이러한 불평등한 관계에서 사회복지사는 자신의 권력을 남용하는 경우가 있을 수 있으며, 윤리적 갈등 상황이 발생할 수 있다. 클라이언트와의 전문적 관계 이외에 사적인 이중관계를 갖게 되었을 때, 사회복지사가 의존적인 클라이언트를 이용할 수 있다는 점에서 전문적 관계에 부정적 영향을 미칠 수 있다(이순민, 2012 : 63).

2. 사회복지정책 및 프로그램 차원의 갈등

사회복지정책을 구상하고 프로그램을 기획할 때 근간이 되는 가치는 평등이나 사회정의를 실현하는 것이다. 우리가 인적 자원과 물적 자원을 무제한으로 사용할 수 있다면, 별다른 고민 없이 정책이나 프로그램을 기획해 나갈 것이다. 하지만 모든 자원은 한정되어 있고, 제한된 자원 내에서 이러한 가치들을 실현시켜 나가야 하기 때문에 다양한 갈등을 경험하게 된다.

〈사례 4〉 제한된 물적 자원의 분배

2012년 경남지사 보궐선거에서 당선된 홍 지사는 취임 이후 무상급식 예산 줄이기를 계속 시도해 왔다. 2013년 재정난을 이유로 2014년도 무상급식 예산을 삭감했고, 2015년 4월 1일부터 경상남도의 무상급식은 중단되었다. 무상급식에 대한 논쟁은 보편적 복지와 선별적 복지에 대한 논쟁으로 확산되고 있다. OECD 회원 국가 중에 전면 무상급식을 실시하는 나라는 핀란드와 스웨덴이 있고, 급식 이용학생 수 대비 무상급식 비율을 살펴보면(2010년 기준) 미국은 52.2%, 일본은 1.7%인 것으로 나타났다.

<사례 4>는 한정된 예산으로 사회복지정책 및 프로그램의 대상자 선정기준을 어떻게 정할 것인가와 관련된 것이다. 무상급식에 대한 논쟁의 시작은 2010년 서울시 교육감 선거에서 곽노현 교육감의 선거공약으로부터 시작한다. 그는 2010년 7월 취임식에서 '무상급식을 2013년까지 전면 실시할 것'이라고 밝혔고, 이후 서울시 의회에서는 무상급식 조례안을 의결 공표하면서 무상복지에 대한 논쟁이 시작되었다. 특히 전면 무상급식을 실시하고 있던 경상남도의 경우에는 갑작스러운 정책 변화로 인해 교사와 학부모, 학생들 모두 난색을 표하였고, 무상급식에 대한 찬성과 반대 입장이 대립각을 세웠다. 그렇다면 여러분은 무상급식을 찬성하는가? 반대하는가? 그리고 각 의견에 대한 근거는 무엇인가?

한정된 사회적 자원에 비해 해결해야 하는 욕구가 많은 사회적 예산은 언제나 부족할 수밖에 없다. 그렇다면 제한된 자원을 공정하게 분배하는 방법은 어떠한 것이 있을까?

리머(Reamer, 1995)는 부족한 자원을 분배하기 위해 평등, 욕구, 보상, 기여의 네 가지 기준을 제시하였다. 첫째, 평등에 따른 분배는 모든 사람에게 동일한 양을 제공하는 것이다. 그러나 자원 자체가 너무 한정적이기 때문에 평등한 분배가 불가능할 경우가 있고, 때로는 동일한 분배가 불평등을 이끌 수도 있다. 둘째, 욕구에 따른 분배는 욕구의 정도에 따라서 자원을 선별적으로 나누는 것으로 사회복지사가 가장 선호하는 기준이다. 그러나 누가 얼마나 많은 욕구를 가지고 있는지 측정하는 것이 어렵다는 단점이 있다. 셋째, 보상은 사회적 약자에게 자원을 분배하는 것이다. 기업의 장애인 의무고용이 이에 해당하는데, 누가 가장 사회적 약자인가에 대한 합의점을 도출하는 것이 어려울 수 있다. 넷째, 기부는 무엇을 기여했느냐에 따라 자원을 분배하는 것이고, 대표적인 것이 자활사업과 같은 노동연계 프로그램이다.

〈사례 5〉 분배의 기준

자활근로사업은 국민기초생활보장법상 지원을 받는 수급자들 중, 근로능력이 있는 것으로 판정된 대상들에게 자활사업에 참여한다는 조건으로 수급을 제공하는 것이다. 즉, 노동에 기여함으로써 사회복지 혜택을 받을 수 있는 것이다.

지역자활센터에 근무하는 사회복지사는 사업의 취지에 입각하여 자활사업 참여자들이 수급자에서 벗어날 수 있도록 도움을 제공하던 중 얼마 전 대상자의 사망소식을 전해 들었다. 여러 번의 수술로 인해 수천만 원의 병원비를 부담하게 된 클라이언트는 기초생활수급자가 되었지만, 근로능력평가에서 '근로능력 있음'이라는 판정을 받게 되었고, 일을 하던 중 사망을 한 것이다. 이 사건을 계기로 사회복지사는 현행 제도가 국민의 자활을 돕겠다는 취지에서 벗어나 생계급여를 볼모 삼아 사실상 강제 근로로 이어지는 왜곡된 방식으로 운영되는 것은 아닌지 고민을 하게 만들었다.

<사례 5>는 기부의 기준을 가지고 수급권이 할당된 경우이다. 수급자들이 복지의존에 빠지는 것을 방지하고자 노동에 대한 기여를 전제조건으로 사회복지 혜택을 제공하고 있지만, 대상자의 상황에 부합하지 않는 정책 적용은 무리가 될 수 있다는 것이다. 이러한 문제에도 사회복지 정책에서는 기여를 기준으로 사회복지 서비스 및 자원을 분배하는 경우가 자주 발생하고 있다.

사회복지정책과 프로그램을 기획할 때, 항상 문제가 되는 것, 즉 우리가 고민해야 할 것은 한정된 자원이다. 그런데 자원이라는 것에는 물적 자원뿐만 아니라 인적 자원들도 포함된다. 사회복지현장에서 대표적인 인적 자원이 사회복지사이고, 이들의 시간과 업무 능력 역시 한정되어 있기 때문에 클라이언트에게 시간제한적인 서비스를 제공할 수밖에 없다.

〈사례 6〉 한정된 인적 자원의 분배

클라이언트 A씨는 중학생인 아들의 학교폭력 문제로 고민을 하다가 사회복지사와 면담을 하게 되었다. 사회복지사는 A씨의 이야기를 듣던 중, 자녀의 학교폭력뿐만 아니라 다양한 문제가 산재해 있음을 알게 되었다. 그녀의 남편은 음주 문제를 가지고 있었고, 첫째 딸은 가출을 한 상태였으며, 초등학생인 막내는 학습상의 어려움을 가지고 있는 것으로 보였다. 사회복지사가 생각하기에 아이의 학교폭력 문제도 중요하지만, 그 외 다른 문제들도 해결을 하는 것이 필요하다고 생각을 했다. 하지만 사회복지사는 본인의 또 다른 업무로 인해 한 명의 클라이언트에게 배정된 시간은 한정되어 있어 고민을 하고 있다.

<사례 6>은 사회복지사의 한정된 시간으로 인해 클라이언트에게 제한된 서비스를 제공할 수밖에 없는 경우를 소개하고 있다. 사회복지사와 클라이언트는 계약으로 맺어진 공적관계로서 시간제한적인 서비스를 제공하게 된다. 그러나 모든 클라이언트의 문제나 상황이 정해진 시간 내에서 해결될 수 없기 때문에 한 명의 클라이언트에게 얼마만큼의 시간을 할애할 것인지에 대한 고민을 하게 된다. A씨처럼 다양한 문제를 가지고 있는 클라이언트에게는 문제를 해결하는 데 더 많은 시간이 필요할 것이다. 하지만 한 명의 클라이언트에게 많은 시간을 할애하게 되면, 또 다른 클라이언트는 서비스를 제공받지 못하는 경우가 발생한다. 클라이언트 A씨의 문제를 해결하기 위해서 우리는 사회복지사의 제한된 시간을 어떻게 활용해야 할 것인가?

3. 사회복지 조직체 및 동료 사회복지사와 관련된 갈등

대부분의 사회복지사는 특정 기관이나 조직에 소속되어 일을 하기 때문에 조직이나 동료 사회복지사와 갈등을 경험할 수 있다. 특정 사회복지시설에 근무한다는 것은 기관의 업무규정에 동의한다는 것이기 때문에 조직의 규정이나 동료 사회복지사들과 업무상의 갈등을 경험할 수 있다.

〈사례 7〉 조직과의 갈등

사회복지사 A씨는 대학을 갓 졸업하고 장애인 생활시설에 취업을 하게 되었다. 업무 인수인계를 받을 때는 언급이 되지 않았지만, 일을 하면서 알게 된 사실은 폭력적인 클라이언트에 대해서는 그들이 행동을 자유롭게 하지 못하도록 압박 장치를 해두고, 사회복지사들이 때로는 머리나 등을 때리는 것이었다. A씨는 사회복지사들의 행동이 잘못된 것이라 생각을 하고 선임사회복지사에게 자신이 보았던 상황들을 설명하였다. 그런데 선임사회복지사는 A씨에게 이렇게 하지 않으면 클라이언트의 행동을 제재할 수 없고, 조금만 더 근무해 보면, 왜 사회복지사들이 이러한 행동을 하는지 이해할 것이라고 했다. 사회복지사 A는 시설 내에서 이루어지는 사회복지사들의 행동들이 과연 정당한 것인지 의문을 가지게 되었고, 이 시설에서 더 근무를 하는 것이 맞는지 고민을 하였다.

<사례 7>은 사회복지사가 기관의 잘못된 규정과 내규에 대한 갈등을 경험하고 있는 경우이다. 의사소통이 어려운 클라이언트에게 신체적 압박을 가하여 그들의 행동을 가하는 것이 정당한 방법인가? 또한 이러한 내규에 대하여 수용해야 하는가? 만약 기관의 규정을 수용하지 않는다면, 퇴사를 해야 하는가?

행동의 옳고 그름을 떠나서 그러한 행동이 반복되고, 익숙해지면 옳고 그름을 판단하는 기준에 무뎌지는 경향이 있다. 사례에서 선임사회복지사가 이야기했듯이, 시간이 지나면 이해할 것이라는 말이 이를 반증한다고 할 수 있다. 그렇기 때문에 사회복지사들은 상황에 매몰되지 않고 옳고 그른 일을 판단하기 위한 자기점검이 필요하게 된다.

〈사례 8〉 동료 사회복지사와의 갈등

A종합사회복지관은 사회복지학과에 재학 중인 학생들을 대상으로 하계실습을 실시하고 있다. 본 기관에서는 중간관리자가 실습 슈퍼바이저의 역할을 하고 있고, 최근 5년 동안 1명의 슈퍼바이저가 실습을 총괄하였다. 이 기관에 근무하는 사회복지사 B씨는 평소 잘 알고 지냈던 실습생으로부터 실습에 대한 이야기를 듣게 되었는데, 슈퍼바이저가 실습을 제대로 실시하지 않아서 실습생들의 불만이 많다는 것이다. 하지만 슈퍼바이저가 실습생들을 평가하고 평가 내용이 학교로 전달되기 때문에 아무도 불만사항에 대한 이의제기를 하지 않는다는 것이다.

사회복지사 B씨는 평소 학생들에게 실습이 중요한 일이라고 생각하고 있었다. 하지만 당장 내가 맡은 일이 아니기 때문에 지나가는 게 맞는지, 또는 상급자의 잘못을 누구에게 어떻게 이야기해야 할지 고민스러웠다.

<사례 8>은 동료 사회복지사의 비윤리적 실천 행동을 보았을 때 어떻게 행동해야 하는가와 관련된 문제를 제시하고 있다. 이처럼 사회복지조직 내에서의 내부갈등과 윤리문제로 인해 조직체의 일원인 사회복지사가 윤리적 갈등을 겪을 수 있다.

4. 그 외 갈등들

1) 비밀보장

클라이언트가 도움을 요청하는 동안 알게 된 비밀과 사적인 정보를 지켜주는 것은 매우 중요하다. 도움을 필요로 하는 사람들은 자신의 개인적인 사항을 이야기하면서 사회복지사에게 모든 비밀을 털어놓는다. 그들은 이러한 정보를 믿고 말할 수 있는, 신뢰할 수 있는 사회복지사를 필요로 한다. 사회복지사는 클라이언트를 돕는 데 있어서 이러한 사적인 면을 항상 존중해야 하고, 모든 정보에 대한 비밀을 지켜야 한다. “정당하지 못한 비밀보장의 파기는 정의에 위배되고 누군가가 위임한 비밀을 절도하는 것과 같은 것이다(Hepworth & Larsen, 1990 : 72)". 그렇다면 클라이언트의 비밀보장이 정당화되는 윤리적 근거는 무엇일까?

일반적으로 비밀보장의 원칙에 대한 도덕적 정상성은 크게 세 가지로 제시되고 있다(김기덕, 2002). 첫째, 사생활보장의 권리(the right of privacy)를 들 수 있다. 비밀보장의 원칙은 인간이 가진 고유한 자유와 자율성에 대한 존중, 그리고 그것으로부터 파생된 권리 가운데 하나인 사생활 보장 권리에서 윤리적 근거를 찾을 수 있다. 인간은 자율적인 존재로서 자신의 고유한 사생활을 가질 수 있는 자격과 능력을 가지고 있으며, 이러한 사생활에 대한 존중은 자신의 생각, 계획, 자신과 관련된 비밀 등을 스스로 통제해 나갈 수 있을 때 비로소 가능해질 수 있다는 것이다(Bok, 1983). 두 번째는 클라이언트와 사회복지사 사이에 맺은 비밀보장의 원칙은 서로에 대한 약속이므로 이를 어기는 것은 도덕적으로 타당하지 않다는 것이다. 이는 비밀보장의 원칙으로 인하여 사회복지사와 클라이언트가 맺는 전문적 관계에 좀 더 깊은 신뢰감이 형성됨으로써 사회복지실천 노력의 효과를 극대화할 수 있다는 것이다. 세 번째는 비밀보장의 원칙이 엄격하게 지켜짐으로써 사회복지실천이 바람직한 결과를 가져오게 된다는 결과론적 윤리론에 따른 주장이다.

다음은 사회복지관련법에 명시된 비밀보장 조항들이다.

〈표 6-1〉 **사회복지관련법 비밀보장 조항**

법 명	조 항	내 용
사회복지사업법	제47조 비밀누설의 금지	사회복지사업 또는 사회복지업무에 종사하였거나 종사하고 있는 자는 그 업무수행의 과정에서 알게 된 다른 사람의 비밀을 누설하여서는 아니 된다.
	제54조 벌칙	6. 제47조의 규정을 위반한 자는 1년 이하의 징역 또는 1천만 원 이하의 벌금에 처한다.

아동복지법	제65조 비밀누설의 금지	아동복지사업을 포함하여 아동복지업무에 종사하였거나 종사하는 자는 그 직무상 알게 된 비밀을 누설하여서는 아니 된다.
	제71조 벌칙	② 2. 제65조를 위반하여 비밀을 누설하거나 직무상 목적 외의 용도로 이용한 자는 3년 이하의 징역 또는 3천만 원 이하의 벌금에 처한다.
정신보건법	제42조 비밀누설의 금지	이 법에 의하여 정신질환자에 관련된 직무를 수행하였던 자 또는 수행하는 자는 이 법 또는 다른 법령에서 특히 규정된 경우를 제외하고 그 직무의 수행과 관련하여 알게 된 타인의 비밀을 누설하거나 발표하여서는 아니 된다.
	제56조 벌칙	3. 제42조의 규정에 위반하여 직무상 알게 된 타인의 비밀을 누설하거나 발표한 자는 3년 이하의 징역 또는 3천만 원 이하의 벌금에 처한다.

다음은 클라이언트의 비밀보장과 관련한 사례이다.

〈사례 9〉 비밀보장

학교사회복지사는 본교에 재학 중인 학생과 상담을 하던 중 학생 A가 임신했다는 사실을 알게 되었다. A는 사회복지사를 신뢰하고 있기 때문에 본인의 고민을 이야기한 것이고, 담임이나 부모님에게는 이 사실을 알리지 말아달라고 부탁하였다. 학교사회복지사는 A에게 앞으로 어떻게 할 것인지를 물었고, A는 임신중절수술을 할 것이라고 하였다. A는 임신중절수술이 불법이라는 사실을 알고 있었고, 인터넷을 통해 임신중절수술이 가능한 병원도 알아보고 있는 중이라고 하였다.

<사례 9>에서 학교사회복지사는 학생 A에 대한 비밀을 보장해야 하는가? 만약 학교사회복지사가 비밀을 보장했을 경우 클라이언트의 건강을 비롯한 학업 문제가 발생할 수 있고, 이러한 문제들은 혼자서 해결할 수 없을 가능성이 많다. 그렇다고 A의 상황을 담임이나 부모님에게 알리는 것은 적절한 것일까? 이에 대하여 고민해 봐야 한다.

2) 자기결정

비에스텍(Biestek, 1967)은 사회복지실천의 모든 가치 중에서 클라이언트의 자기결정이 본질적인 권리이며, 최고의 가치로서 존중되어야 한다고 선언하였다. 클라이언트의 자기결정을 최대화하기 위해서는 다양한 대안에 대한 정보를 제공하는 것이 필요하고, 개별상황에 따른 다양한 대안들을 탐색하도록 해야 한다.

이러한 정보에 기반하여 클라이언트가 자발적인 결정을 내려야 하지만, 때로는 클라이언트의 지식이나 능력이 제한적이기 때문에 사회복지사는 이들이 합리적인 선택을 할 수 있도록 도와주어야 한다. 이는 로스만(Rothman, 1989 : 608)이 언급했던 것처럼, "클라이언트를 돕는 수단에 대한 전문적인 의사결정의 일차적인 책임은 실천가에게 있다"는 것이다.

〈사례 10〉 자기결정

클라이언트 A씨는 매달 복지관과 국가로부터 보조금을 받고 있다. 사회복지사는 A씨의 이웃들로부터 그녀가 보조금을 받고 있음에도 식사를 제대로 하지 못하고 있다는 이야기를 전해 들었다. 사회복지사는 상황을 알아보고자, A씨의 집을 방문하였고 상담 중 그녀에게 오빠가 있다는 사실을 알게 되었다. 또한 A씨가 받는 보조금 전액을 오빠가 가져가 사용하며, 일부를 용돈으로 주고 있다는 것이다. 사회복지사는 클라이언트에게 보조금을 본인의 의식주를 위해 사용해야 할 것 같다고 이야기를 했지만, A씨는 자신의 보조금을 오빠가 사용하는 것에 문제가 없다고 했고, 사회복지사가 자신의 결정을 이해해 주기를 바랐다.

<사례 10>은 클라이언트의 자기결정권을 어느 정도 인정해 줄 것인지와 관련한 사례이다. 사회복지사는 A씨의 자기결정을 존중해 줘야 할 것인가? 아니면 자기결정을 제한할 수 있는가? 만약 자기결정을 제한한다면 사회복지사는 어떠한 근거를 제시할 수 있을까? 그리고 사회복지사가 클라이언트를 대신해서 최선의 결정을 내려줄 수 있는지도 고민해 봐야 할 것이다.

3) 서비스 비용

사회복지직은 전문적인 지식과 기술이 요구되는 직종이므로 제공하는 서비스에 합당한 비용을 받는 것이 정당하다. 하지만 클라이언트의 이익을 최우선으로 하면서도 클라이언트에게 서비스 비용을 청구해야 하는 상황은 사회복지사와 클라이언트 간에 갈등요소가 될 수 있다. 서비스 비용은 사회복지사나 사회복지관의 수입과 연관되기 때문에 민감한 사항이다. 클라이언트의 경제적 상황은 사회복지사의 사회복지실천 결정에 영향을 미치며, 반대로 사회복지사의 경제적 상황이나 비용에 대한 태도도 실천개입에 영향을 준다(Wolfson, 1999).

한국 사회복지사 윤리강령에서는 서비스 비용에 대하여 "공정하고, 합리적으로 이용료를 책정해야 한다"고 제시하고 있다. 하지만 윤리강령에서 말하는 공정하고 합리적인 서비스 요금이 어느 정도 수준인지를 가늠하기가 힘들다. 또한 클라이언트 입장에서 공정하고 합리적인 비용인지, 아니면 기관이나 사회복지사의 입장에서 책정되어야 하는지 의문이 생기게 된다.

〈사례 11〉 서비스 비용

클라이언트 A씨는 부부불화로 인해 힘들어하던 중, 가족 상담을 받게 되었고 상담이 진행될수록 부부가 서로를 이해하는 계기가 되었다. 가족 상담은 총 10회기로 구성된 프로그램이었고, 클라이언트가 비용의 일부분을 지불해야 했다. 가족 상담이 5회기쯤 진행되었을 때, 클라이언트는 갑자기 회사를 그만두게 되어 경제적인 상황이 좋지 않았다.

현재 클라이언트의 상황에서는 적은 돈이라도 아쉬운 상황이었기 때문에 상담비를 지불하는 것에 부담을 느끼기 시작하였다. 이러한 상황을 알게 된 사회복지사는 클라이언트에게 남은 회기에 대한 상담 비용을 받아야 할 것인지 고민을 하게 되었다.

<사례 11>은 경제적으로 힘들어진 클라이언트가 서비스 비용을 부담스러워하는 경우이다. 갑자기 경제적 상황이 어려워진 클라이언트는 지금까지 받아왔던 사회복지 서비스를 중단할 수도 있다. 그러나 이러한 상황에서 사회복지

사는 비용을 조정해 주어야 할지, 또는 연기해 주어야 할지 고민을 할 수 있게 된다. 여러분은 이 상황에서 어떻게 하겠는가?

물론 사회복지사 개개인의 가치에 따라서 달라질 수 있겠지만, 기관의 서비스 비용과 관련한 정책이 확고하다면, 사회복지사는 본인이 근무하는 기관이 아니더라도 서비스를 계속 받을 수 있는 기관으로 의뢰해 줄 수 있다. 본인이 근무하는 기관에서 서비스를 제공하든, 다른 기관으로 의뢰하든지 간에 사회복지사는 클라이언트의 이익을 최우선으로 하는 가치와 기관에서 필요한 수입 사이에서 적절한 균형점을 찾도록 노력해야 할 것이다.

생각해보기

1. 사회복지실천에서 발생할 수 있는 이중관계의 유형과 이를 방지할 수 있는 지침을 찾아보자.

2. 사회복지사가 지속적인 자기점검을 할 수 있는 시스템으로는 어떠한 것들이 있는지 생각해 보자.

제 7 장

윤리적 의사결정모델

사회복지사들은 다양한 윤리적 딜레마 상황에 직면하게 되고, 윤리적 결정을 하게 된다. 즉, 여러 가지 선택사항들 중에서 한 가지 행위를 선택하게 되는데, 잘못된 선택을 하게 될 경우에는 결정을 내린 사회복지사뿐만 아니라 클라이언트까지 위기에 봉착할 수 있다. 그러므로 우리는 특정한 근거를 기반으로 갈등 상황에 대한 결정을 내리게 되는데, 대표적인 것이 윤리강령을 근거로 결정을 내리는 것이다. 하지만 앞서 살펴보았듯이 한국 사회복지사 윤리강령은 한계점을 가지고 있고, 이러한 한계점을 보완하기 위해서는 사회복지 영역에서도 결정의 준거틀이 필요하게 된다. 대표적인 준거틀이 윤리적 의사결정모델이고 이는 사회복지사가 직관보다는 인식론적 접근에 의해서 윤리적 결정을 하도록 이끌어 준다.

다양한 윤리적 의사결정모델 중에서 대표적인 모델이 로웬버그와 돌고프(Loewenberg & Dolgoff, 1996)의 일반결정 모델, 리머(Reamer, 1999)의 의사결정 모델, 콩그레스(Congress, 1999)의 ETHIC 모델 등이 있다.

1. 로웬버그(Loewenberg)와 돌고프(Dolgoff)의 일반결정 모델

로웬버그(Loewenberg)와 돌고프(Dolgoff)는 최선의 윤리적 결정을 하는 데 도움을 주고자 윤리적 원칙과 우선순위에 초점을 두고 일반결정 모델(General Decision-Making Model)을 제시하였다. 일반결정 모델은 사회복지 현장뿐만 아니라 일반적인 상황에서도 적용이 가능하며, 그 내용은 <표 7-1>에서 제시하고 있다.

〈표 7-1〉 로웬버그와 돌고프의 일반결정 모델

단계	내용
1단계	무엇이 문제인지와 문제를 야기하는 요인을 확인함
2단계	문제와 관련된 사람과 단체를 확인함
3단계	2단계에서 확인된 주체가 문제와 관련하여 어떤 가치가 있는지 확인함
4단계	문제를 해결하거나 최소화시킬 수 있는 개입목표를 명확히 함
5단계	개입수단과 개입대상을 확인함
6단계	확정된 목표에 따라 설정된 각 개입방안의 효과성과 효율성을 평가함
7단계	누가 의사결정에 참여할 것인지 결정함
8단계	개입방법을 선택함
9단계	선택된 개입방법을 수행함
10단계	선택된 개입방법이 수행되는 것을 검토하여 예상하지 않은 결과가 나타나는지 주의를 기울임
11단계	결과를 평가하고 추가적인 문제가 무엇인지 확인함

일반결정 모델은 문제를 확인하는 것에서부터 평가까지 체계적인 과정에 기반하고 있다. 김상균 외(2010 : 150)에 의하면 이 모델은 사회복지사들이 현재 직면해 있는 다양한 상황에 개입할 때 무엇이 필요한지를 합리적으로 계획할 수 있으며, 또한 의도된 행동의 비합리성과 충동성, 무계획적 결과를 최소화하고자 한다는 가정에 기초하고 있다. 특히 모델의 수직적 구조는 논리적인 윤리 기준을 구성하고 사회복지사의 체계적이고 신중한 윤리적 결정과정을 돕는다.

또한 그들은 윤리적 원칙 심사표(ethical principles screen)를 통해 윤리적 원칙의 우선순위를 제시하였다(표 7-2 참고).

〈표 7-2〉 윤리적 원칙 심사표

원칙 1	생명보호의 원칙
원칙 2	평등 및 불평등의 원칙
원칙 3	자율과 자유의 원칙
원칙 4	최소 해악의 원칙
원칙 5	삶의 질의 원칙
원칙 6	사생활 보호와 비밀보장의 원칙
원칙 7	진실성과 완전공개의 원칙

윤리적 원칙 심사표는 윤리적 원칙과 순위를 제시함으로써 다양한 원칙이 공존할 때, 어떠한 가치가 우선시되는지를 결정할 수 있다. 즉, 원칙 1인 생명보호의 원칙은 다른 원칙들보다 가장 우선적으로 적용된다는 것이다.

각 원칙들을 구체적으로 살펴보면 다음과 같다.

- 원칙 1 : 생명보호(principle of the protection of life)

인간의 생명보호는 다른 모든 것보다 우선시된다.

- 원칙 2 : 평등 및 불평등(principle of equality and inequality)

능력이나 권력이 동일한 사람은 동일한 방식의 처우를 받아야 하고, 능력이나 권력이 다른 사람은 다르게 처우받아야 한다.

- 원칙 3 : 자율과 자유(principle of autonomy and freedom)

클라이언트의 자율성과 독립성은 중요하지만, 무제한적인 것이 아니며, 자신이나 타인의 생명을 위협하거나 학대할 권리는 없다.

- 원칙 4 : 최소 해악(principle of least harm)

클라이언트가 선택할 수 있는 대안들이 모두 유해할 때 사회복지사는 클라이언트와 타인에게 최소한의 해가 되는 선택을 해야 한다.

• 원칙 5 : 삶의 질(principle of quality of life)

사회복지사는 지역사회를 비롯한 개인과 모든 사람의 삶의 질을 증진시킬 수 있는 실천방법을 선택해야 한다.

• 원칙 6 : 사생활 보호와 비밀보장(principle of privacy and confidentiality)

사회복지사는 클라이언트에 대해 알게 된 사실을 타인에게 공개해서는 안 된다.

• 원칙 7 : 진실성과 완전공개(principle of truthfulness and full disclosure)

사회복지사는 클라이언트 및 관련된 사람들에게 진실을 이야기해야 하고, 모든 관련 정보를 완전히 공개해야 한다.

2. 리머(Reamer)의 의사결정 모델

리머(Reamer, 1990 : 61－65)는 사회복지사가 현장에서 직면하는 딜레마 상황에서 의사결정을 도울 수 있는 지침을 제시하였다. 이 지침들은 특정 원칙이 다른 원칙보다 우선 적용되어야 한다는 기준들을 제시하고 있고, 내용은 <표 7－3>에서 제시하고 있다.

〈표 7-3〉 리머의 윤리적 의사결정 지침

지침 1	기본적인 삶의 조건은 정보에 대한 비밀보장보다 우선함
지침 2	개인의 기본적인 복지권은 타인의 자기결정권보다 우선함
지침 3	개인의 자기결정권은 그 자신의 기본적 복지권에 우선함
지침 4	개인이 자발적으로 동의한 법, 규칙, 규정에 복종하는 것은 위반할 자유보다 우선함
지침 5	자발적으로 가입한 조직의 규칙, 법, 규정보다 특정 개인의 복지권이 우선함
지침 6	공적 선이 개인의 사유재산 보호보다 우선함

지침의 내용을 구체적으로 살펴보면 다음과 같다.

지침 1은 타인의 기본적 삶(생명, 건강, 주거 등)을 지키기 위해 비밀보장 원칙이 위배될 수 있다는 것을 의미한다. 이는 사회복지사가 제3자에게 해를 입히는 것을 막기 위해서 클라이언트의 정보를 공개하는 것을 정당화하는 것이다.

지침 2는 타인의 복지권을 위배하지 않는 한도 내에서 클라이언트의 자기결정권을 존중해야 한다는 것을 의미한다. 그러나 아동학대로 인해 자녀의 기본적 복지권을 손상시킨다면 자기결정권에 제한을 가할 수 있다.

지침 3은 클라이언트가 자발적으로 내린 결정에 대해서 존중해야 한다는 것을 의미한다. 예를 들어, 노숙자가 노숙자 쉼터에 대한 충분한 정보를 가지고도 자발적으로 노숙을 하기로 결정했다면, 그 결정을 존중해 주어야 한다는 것이다.

지침 4는 개인이 자발적으로 동의한 원칙이 있다면 이것을 위배하는 행동이 제재를 받을 수 있다는 것을 의미한다. 예를 들어, 사회복지사가 기관의 정책에 자발적으로 동의했다면 고의적으로 정책을 위반하는 것은 비윤리적이라는 것이다.

지침 5는 개인이 자발적으로 동의한 규정이라도 이 규정이 타인의 복지권을 위배한다면 이를 따르지 않을 수 있다는 것이다. 즉, 개인의 기본적 복지권을 보호하기 위해서는 법률을 위반하는 것이 정당화될 수 있다.

지침 6은 주택, 교육, 공공부조와 같은 공공재를 제공하기 위해서 조세나 강제력을 사용하는 것이 정당화될 수 있다는 것을 의미한다. 예를 들어, 장애인에게 기본적인 서비스를 제공하기 위해서 조세나 토지수용권(정부가 사유지를 필요에 따라 몰수할 수 있는 권리)을 강제하는 것이 정당화될 수 있다.

또한 그는 사회복지사가 윤리적 판단을 하는 데 있어서 윤리적 딜레마의 모든 면을 검토할 필요가 있으며, 이를 위해서는 일련의 단계를 거쳐 체계적으로 접근하는 것이 중요하다고 하였다. 명확하게 공식화된 일련의 과정에 따라 사회복지사들은 그들이 내리는 윤리적 결정의 질을 향상시킬 수 있으며, 이러한 과정들은 윤리적 딜레마를 해결하는 데 있어 매우 유용하다(Reamer, 1995 : 64–65). 그가 제시한 윤리적 의사결정과정은 <표 7–4>에서 제시하고 있다.

〈표 7-4〉 리머의 윤리적 의사결정 과정

	내 용
1	갈등을 일으키는 사회복지실천 가치와 의무를 포함하여 윤리적 이슈를 규명함
2	윤리적 결정에 의하여 영향을 받을 가능성이 있는 개인이나 집단, 조직을 규명함
3	실행 가능한 모든 행동방침과 각각의 경우에 포함되는 참여자들 그리고 각 경우의 잠재적 이익과 위험을 잠정적으로 규명함
4	다음의 사항을 고려하여 각각의 행동방침을 찬성 또는 반대하는 이유와 근거를 철저하게 검토함(a. 윤리이론, 원칙, 지침들, b. 윤리강령과 법적 원칙들, c. 사회복지실천 이론과 원칙들, d. 개인적 가치들)
5	동료나 적당한 전문가와 상담함 : 기관의 직원, 슈퍼바이저, 기관의 행정가, 변호사 등
6	결정을 내리고 의사결정 과정의 증빙서류를 첨부함
7	결정을 감시, 평가하고 결정에 관한 서류를 첨부함

3. 콩그레스(Congress)의 ETHIC 모델

콩그레스(Congress)는 사회복지의 가치와 윤리강령을 고려하여 신속하게 적용할 수 있는 의사결정모델인 ETHIC 모델을 제시하였다. 이 모델은 앞서 살펴보았던 로웬버그와 돌고프(Loewenberg & Dolgoff, 1996)의 일반결정 모델 및 리머(Reamer, 1999)의 모델보다 간결하고 활용하기 쉽다는 장점을 가지고 있고, 내용은 <표 7–5>에서 제시하고 있다.

〈표 7-5〉 **콩그레스의 ETHIC 모델**

E : Examine	개인의 가치, 사회의 가치, 기관의 가치, 클라이언트의 가치, 전문가의 가치를 검토함
T : Think	상황에 적용되는 윤리강령의 규정이나 관련 법규와 판례를 고려함
H : Hypothesize	각기 다른 결정으로 나타나는 결과에 대해 가설을 설정함
I : Identify	결정과 관련하여 혜택받는 사람과 피해받는 사람을 확인함
C : Consult	최선의 윤리적 선택에 대하여 슈퍼바이저와 동료에게 자문을 구함

이 모델은 윤리(Ethic)의 영어 철자를 활용하여 의사결정의 과정을 단계별로 제시하고 있다. 먼저, E(Examine)의 내용을 살펴보겠다. 우리가 사회복지현장에서 직면하게 되는 상황들은 여러 가치들 간의 대립으로 발생하게 된다(예 개인의 가치 vs. 기관의 가치, 클라이언트의 가치 vs. 사회의 가치 등). 그러므로 갈등을 해결하기 위해서는 상황과 관련된 다양한 가치들을 검토하는 것이 필요하다.

T(Think)에서는 갈등 상황과 관련하여 적용되는 지침들을 살펴보는 것이다. 사회복지현장에서 활용할 수 있는 대표적인 지침은 '사회복지사 윤리강령'이다. 하지만 다양한 상황에 적용하기에 윤리강령은 한계점을 가지고 있고, 이를 보완할 수 있는 것이 관련된 법률과 판례를 확인하는 것이다. 특히 판례의 경우에는 선례를 다루고 있기 때문에 상황을 해결하는 데 시간을 줄일 수 있다는 장점이 있다.

H(Hypothesize)에서는 가치와 윤리기준들의 검토를 통해 가질 수 있는 다양한 결정에 대한 가설을 설정해 보는 것이다. 예를 들어, 미성년자가 출산을 통해 입양을 할 것인지, 양육을 할 것인지 고민을 하고 있다면, 각 결정에 대한 결과들을 유추해 보는 것이다. 이러한 가설 설정을 통해 사회복지사와 클라이언트는 향후 발생할 수 있는 또 다른 상황들을 고려해 봄으로써 현재 결정에 도움을 받을 수 있게 된다.

I(Identify)에서는 앞서 설정했던 각각의 가설에 대해 혜택을 받는 사람과 피해를 받는 사람을 확인하는 것이다. 이러한 과정을 통해 피해를 받는 대상을

확인하고, 상황에서 가장 취약한 사람에게 해가 되지 않는 결정을 하도록 노력해야 한다.

C(Consult)에서는 사회복지사가 지금까지 내린 결정 사항에 대하여 슈퍼바이저 및 동료에게 자문을 구하는 것이다. 이러한 노력들은 갈등 상황에 매몰되어 여타 상황을 고려하지 못하는 것을 예방하게 하고, 사회복지사가 결정한 내용들이 최선의 선택임을 다른 체계로부터 확인받는 과정이라고 할 수 있다.

4. 의사결정모델의 적용

＜사례 1＞은 학대 노인에게 도움을 주어야 하는 사회복지사의 윤리적 의무와 기관의 개입을 원하지 않는 클라이언트의 자기결정권이라는 가치 간에 윤리적 딜레마가 발생하고 있는 상황이다. 본 사례에 대한 딜레마를 해결하기 위해 콩그레스의 ETHIC 모델을 적용해서 살펴보도록 하겠다.

〈사례 1〉

80대 후반의 A씨는 국민기초생활보호 대상자이기 때문에 매달 정부로부터 20여 만 원을 지원받고 있다. 그는 50대 초반의 아들로부터 수년 간 지속적인 학대를 받았고, 최근에는 학대의 빈도와 정도가 갈수록 심해지고 있다. 아들은 일정한 직업이 없이 술로 하루하루를 보내고 있고, 평소 집 밖으로 떠돌다 정부지원금이 입금되는 날이면 어김없이 A씨를 찾아와 돈을 빼앗고, 폭행을 했다.

노인보호전문기관에서 근무하는 사회복지사는 지역 주민들의 이야기를 통해 A씨의 상황을 알게 되었고, 지원금이 입금되는 날 A씨의 집을 방문하게 되었다. 그러나 여느 때와 달리 아들은 나타나지 않았다. A씨가 아들의 행패가 외부로 알려지는 것을 우려해 전화로 미리 상황을 알린 것이었다. 자식의 패륜을 감추려 한 A씨는 노인보호전문기관의 도움을 마다한 채 여전히 학대에 시달리고 있다.

1) E(Examine)

(1) 개인적 가치

클라이언트 A씨는 연령상 자식들에게 부양을 받으면서 지금까지의 삶에 대한 평가를 하고 마지막 과업을 달성해야 하는 시기이다. 그렇지만 아들에게 학대를 당하고 있고, 경제적인 어려움까지 겪고 있기 때문에 힘든 삶을 영위하고 있다. 현재처럼 아들을 감싸주기만 한다면 죽기 직전까지 학대가 계속될 것이라고 생각한다.

(2) 사회적 가치

한국사회에서 노인은 부양해야 할 대상, 공경해야 할 대상으로 인식되어 왔다. 그러나 한편으로 노인학대는 자식을 잘 키우지 못한 부모의 잘못도 일정 부분 있다는 인식이 증가하고 있다. 특히 아동학대, 노인학대, 가정폭력 등의 문제들은 집안 문제이기 때문에 외부에서 개입해서는 안 된다는 사회적 인식이 많이 남아있다. 이는 학대나 폭력의 문제를 개인의 문제로 보고 있기 때문에 사회적 대처가 낮은 것이다.

(3) 기관의 가치

노인보호전문기관에서는 노인의 삶의 질을 향상시키고 노인에 대한 사회적 인식개선 및 권익향상을 위해 다양한 예방교육 및 홍보, 일시보호쉼터 등을 운영하고 있다. 또한 학대피해노인과 가족에 대한 통합적 지원을 하고 있다. 그러나 도움을 요청하는 노인에게는 서비스를 제공하지만 그렇지 않은 경우에는 개입하지 않는다. 즉, 클라이언트의 자기결정을 존중하는 것이 기관의 가치이자 원칙이다.

(4) 클라이언트의 가치

클라이언트는 아들에게 수십 년 간 지속적으로 학대를 받아왔기 때문에 신체적, 정신적으로 힘든 상태이다. 그렇지만 아들이 자신을 학대했다는 사실이 외부로 알려질 경우, 아들에게 피해가 갈 것을 걱정하여 신고를 하지 못하고 있다. 또한 자신이 조금만 더 노력하고, 아들이 술을 조금만 줄인다면 학대가 사라질 것이라 믿고 있다.

(5) 전문가의 가치

자기결정권의 존중이라는 전문가 가치에 의하여 클라이언트가 원하지 않는 서비스 제공은 실시하지 않아야 한다. 하지만 이러한 선택은 클라이언트의 안전을 보장하지 못할 가능성이 있다. 클라이언트의 이익과 안전을 도모해야 하는 전문가의 가치에 따르면, 학대받는 상황에서 클라이언트의 자기결정은 제한해야 할 것이다.

2) T(Think)

본 사례에 적용되는 윤리강령의 내용으로는 '사회복지사는 클라이언트가 자기결정권을 최대한 행사할 수 있도록 도와야 하며, 저들의 이익을 최대한 대변해야 한다', '사회복지사는 클라이언트의 권익옹호를 최우선의 가치로 삼고 행동한다' 등의 윤리기준이 있다.

또한 관련법의 경우에는 존속폭행은 '반의사불벌죄'로 피해자가 처벌을 원하지 않으면 처벌을 할 수 없다. 또한 사회복지 관련 시설의 종사자일 경우 노인학대 신고의무자로서 노인학대가 의심됨에도 이를 신고하지 않으면 300만 원 이하의 과태료가 부과된다.

3) H(Hypothesize)

각각의 결정에 따른 가설을 설정하여 살펴보면, 다음과 같다.

(1) 사회복지사가 클라이언트의 자기결정권을 존중하는 경우

클라이언트는 정부보조금으로 받는 지원금을 아들에게 빼앗겨 기본적인 생활을 하는 데 어려움을 가질 것이다. 또한 지속적인 학대를 통해 자존감이 낮아지고, 안전을 보장받을 수 없게 된다. 그러나 사회복지사가 클라이언트의 자기결정권을 존중하였기 때문에 사회복지사에 대하여 신뢰를 하게 될 것이다. 또한 학대의 정도가 더 심해지거나, 다른 문제가 발생했을 때 사회복지사를 찾아올 가능성이 많다.

(2) 사회복지사가 클라이언트의 자기결정권을 제한하는 경우

사회복지사는 클라이언트의 아들을 신고하여 기관에서 운영하는 학대피해노인 일시보호소에서 클라이언트를 지내게 할 수 있다. 이를 통해 클라이언트는 아들로부터 학대를 받지 않아도 되기 때문에 안전감을 느낄 수 있다. 그러나 클라이언트는 자신이 아들을 신고했다는 죄책감과 미안함을 가지게 되어 불안함을 느끼게 될 수 있다. 또한 사회복지사가 자신을 조정한다는 느낌을 받을 수 있고, 후에 아들의 회유책에 흔들릴 수 있다. 그리고 클라이언트가 아들에게 돌아갔을 경우 학대가 반복되더라도 사회복지사를 찾아오기 힘들 것이다.

4) I(Identify)

사회복지사는 이 사례에서 누가 가장 취약한 대상인지를 살펴보았고, 이는 클라이언트 A씨였다. A씨는 노인학대 상황에 처해있고, 아들의 학대로 인해 신체적, 심리적으로 취약한 상황이며, 이는 낮은 자존감의 원인이 되기도 한다. 그러나 아들을 신고하거나 아들에게 돌아가지 말 것을 강권할 경우 그는 아들에게 대한 미안함과 죄책감으로 힘들어할 것이고, 자기결정권의 제한이라는 권익을 침해받게 된다.

5) C(Consult)

1) ~ 4)까지의 과정을 통해 사회복지사는 슈퍼바이저와 동료들에게 자문을 구했다. 슈퍼바이저는 사회복지 윤리강령에서 언급하고 있는 클라이언트의 자기결정권에 대하여 이야기하면서 워커는 클라이언트가 최선의 선택을 할 수 있

도록 도움을 줄 수 있지만 대신하여 선택해 줄 수는 없다고 하였다. 하지만 클라이언트와 사회복지사가 신뢰를 구축했다면, 학대나 또 다른 문제가 발생했을 때 사회복지사에게 도움을 요청할 수 있기 때문에 이러한 가능성에 의미를 두라고 조언하였다. 또한 폭력 상황이 발생하였을 때 클라이언트의 대처 방법이나 안전계획에 대하여 고민하고 이를 클라이언트에게 알려주는 것도 좋은 방법이라고 제시했다.

5. 윤리적 의사결정 시 고려사항

앞서 살펴보았던 윤리적 의사결정 모델의 검토와 사회복지실천 가치에 기초하여 의사결정 시 고려해야 할 사항들을 살펴보도록 하겠다.

1) 비밀보장 원칙의 제한

비밀보장은 사회복지사가 클라이언트와의 전문적 관계에서 얻은 정보를 클라이언트의 동의 없이 발설하지 않는 것이다. 우리는 클라이언트의 비밀을 보장하기 위해서 다음과 같은 상황에서 정보를 노출시키는 것을 주의해야 한다 (Hepworth & Larsen, 1993 : 76).

- 가족이나 친구들과의 담소
- 직장동료들과의 잡담
- 다른 사회복지사들과의 대화
- 다른 사람이 들을 수 있는 범위 내에서 구술 작업을 하거나 클라이언트 상황에 대한 논의 및 언급
- 사적 모임
- 엘리베이터나 복도에서 클라이언트에 대한 언급

하지만 때로는 클라이언트의 비밀보장 권리보다 중요한 가치나 상황들이 발생할 수가 있고, 이때 사회복지사는 클라이언트의 정보를 노출해야 한다. 즉, 비밀보장의 원칙을 제한하는 상황으로는 자신이나 타인을 해하려 하는 경우, 미성년 클라이언트의 부모나 보호자의 요청이 있을 경우, 법적 명령에 따르기 위한 경우 등이 있다.

① 자신이나 타인을 해하려 하는 경우

사회복지사는 클라이언트가 자살을 시도하려 하거나 타인을 해치려 할 경우, 이러한 정보를 가족이나 경찰, 예상되는 피해자에게 알리는 등 적절한 조치를 취해야 한다. 먼저, 사회복지 현장에서 경보조치의 의무(duty to warn and protect)가 나타나게 된 사례를 살펴보도록 하겠다.

〈사례 2〉

캘리포니아 대학의 코웰 기념병원에서 정신건강 상담을 받고 있었던 포더(Poddar)는 담당 심리학자에게 타라소프(Tarasoff)가 여행에서 돌아오면 그녀를 살해할 계획이라고 말했다. 상담치료사는 이를 심각하게 생각했고, 슈퍼바이저와 대학 내 경찰에게 전화를 했으며, 포더가 자해나 다른 사람을 위해할 수도 있는 사람이기 때문에 입원의 필요성과 경찰의 주의를 요청했다.

경찰은 포더를 임시 구금했지만 그가 이성적으로 보이는데다 여성을 해치지 않겠다고 약속하여 풀어주었다. 그러나 아무도 타라소프나 그녀의 가족에게 포더의 위협에 대해 경고하지 않았고, 그는 두 달 뒤 타라소프를 살해했다.

타라소프의 부모는 딸에게 위협에 대해 전혀 알려주지 않았다는 이유로 대학 평의원회와 학생보건서비스 직원들 그리고 캠퍼스 경찰서장 및 경찰직원을 고소하였다. 캘리포니아 대법원은 "상담치료사가 전문직의 기준에 따라 클라이언트가 타인에게 심각한 폭력의 위험을 가지고 있는지를 결정했을 때, 예상된 피해자를 위험으로부터 보호할 수 있는 합리적인 조치를 취해야 할 의무가 있다"고 판결하였다. 법원은 추가적으로 예상되는 피해자나 피해자에게 위험을 알려줄 수 있는 다른 사람에게 경고를 하거나, 경찰에게 알리거나, 그 상황에서 필요한 합리적인 조치를 실시해야 한다고 선고했다.

<사례 2>는 미국의 1976년 타라소프 대 캘리포니아 대학 사건(Tarasoff vs. Regents of the University of California at Berkeley)에 관한 것이다. 타라소프 사건 이후 상담 전문가들은 클라이언트의 위험행동을 감지하였을 때 비밀보장의 의무보다 생명보호의 의무가 우선되어야 한다는 원칙을 만들게 되었다.

또한 사회복지사는 자살의도를 가진 클라이언트를 보호해야 한다. 우리가 자살의도를 가진 모든 클라이언트를 파악해 내는 것은 어려운 일이다. 하지만 아래에서 제시하고 있는 자살위험성에 대한 평가를 통해 위험에 대한 사정을 할 수 있다(Corey, Corey & Callanan, 1988 : 195−196).

- 직접적으로 표현되는 구두상의 경고들은 가장 중요한 예보 요인이므로 심각하게 받아들여져야 한다.
- 사회복지사는 이전의 자살시도들에 관심을 기울여야 한다. 자살을 한 사람들의 80% 이상이 한 번 이상의 자살시도를 한 적이 있다는 것을 명심해야 한다.
- 모든 자살 피해자들이 가지는 공통적 특성 중의 하나는 우울증이다. 수면장애는 이러한 우울증을 표시하는 주요 신호가 된다.
- 절망감은 자살의도와 밀접하게 관련된다.
- 자살계획이 주도면밀할수록 자살위험에 대한 심각성은 더 높다.
- 알코올이나 약물과 관련하여 심각한 병력이 있는 클라이언트일수록 위험성이 높다.
- 값진 물건을 정리하거나 업무관계를 마무리하는 것도 중요한 신호가 될 수 있다.
- 여성보다 남성의 자살률이 3배 정도 더 높다.
- 혼자 사는 것은 자살위험성을 높이는 경향으로 본다.
- 실직은 자살위험성을 높인다.

– 이전에 받았던 정신과 치료 혹은 입원 병력은 중요한 요인이 된다.

– 자원과 지지체계가 없는 클라이언트는 위험성이 더욱 높다.

② 미성년 클라이언트의 부모나 보호자의 요청이 있을 경우

아동이나 청소년을 대상으로 서비스를 제공하는 사회복지사는 클라이언트에 대한 정보를 부모나 보호자에게 제공해야 할지 갈등을 경험할 수 있다. 특히 학교폭력이나 약물남용, 임신, 범죄 등의 심각하고 위급한 상황에서는 이러한 갈등이 더욱 심해질 수 있다. 다음의 사례에서 여러분은 어떠한 결정을 내릴 수 있을까?

〈사례 3〉

입양기관에서 근무 중인 사회복지사 A씨는 미혼모의 출산 및 입양에 대한 정보를 제공하고 있다. 최근 10대 미혼모가 기관을 방문했고, 아이를 출산한 후 양육을 하고자 하였다. 클라이언트는 임신 사실을 알기 전에 남자친구와 헤어졌고, 현재 연락이 되지 않는 상황이며, 부모님 역시 상황을 알지 못한다고 했다. 그리고 부모님이 자신의 상황을 알게 되면 충격을 받으실 수 있기 때문에 부모님 모르게 아이를 출산하고 싶다는 의사를 전했다.

이 상황에서 사회복지사는 클라이언트의 상황을 부모에게 알리는 것이 필요하다고 생각했지만, 어떠한 방법으로 알려야 할지 고민을 하게 되었다.

<사례 3>은 청소년 클라이언트의 문제에 대해 사회복지사가 이를 부모와 공유할지 갈등하고 있는 상황이다. 사회복지사가 상황의 심각성을 고려하여 부모에게 상담내용을 공개할 경우, 신뢰를 바탕으로 이루어진 관계가 훼손될 수 있고, 이는 추후 이루어지는 서비스에도 영향을 미칠 수 있다. 그렇다면 클라이언트의 정보를 부모에게 말하지 않아야 하는가?

클라이언트의 출산은 생명에 영향을 미칠 수 있고, 보호자의 동의가 필요한 상황이다. 어쩔 수 없이 클라이언트의 정보를 부모에게 공개해야 한다면, 클라이언트 스스로가 보호자에게 이야기할 수 있도록 격려하고, 이에 대한 정보를

제공하는 것이 필요하다.

③ 법적 명령에 따르기 위한 경우

사회복지사는 신고의 의무나 정보제공의 의무를 가지고 있기 때문에 법적 명령에 따라 클라이언트의 정보를 노출해야 하는 상황이 발생할 수 있다. 예를 들어, 부모가 아동학대 혹은 방임에 대한 의심을 받을 때, 노인학대가 의심되는 상황 등이다. 또한 사회복지사가 법정 증인으로서 증언을 해야 할 경우, 비밀보장의 원칙을 어기고 정보를 제공해야 한다.

하지만 사회복지사의 법정 증언으로 클라이언트에게 피해가 갈 경우에는 어떻게 해야 하는가? 이와 관련해서 클라이언트의 비밀보장을 유지해야 할 책임이 있는 사회복지사와 같은 전문가와 클라이언트 간에 이루어진 대화에 대한 법률적인 면책을 부여받는 특권이 있고, 이를 비밀보장특권(privileged communication)이라 한다.

비밀보장특권은 전문가 집단이 자신의 클라이언트와 관련된 특정 정보의 일부 혹은 전부를 공개하도록 요구하는 법적인 의무에서 면제되는 특권을 말한다. 외국의 경우 사회복지사를 소환하여 전문가의 입장을 듣고자 하는 상황이 종종 발생한다. 이혼소송 중에 부모나 아동을 상담했던 사회복지사를 소환하여 부모로서의 양육 능력이나 아동의 상태 등에 대한 전문가의 의견을 듣고자 하는 경우가 있을 수 있다. 이 같은 경우에 사회복지사는 법원의 소환에 응할지 응하지 않을지에 대해 결정을 해야 한다. 특히 사회복지사는 클라이언트와 함께 법원 소환의 의미와 영향에 대해 의논해야 하며, 법정 소환에 응하기로 결정했을 때에는 그 상황을 충분히 설명해야 한다(이순민, 2012 : 90).

2) 클라이언트의 권리와 고지된 동의

클라이언트의 권리를 가장 잘 보호하는 방법으로 알려진 '고지된 동의(informed consent)'란 사회복지사가 제공할 서비스와 관련한 목적, 위험성, 한계점, 감수해야 할 사항, 대안, 거부할 수 있는 권리, 시간 설정 등에 관해 클라이언트에게 명확하게 알려야 함을 의미한다(Kirst-Ashman & Hull, Jr., 1999 : 448). 그러나 고지된 동의의 중요성에도 불구하고 정보에 대하여 어느 정도를 밝혀야 하는가에 대해서는 사회복지사들 사이에서 논란의 여지가 많다. NASW 윤리강령에서도 "사회복지사는 클라이언트가 자신에 대한 기록을 알고자 할 경우 이를 적절히 허용해야" 한다고 이야기하고 있고, 이러한 허용이 클라이언트에게 위험을 초래할 경우에는 이를 제한시킬 수 있다는 것을 언급하고 있다.

또한 클라이언트에게 고지된 동의를 얻기 위해서는 아래에서 제시하는 요인들이 전제가 되어야 한다(Beauchamp & Childress, 1994 : 142-144). 즉, 전제조건이 충족되었을 때에만 클라이언트가 충분한 정보를 가지고 자발적으로 동의했다고 인정할 수 있다.

- 정보제공

클라이언트가 이해할 수 있는 언어로 대안들의 이득과 위험에 대한 정보를 충분히 제공한다. 이때 중요한 것은 정보의 적절성이다. 클라이언트의 자기결정을 도울 수 있을 정도로 충분한 양의 정보를 제공하되, 정보가 너무 많아 결정하지 못할 정도여서는 안 된다. 가장 적절한 양은 클라이언트가 자신이 동의할 것이 무엇인지를 알 수 있는 수준이면 된다.

- 자발성

자발성은 고지된 동의가 어떠한 형태의 강요도 없는 자유로운 상황에서 이루어지는 것을 의미한다. 강요가 없다는 것은 설득이나 위협도 없는 상태를 의미한다. 온정주의적 개입도 일종의 강요에 해당된다.

- 동의능력

대안들을 이해하고 비교하여 가장 적합한 대안을 현실적으로 선택할 수 있는 능력이 전제되어야 한다.

세 가지 요소 중 가장 중요한 능력이 동의능력이고, 이것이 전제되어야 자발성도 확보된다. 그렇다면 우리는 클라이언트의 동의능력을 어떻게 판단할 수 있을까? 아동이나 노인, 정신장애를 가지고 있는 클라이언트가 내린 결정에 대하여 받아들여야 할 것인가?

사회복지사가 원조과정에 대한 정보를 제공하지 않으면 온정주의 실천을 실시하게 된다. 온정주의(paternalism)는 개인의 복지, 선, 행복, 욕구, 흥미, 관심, 가치를 이유로 개인의 활동이나 자유에 대한 간섭을 정당화하는 것이다(Reamer, 1999). 사회복지사가 행하는 온정주의적 개입은 클라이언트가 원하지 않는 상황에서 이루어지기 때문에 클라이언트는 이를 긍정적으로 받아들이는 것이 아니라, 자신의 삶에 대한 간섭으로 받아들일 수 있다. 그러므로 온정주의 개입이 정당화되기 위해서는 다음의 전제가 필요하다(Wynn, 2006).

- 무능력에 대한 전제

클라이언트의 결정능력이 부족하여 자신에게 최선이 되는 바를 선택하지 못한다는 전제이다. 즉, 인지능력, 지능, 정신적 문제, 연령 등의 한계로 스스로 중요한 결정을 하지 못한다는 것이 입증되어야 온정주의가 정당화된다.

- 위험성에 대한 전제

클라이언트의 자기결정이 자신이나 타인에게 위험한 경우와 타인의 안전을 위해 그들의 자율성을 제한하는 것은 정당하다는 것이다.

- 효과에 대한 전제

일시적인 온정주의 개입으로 클라이언트 삶에 긍정적인 효과가 보장된다면 자율성 제한이 정당하다는 것이다.

〈사례 4〉 노숙자 입소

노숙자 쉼터에서 근무하고 있는 사회복지사 A씨는 매년 겨울만 되면 평소보다 고민이 많아진다. 그가 근무하는 기관에서는 집이 없이 떠도는 노숙자들을 위해 다양한 서비스를 제공하지만 노숙자들이 쉼터에 입소하는 것을 꺼리기 때문이다. 날씨가 따뜻한 계절에는 쉼터에 입소하지 않더라도 여러 가지 서비스를 제공하여 그들의 안전한 생활을 보호하는 것이 가능하다. 그러나 겨울이 되면 추운 날씨로 인해 동사에 대한 걱정이 가장 앞서게 되고, 강제로라도 쉼터에 입소를 시키는 것이 클라이언트에게 도움이 되지 않을까 하는 생각을 하게 된다.

<사례 4>는 온정주의에 입각하여 클라이언트에게 강제적으로 서비스를 제공하는 것이 윤리적인 것인지를 고민하는 사회복지사의 사례이다. 이러한 상황은 가출을 한 청소년에게도 적용될 수 있다. 여러분은 이 사례에 대하여 어떠한 개입을 하겠는가? 만약 강제적으로 개입하기를 결정했다면, 그 근거는 어디서 찾을 수 있을까?

3) 자기결정의 제한

클라이언트의 자기결정권을 존중하는 과정에서 다양한 윤리적 갈등 상황이 발생할 수 있다. 예를 들어, 클라이언트가 자살을 시도하거나, 타인의 생명에 위협적인 행동을 하거나, 사회규범에 어긋나는 행동을 할 때 우리는 그들의 자기결정권을 존중해야 하는가? 즉, 클라이언트의 자기결정 존중에도 예외가 있을 수 있다는 것이다.

이순민(2012 : 115－117)은 자기결정에 제한을 가할 수 있는 상황을 네 가지로 구분하여 제시하였다.

첫째, 충분한 정보 없이 이루어진 자기결정이다. 클라이언트가 자기결정을 내리기 위해서는 필요한 정보가 제공되어야 한다. 정확한 정보가 없는 상황에서 자기결정권을 행사하기는 매우 어려우며, 윤리적인 문제가 제기될 수도 있다. 정신과 상담에 대한 편견과 잘못된 정보로 전문적 상담을 거부하는 정신질환을 갖고 있는 클라이언트가 이에 해당할 수 있다.

둘째, 본인과 제삼자에게 해가 되는 자기결정이다. 이와 같이 강제적 간섭이 필요한 상황에서는 자기결정권을 제한할 수 있다. 클라이언트가 불특정 다수에게 강한 불만을 갖고 폭력적 위협을 하는 경우가 이에 해당된다.

셋째, 사회규범이나 법률을 어기는 자기결정이다. 클라이언트가 아이의 보육비 지원을 받기 위해 소득을 허위신고하는 경우 자기결정의 원칙은 제한을 받아야 한다. 하지만 사회복지사가 어느 범위까지 클라이언트의 자기결정권을 제한해야 할지 결정하는 데 윤리적 갈등을 겪을 수 있다.

넷째, 클라이언트가 결정을 할 수 있는 능력이 부족한 경우이다. 자기결정의 원칙은 클라이언트에게 결정능력이 있다는 전제하에 추구된다. 클라이언트가 결정할 수 있는 능력이 있는지는 사회복지사나 전문가의 사정에 의해 판단되어야 하고, 이때 「장애진단 및 통계편람(DSM-5)」의 도움을 받아 진단을 내릴 수 있다.

〈사례 5〉

사회복지사 A씨는 청소년쉼터에서 근무를 하고 있다. 청소년쉼터는 가출청소년들을 일시 또는 중장기적으로 보호하여 가정으로 돌아갈 수 있도록 돕는 기관이다. 클라이언트 B는 13세로 부모님과의 갈등으로 가출을 하였고, 인터넷 검색을 통해 쉼터를 알게 되어 입소하였다. 몇 주간 쉼터에서 생활을 한 클라이언트에게 사회복지사는 쉼터에서 퇴소한 후 어떻게 할 것인지를 물었다. 클라이언트는 사회복지사에게 학교를 그만두고 숙식을 제공하는 공장에 취업을 할 것이라 했다. 사회복지사는 클라이언트의 자기결정을 존중해 주어야 한다는 입장을 가지고 있지만, 과연 10대 청소년이 학교를 그만두고 일을 하기로 한 결정에 대해서 받아들여야 할지 고민이 되는 상황이다.

<사례 5>는 10대 청소년의 자기결정권을 인정해 줄 것인지에 대한 상황을 설명하고 있다. 여러분은 이 상황에서 클라이언트의 자기결정권을 존중해 줄

것인가? 클라이언트의 연령으로 인해서 자기결정의 권리가 함부로 침해받아서는 안 된다. 그러나 클라이언트의 나이가 너무 어리거나 혹은 많을 때, 임의로 가족이나 전문가가 클라이언트의 주거나 의료서비스 등을 결정하는 경우들이 빈번하게 발생한다.

생각해보기

1. 일반적인 의사결정의 방법들로는 어떠한 것들이 있을까? 각 방법들의 장점과 단점에 대해서 고민해 보자.
   예 만장일치, 다수결, 전문가가 결정하는 방식, 의사결정권자의 결정 등…

2. 사회복지사는 윤리적 의사결정을 위해 조직의 여러 관련체계로부터 도움을 받을 수 있습니다. 여러분이 도움을 받을 수 있는 체계들에 대하여 고민해 보자.
   예 동료, 슈퍼비전, 교육, 권리규정, 전문가집단, 판례 등…

제 8 장

사회복지사의 윤리적 민감성

사회복지사는 사회복지가 지향하는 목적과 기능 때문에 윤리적 기준에 맞는 행동을 하도록 요구받게 된다. 윤리적인 실천을 위해서는 이에 대하여 민감하게 반응하는 것이 필요하다. 이를 윤리적 민감성(ethical sensitivity)이라 할 수 있는데, 윤리적 민감성은 윤리적 의사결정과정에서 관련 이슈를 지각하고 이를 실천과정에서 고려할 수 있는 능력으로서, 전문직의 윤리적 유능성을 구성하는 가장 기본적이면서도 중요한 요소라고 할 수 있다(최명민, 2005 : 577).

윤리적 민감성은 감정이입을 필요로 하는 심리적 과정이자 관점을 정립하는 강력한 인지적 요소 및 지적 능력으로 간주된다. 즉, 윤리적으로 민감한 사람들은 가능한 대안 및 그 대안적 행위가 각 당사자에게 미치는 영향을 이해하고, 원인과 결과의 사슬을 개념화할 수 있기 때문에 효과적으로 대안을 모색할 수 있다(최명민, 2005 : 184).

최명민(2005)은 정신보건 사회복지사들의 윤리적 민감성을 위한 프로그램을 개발하고 시행하였는데, 이를 통해 윤리적 민감성 증진을 위한 구체적인 방법을 제시하였다. 첫째, 윤리적 이슈, 원칙 및 대처방안의 이해를 위한 학습, 둘째, 자기인식을 위한 자기탐색, 셋째, 실제 사례 적용을 위한 토론과 슈퍼비전으로 구성된 3단계이고, 실제 적용한 결과 윤리적 민감성에 긍정적 변화가 있는 것으로 분석되었다.

그렇다면 윤리적 민감성에 영향을 미치는 요인에는 어떠한 것들이 있을까? 이러한 요인들을 알게 된다면, 사회복지사들의 윤리적 민감성을 고취시키는 데 도움이 될 것이다. 윤리적 민감성에 대한 연구들은 대개 개인적 요인과 조직적 요인들이 민감성에 영향을 미친다고 보고 있다.

1. 개인적 요인

윤리적 민감성의 영향요인을 검증한 대부분의 연구들은 주로 개인의 성격이나 성향을 나타내는 개인적 요인을 매우 중요하게 보았다(김호정, 2005; 장홍숙, 2008). 공통적으로 강조한 개인적 요인으로는 통제소재와 윤리적 지향이 있다.

먼저 통제소재는 결과에 자신이 얼마나 영향을 미칠 수 있는지를 측정하는 개념이다(Rotter, 1966, 김호정, 2005 재인용). 즉, 개인이 환경 또는 결과를 얼마나 통제할 수 있는지를 의미하는데, 이러한 통제소재는 자신의 행위와 자신에게 일어난 보상 또는 처벌과 같은 결과 간의 관계를 어떻게 규정하는지를 나타낸다(김호정, 2005 : 128－129).

다음은 윤리적 지향이다. 개인의 윤리적 판단과 행동을 이해하기 위해서는 개인의 윤리적 철학을 이해하는 것이 중요하다는 것이다. 이러한 윤리적 지향은 윤리적 상대주의와 절대주의로 구분할 수 있다. 먼저, 윤리적 상대주의는 어떤 종류의 정해진 도덕률도 부인하며, 모든 윤리적 기준은 사회나 문화에 따라 상대적으로 사람들에게 무엇이 옳고 무엇이 그른가를 결정하는 유일한 원리나 법규는 존재할 수 없다는 입장이다(양옥경 외, 2011 : 146).

반면에 절대주의는 보편적인 도덕법에 따라 행위의 옳고 그름을 판단한다. 여기서 보편적인 도덕법은 모든 상황에서 절대적으로 무조건적으로 인정해야 하며 의심할 수 없는 확실한 것으로, 자연의 법칙이나 초자연적 절대자의 속성과 같이 시대와 장소를 초월하여 만인에게 보편타당한, 선천적으로 주어진 삶의 원리를 의미한다(이순민, 2012 : 18).

2. 조직적 요인

윤리적 민감성은 개인적 요인뿐 아니라 조직문화, 업무특성과 같은 조직적 요인에 의해서도 영향을 받게 된다. 기존의 연구들에서 중요하게 다룬 조직적 요인으로는 윤리경영(ethical management)과 동료 및 상급자의 윤리적 행동이다. 사회복지실천 현장에서 발생하고 있는 인권 침해, 국고보조금 횡령과 같은 문제들을 해결하기 위해서는 개인의 윤리관을 확립하는 것과 함께 기관 자체에서 윤리성 제고를 위한 제도를 도입하는 것이 필요하다.

먼저 윤리경영은 모든 상황에서 보편적으로 적용되는 규범적 · 일반적 윤리라기보다는 기업경영이라는 특수한 상황에 적용되는 응용적 윤리(applied ethics)의 성격을 가지고 있다(Furman, 1987). 사회복지 윤리경영을 정의하자면, 사회복지기관의 사회적 책임, 지속 가능한 경영과 같은 광의의 개념까지 포함한다. 사회복지기관이 지속 가능한 기관으로 성장하는 것을 목표로 하며, 사회복지서비스 이용자를 비롯하여 기관을 둘러싼 다양한 이해관계자와의 좋은 관계형성 및 유지를 통해 장기적으로 사회적 책임을 다하는 기관이 되기 위해 경제 · 사회 · 환경적 책임을 전략적으로 활용하여 경쟁우위를 차출하는 것으로 정의할 수 있다(양옥경, 2009).

2007년도부터 사회복지공동모금회의 지원을 받아 한국사회복지사협회가 '사회복지 윤리경영 선도기관 육성사업'을 실시하고 있다. 또한 양욱경과 최명민(2010)은 사회복지기관 윤리경영 자가점검지표 개발을 통해 윤리경영 수준을 평가할 수 있도록 하였다. 이들의 윤리경영 자가점검지표는 총 5개 분야(기관의 윤리경영 철학 및 전략, 기관의 직원에 대한 윤리성, 기관 및 직원의 클라이언트에 대한 윤리성, 직원과 기관, 동료 및 전문가 조직에 대한 윤리성, 기관 및 직원의 기관 관련자에 대한 윤리성)를 측정할 수 있는 90개 문항으로 구성되었다.

다음으로는 동료 및 상급자의 윤리적 행동이다. 조직 내에서의 비윤리적 행위는 동료집단을 통해 학습될 수 있으며, 또한 개인행동의 근거가 되는 윤리적 민감성에도 동료집단의 행태는 영향을 미칠 수 있다(김민수, 2013 : 23). 또한 김호정(2005)은 구청 공무원 315명을 대상으로 윤리적 판단에 영향을 미치는 요인을 검증하였는데, 최고관리자의 윤리적 행동이 증가할수록 개인의 윤리적 행동도 증가하는 것으로 나타났다. 즉, 대부분의 사회복지사들은 기관에 소속이 되어서 동료 사회복지사들과 함께 업무를 실시하기 때문에 동료나 상급자의 행동에 영향을 받을 수밖에 없다는 것이다. 그러므로 개별 사회복지사의 윤리적 행동을 개인적 행위로 치부해 버릴 것이 아니라 조직적 차원에서 관리하는 것이 필요하다.

생각해보기

1. 윤리적 상대주의와 윤리적 절대주의의 개념을 살펴보고, 사회복지 현장에서 적용할 수 있는 사례들을 찾아보자.
2. 윤리경영을 실천하는 일반기업과 사회복지기관을 찾아보자. 이들 기관들은 어떠한 특징들을 가지고 있는가?

제 3 부

인권과 사회복지

앞선 1부와 2부의 내용을 통해, 우리는 사회복지라는 영역에서 가질 수 있는 포괄적인 개념으로서의 철학에 대한 논의와 실천 영역에서 직접적으로 마주칠 수 있는 윤리의 개념과 상황에 대해 살펴보았다.

이번 3부에서는 제목에서 드러난 것처럼 인권과 사회복지에 대해 살펴볼 것이다.

비단 사회복지 분야뿐만 아니라 사회과학이 다루고 있는 대부분의 영역의 주제들이 하나의 단어나 문장으로 그 모든 내용을 파악하기 어려운 것은 너무나 자명한 일이다. 따라서 우리는 사회복지의 모습 역시 영역별, 전문적 서비스별, 가치 등의 다양한 내용을 통해 그 모습을 만들어 가고 있다. 이러한 내용을 토대로 오늘날 사회복지의 모습은 대상자의 기준에서는 '시혜가 아닌 권리로', 제공자의 기준에서는 '기술자로서의 서비스 전달이 아닌 전문가로서의 서비스 전달'이라는 모습으로 정리되어야 할 것으로 보인다.

본 3부에서는 먼저 '인권에 대한 일반적 개념정의', 이후 '사회복지가 가지는 기본적 가치로서 인권에 대한 내용'을 살핀 후, 인권이 흘러온 과정을 서양과 한국으로 나누어 알아보고, 추상적 의미로 다가올 수 있는 인권의 모습을 사회복지 대상자들의 특성에 비추어 살펴본 후, 마지막으로 인권과 사회복지, 사회복지와 인권의 관계를 통해 향후 미래에 대한 제안을 하며 마무리하였다.

제 9 장

인권의 기본 개념

1. 사회복지와 인권에 대한 기본 질문

사회복지가 가지고 있는 가치는 무엇인가? 이 질문에 대한 답은 '사회복지가 무엇인가' 하는 질문에 대한 답처럼 그리 간단하지 못한 것이 사실이다. 이는 사회복지뿐만 아니라 사회과학에서 다루고 있는 대부분의 내용들이 한 단어 혹은 하나의 규정된 문장을 통해 그 모습을 규정지을 수 없다는 것은 너무나 자명한 일이기 때문[1]이다. 하지만 관련한 다양한 논의 속에서 끊임없이 제시되는 내용을 통해 사회복지가 가지고 있는 가치에 대한 그나마 근접한 답을 찾을 수 있다면 그것은 바로 '인간'이라 할 것이다. 이러한 개념을 일반적인 경제학적 모형으로 투입산출모형(Input−Output Model)을 통해 비추어 보면, 사회복지는 투입(대상자로서의 인간), 과정(대상자로서의 인간과 공급자로서의 인간), 산출(대상자로서의 인간)에서 모두 '인간'을 떼어놓고서는 살펴볼 수 없는 학문이자 활동으로 파악된다. 하지만 문제의 주체이자, 문제해결의 주체로서 '인간'이 중요하다 하더라도, 인간 그 자체를 사회복지의 가치로 그대로 연결 짓기에는 무리가 따를 수 있을 것이다. 구체적인 인간의 모습에 대한 정의가 있고, 이를 통해 인간다

1) 사실 이와 같은 내용은 사회과학 일반 개념서들을 확인하면 더욱 잘 드러난다. 각 내용에 대한 정의를 설명하는 초반을 살펴보면 정확한 하나의 문장으로 설명하기보다는, 개별 학자 혹은 개별 연구들을 통해 정의된 내용들을 밝히고 이러한 내용들에서 나타나는 일정한 개념적 방향을 정리하여 저자들만의 '조작적 정의'가 나타나고 있기 때문이다.

울 수 있게 하는 행위나 도구로서 '사회복지'의 모습을 확인할 수 있어야 결국 우리가 원하는 답을 찾을 수 있게 될 것이기 때문이다. 이러한 논의는 사회복지의 발달과 함께 지속적으로 움직여 왔으며, 오늘날 이러한 논의의 종착점은 바로 '인간다움'으로 나타낼 수 있을 것이다. 즉, 오늘날 사회복지의 가치는 결국 모든 인간을 인간다울 수 있도록 하는 데에 있다는 것이 바로 그 답인 것이다.

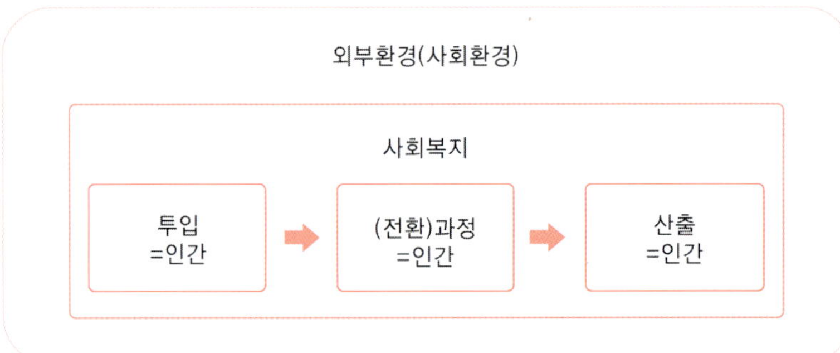

그렇다면 우리는 이 부분에서 추가적으로 질문을 이어갈 수 있게 된다. 바로 인류의 보편적 가치로 인정받고 있는 인간의 자유롭고 평등한 인성에 기초하여 정의된 '인간다움'이다. 이를 사회복지적으로 재구성하기 위한 논의가 필요하다. 인간다움에 대한 논의가 선행되어야 이후 사회복지 활동에 대한 개념과 활동을 정리해 나갈 수 있기 때문이다. 우리는 어떨 때 인간다움을 느끼는가? 쉽게 말해 우리는 어떨 때 인간답다고 느끼는가? 이에 대한 논의는 실존론과 같은 철학적 문제에서 끊임없이 제시된 문제이기도 하며, 동시에 아직도 해결되지 못한 문제이기도 하다. 본 책이 현장적용적·실용적 학문의 기초를 가지고 있는 사회복지라는 특정 영역을 다룬다는 점을 인지한다면 이와 같은 문제를 본 장에서 모두 해결하는 것은 무리라 볼 수 있을 것이다. 다만, 크게 두 가지의 모습을 통해 우리는 이념적으로 간단히 살펴볼 수 있을 것이다.

먼저 인간은 생명체로서 자신의 인간다움을 살펴볼 수 있을 것이다. 이는 굉장히 좁은 의미에서의 인간다움을 설명할 수 있는 것으로 이해되며, 이는 다시 쉽게 풀어 생명체로서의 인간이 자신의 생명활동, 즉 생존과 관련한 활동 및 인식에 있어서 그 모습을 정리해 나갈 수 있을 것이다. 하지만 이러한 생명을 전제로 한 인간다움에 대한 정의는 큰 문제에 봉착하게 되는데, 바로 '생명'이 인간에게만 부여된 독특한 성질의 내용이 아니기 때문이다. 생명이 가지고 있는 절대적인 가치는 분명 인정할 수밖에 없지만, 동시에 생명에 대한 모든 존재물이 가지는 보편적인 성격은 결국 생명체로서의 인간다움에 대한 정의의 한계를 가질 수밖에 없게 한다.

두 번째로는 사회적 존재로서의 인간다움을 이야기할 수 있을 것이다. 인간다움이라는 내용이 본인 중심적인 성향을 많이 가지고 있는 것이 사실이지만, 인간은 기본적으로 사회의 구성원으로서 자신의 생활을 유지해 나갈 수밖에 없다. 아리스토텔레스(Aristoteles)의 '인간은 사회적 동물이다'[2]라는 말을 빌리지 않더라도, 개별 인간들이 무리를 이루어 지내며 이러한 무리 속에서 가지게 되는 관계의 중요성은 너무나 잘 알려진 내용이다. 따라서 이러한 사회적 존재 혹은 다른 객체들과의 관계에서 나타나는 활동과 인식은 분명 앞선 내용과 상당히 다른 모습을 보일 가능성이 높다. 하지만 인간다움에 대한 이러한 이해는 상당히 이질적인 상황에 빠져들게 만드는 것이 사실이며, 이러한 인간다움이라는 논의 역시 다양한 상황에서 그 개념들이 더욱 많이 변화되고 있는 것도 사실이다. 이러한 어려움을 위해 우리는 질문을 다시 한번 이어갈 필요가 생긴다.

---

2) 사실 아리스토텔레스의 경우 '인간은 정치적 동물'로 이야기하였고, 이를 이후 세네카가 '사회적 동물'로 해석한 것으로 알려져 있으나, 이러한 해석의 차이가 중요하지 않은 것으로 이해하는 것이 일반적인 견해이다. 고대 그리스의 경우 폴리스(Polis)를 통해 움직여지는 정치적 활동공간과 오이코스(Oikos)에서 이루어지는 경제적 활동을 대표로 하는 일상적 생활공간으로 구분하여 생활을 유지하고 있었으며 그 구분은 상당히 엄격했다. 이 두 공간에서 개별적으로 이루어지는 모든 활동들이 바로 '생활공간'으로서 사회에 대한 내용이었던 것이다. 하지만 오늘날 사회에 대한 개념을 살펴보면 양가의 모습이 모두 포함되어 있기 때문에 이러한 해석의 차이가 중요하지 않은 것이다.

특정 개념에 대한 단선적 접근이 어려운 경우 가장 많이 적용될 수 있는 방안으로서 바로 역사적 배경 및 고찰을 통한 개념에 대한 접근을 시도하는 것이다. 인간다움이 나타날 수 있는 배경 및 근거에 대한 질문은 다음으로 나타낼 수 있다.

> *"우리는 무엇을 통해 인간다움을 가지게 되고, 또 무엇을 통해 인간다움을 가져야 하는가?"*

우리라는 주체를 통해 위 질문을 이해하면 '무엇을 통해 인간다움을 가질 수 있는가'에 대한 논의가 수동적인 성향으로 이해될 수 있다면, '무엇을 통해 인간다움을 가져야 하는가'는 능동적인 모습의 강조로 이해될 수 있을 것이다. 이러한 질문에 대한 해답을 찾기 위한 노력의 바탕은 권리에 대한 인식에서 출발하여야 한다. 이는 인간다움을 제공하는 주체와 인간다움을 제공받는 주체들이 (그 모습이 사회이든, 타인이든 간에) 인간다울 수 있도록 해야 한다는 당위성에서 그 출발을 시작하고 있기 때문이고, 이러한 당위성은 바로 권리(權利)를 통해 구체화될 수 있기 때문이다. '법에 의해 개인 또는 단체에 허용된 일정한 이익을 누리게 하기 위한 힘'으로 정의될 수 있는 권리 개념은 개개인들 내부에만 있는 것이 아니라는 점에서 앞서 밝혔던 사회적 존재로서의 인간다움을 찾을 수 있게 한다. 즉, 개인들이 인간답다라는 생각을 느끼게 하기 위해서는 타자(他者) 혹은 타물(他物)과의 관계를 통해서 확인받을 수 있어야 하는데, 바로 권리는 이러한 모습을 상당히 구체화시켜 줄 수 있기 때문이다. 이러한 개념을 통해 인간다움과 권리를 연결시켜 보면, 우리는 '인간다울 수 있을 권리'와 '인간다울 수 있도록 요구할 권리'로 정리할 수 있게 되는데, 이러한 내용이 바로 인권에 대한 기본 모습과 일치하는 것을 확인할 수 있다.

2. 인권에 대한 이해

인간다움이 요구되는 배경과 내용을 통해 인권에 대한 기본적인 모습을 살펴볼 수 있었다면 이번 내용에서는 인권과 관련된 다양한 일반적 개념들을 통해 인권에 대한 세부적 모습을 살펴보도록 할 것이다. 앞선 내용을 통해 제시한 것처럼 인권이라는 개념이 상대적인 관계 속에서 드러나는 경우가 많으며, 동시에 제도·경제·문화 등의 다양한 사회적 속성을 통해 이해되어야 하므로 이를 간단히 개념정의하는 것은 무리로 판단된다. 따라서 본 항에서는 인권에 대한 다양한 내용을 통해 이를 정의하기보다는 이해하려는 목적을 가진다.

1) 인권과 권리

본격적으로 인권에 대해 살펴보기 전에, 우리는 추가적으로 하나의 개념을 함께 살펴보아야 할 것이다. 바로 권리이다. 인권이라는 용어를 단어구성으로 살펴보면 결국 인간(human)과 권리(right)의 조합으로 나타낼 수 있음에 인권이 권리의 구체적인 한 형태를 의미한다는 것을 알 수 있다. 프리먼(M. Freeman, 2012)은 그의 글에서 서로 공존하기 어려운 다양한 권리들이 함께 상존하고 있는 오늘날의 사회를 '권리 인플레이션(right inflation)' 현상으로 설명하고 있다. 그만큼 권리라는 용어는 그 의미상에서도, 현실에서의 사용상에서도 상당히 다양한 해석을 만들어 내고 있다는 것을 의미한다. 앞선 내용을 통해 용어로서 '인권' 역시도 다양하게 해석되고 있는바, 이 두 관계를 조금 더 살펴볼 필요가 생긴다. 조효제(2007)는 이러한 두 개념상의 관계를 정리하기 위해 총 세 가지 구분을 제시하였다.

첫째, 인권은 인간답게 살기 위해 주장하는 권리를 의미한다. 이러한 인권의 사용은 개념상으로는 특정 사회구성원을 위한 개념이라기보다는, 모든 사회구성원들을 위한 보편적 개념으로 나타난다. 하지만 인권이 실제로 사용되는 상황들은 사회적 약자를 위한 권리로 나타나는 것이 일반적이지, 정치적·경제적 기타 사회적 위치에서 강자를 위한 권리로 사용되지는 않는다. 이는 다시 말해 사회 공동의 이익 또는 공동선을 찾으려는 모습 속에서만 인권을 주장할 수 있으며, 동시에 인권이 나타날 수 있다는 것이다. 착취와 불안정한 고용환경으로 고통받는 비정규직 노동자가 노동운동을 이유로 한 해고, 노동법을 악용한 대량해고, 착취 등의 부당한 대우에 항의하여 농성이나 파업투쟁을 하게 될 경우 우리는 이를 인권에 관한 투쟁 혹은 활동으로 정의할 수 있지만, 부자가 가지는 더 많은 부를 위한 욕심, 자본가의 사적 이익을 위한 집단 폐업 등은 (특히 경제적인) 사적 권리가 나타나는 것으로 볼 수는 있다 하더라도, 이를 인권으로 볼 수는 없는 것이다.

둘째, 인권은 약자의 경제, 사회적 권리일 뿐만 아니라 모든 인간의 정치적 권리를 의미한다. 이는 국가와 강자의 폭압에는 물론 헌법에 보장된 모든 기본적 인권의 부당한 침해나 유린이 발생할 경우 이에 당당히 맞서고, 자유와 인권의 보장을 적극적으로 요구할 수 있는 권리를 나타낸다. 헌법을 통해 우리는 인간이 인간 그 자체로서 존엄하고 존귀한 존재로 평등하다는 것을 알 수 있다. 이러한 헌법에 기초한 법적 구속력을 띠는 이상 그 어떤 누구도 인간으로서의 존엄한 권리, 즉 인권을 침해할 수 없으며, 침해 시 반드시 그 책임을 지우고 합당한 배상을 받을 수 있다. 권리라는 개념들이 상당히 다양한 분류를 통해 개별화될 수 있는 것에 비해, 인권은 권리의 구체적인 한 분야로서 그 위치를 차지하고 있는 것이다. 하지만 다양한 사회구조들이 최초 시작은 개개인의 인간이라는 점에서 인권은 결국 모든 권리에 대한 근원으로 정리될 수도 있게 된다. 이러한 내용은 헌법에서 더욱 구체적으로 나타날 수 있게 되는데, 헌법에서 인권을 보장하고 있기에 인권이 존재할 수 있게 되지만, 동시에 인권을 통해 헌법 역시 절대적 위상을 확보할 수 있게 된다는 점이 바로 그러하다.

마지막으로 인권은 인간답게 살 모든 권리를 의미한다. 인간답게 살 권리라는 의미는 법이나 제도적으로 정리되었던 것을 넘어서, 법 이전에 정의된 보편적 권리, 즉 자연권(천부인권)과 도덕적 권리 등의 개념으로 나타난다. 하지만 권리의 경우 기본적으로 법적 권리로 이해되고 동시에 이를 통해 사적 이익과도 직결된 권익적 성격이 짙은 개념이다. 즉, 인권은 공익적 권리인 반면 권리는 사적 권리라는 의미로도 쓰일 수 있다는 것이다.

이러한 인권과 권리의 관계는 때로는 인권이 권리를 포괄하는 개념으로, 때로는 권리가 인권을 포괄하는 개념으로 사용되고 있으므로, 여러 가지 상황과 맥락에 따라 적합한 이해를 하여야 '사익을 추구하는 일체의 행위'들에 대해 인권으로 혼동하지 않게 될 것이며, 이를 통해 결국 모든 사회 구성원들에게 합당한 권리로서 사회정의와 공동선이 지켜지게 될 것이다.

2) 인권의 개념에 대한 이해

인권(human right)은 '인간답게 살 모든 권리'로 정의할 수 있을 것이다. 다만 '인간'과 '권리'라는 개념의 사용이 상당히 철학적이고, 추상적일 수밖에 없다는 데에 그 이해가 쉽지 않아진다고 볼 수 있다. 하지만 현실에서 인권을 언제까지나 이러한 한계에 가두어 둘 수는 없는바, 인권을 구체적인 권리로서의 형태를 갖추기 위한 개념적 접근이 요구된다. 이러한 접근을 위해 권리 개념이 가지고 있는 네 가지 요소(김도균, 2008)를 통해 인권을 이해해 보도록 할 것이다.

권리를 구체적으로 이루기 위해 필요한 첫 번째 요소는 '권리주체'에 대한 것이다. 이는 쉽게 말해 권리를 누가 가지고 있는가에 대한 질문이다. 인권의 경우 권리주체로 나타날 수 있는 단 하나의 조건은 바로 '인간'이라는 것이다. 나중에 발달과정을 통해 다시 확인할 수 있겠으나, 오늘날 우리가 가지고 있는 인간에 대한 보편적인 인식에 비해, 과거 인간에 대한 개념 범위는 분명 그렇지 않은 모습을 보이고 있던 것이 사실이다. 그리스 시대의 시민사회 내 참여할 수 있는 인간들에 대한 논의, 그리고 노예제가 이루어지던 시대에서 논의되던 인간의 모습은 그 자체로서 계급적 성격을 가질 수밖에 없었으며, 이러한 상황에서 인권의 개념은 굉장히 제한적으로 사용될 수밖에 없었다. 하지만 오늘날 인간에 대한 개념은 상당히 일반적 그리고 보편적으로 이해되고 있으며, 동시에 인권 역시 인간이라면 누구나 다 가지는 보편적 권리로서 나타나고 있다.

두 번째로는 '의무주체'에 대한 것이다. 이것은 앞선 요소였던 권리주체에 대한 의무를 부담하는 상대방이 누구인가 하는 문제이다. 인권이라는 개념의 사용이 다양한 사회구성원들과의 상대적인 관계에서 나타나는 것이라면, 인권은 권리주체를 둘러싼 모든 사회환경적 요소들을 의미한다 할 것이다. 인간이 사회를 구성하지 않고, 개별적으로 존재하는 상황이라면 이러한 의무주체로서 대상은 결국 권리주체와 일치하는 모습을 가지겠으나, 이와 같은 상황이 벌어질 확률은 거의 희박한 것이 사실이다. 이러한 내용을 토대로 확인해 본다면, 결국 인권은 모든 사람(=사회)을 향해 주장할 수 있는 일반적 권리로서 정의될 수 있을 것이며, 인권을 보장하게 되는 의무주체는 바로 전체 사회로 정의된다.

세 번째로는 '권리의 내용'에 관한 것이다. 즉, 무엇을 위한, 그리고 무엇에 대한 권리인가 하는 문제가 이에 해당된다고 볼 수 있다. 물론 지속적으로 이야기한 것처럼, 인권은 인간다울 수 있는 권리로 설명되고 있으며, 이를 통해 인권에 대한 이해의 시작은 '인간답다'는 것에 관한 것으로 추측할 수 있다. 하지만 무엇을 '인간답다'라고 하는 문제가 해결되지 않는 이상 이러한 접근은 결국 한계를 가질 수밖에 없게 된다. 우리는 앞선 내용을 통해 인권의 주체에 대한 이해를 할 수 있었다. 그중 우리는 인간답다라는 문제가 개인만의 문제가 아닌 다른 사회구성원들과의 관계에서 발생하는 것이라고 생각할 수 있었다. 이 내용이 의미하는 것이 바로 인간답다에 대한 간접적인 이해로 유추할 수 있을 것이다. 인권의 내용은 바로 다른 사회구성원들과의 관계, 즉 인간의 삶이라는 구체적 모습을 가질 수 있다는 것이다. 이를 정리해 보면 결국 인권은 인간으로서의 삶에 아주 중요한 근본적 가치로 이루어져 있는 근본적 권리로 정의될 수 있을 것이다.

마지막으로는 '권리의 근거'에 관한 것이다. 이는 다시 말해 무엇이 권리인정의 근거로서 작용하는가 하는 것이다. 아무리 보편적으로 가질 수 있는, 그리고 가지기 위해 주장할 수 있는 권리로 이야기하더라도, 정확한 근거가 없다면 현실에서 나타날 수 없는 것은 자명한 일이다. 따라서 이러한 근거를 찾아야 하는데, 많은 이들이 법적인 근거로 이를 이해하는 경우가 많다. 물론 실정법 형태의 근거를 가지고 있는 것도 중요한 일이라 할 것이다. 인권이 단순한 철학적 개념을 넘어서 구체적인 권리로 나타날 수 있기 위해서는 법의 형식을 갖추어야 하는 것은 당연한 일이라 할 수 있기 때문이다. 하지만 그렇다고 해서, 인권을 이러한 법적 근거, 즉 법적인 권리로만 이해하는 것은 인권에 대한 이해를 아주 다르게 할 가능성이 높게 된다. 법적인 테두리 내에서만 인권에 대해 이해·적용하는 것은 결국 인권의 모습을 제한적·한정적이게 만드는 역작용을 일으킬 수 있기 때문이다. 조효제의 경우 이러한 상황을 비추어 '인권의 목록은 완결할 수 없다'는 것으로 이야기하기도 하였다. 이러한 내용을 통해 인권은 법체계의 승인과 상관없이 오로지 인간이기 때문에 가지는 도덕적·자연적 권리로 정의될 수 있을 것이다.

이러한 내용에 추가하여 일반적으로 사용되고 있는 인권의 개념을 살펴보면 다음과 같다. 먼저 우리나라 국가인권위원회법에 규정된 인권의 개념을 살펴보면 '대한민국 헌법 및 법률에서 보장하거나 대한민국이 가입·비준한 국제인권조약 및 국제관습법에서 인정하는 인간으로서의 존엄성과 가치 및 자유와 권리'로 정의하고 있다.

그리고 유엔 헌장 전문에 나와있는 인권의 개념을 살펴보면 '기본적 인권, 인간의 존엄 및 가치, 남녀 및 대소 각국의 평등권에 대한 신념을 재확인'한다는 내용으로 인권에 대한 국제사회 노력의 필요성을 규정하고 있다.

그리고 1789년 프랑스 국민의회에 의해 제정된 「인간과 시민의 권리선언」 1조의 내용에서 살펴보면 '인간은 자유롭고 평등하게 태어나 존재할 권리를 가진다. 사회적 차별은 공공 이익을 근거로 할 때만 허용된다'라는 내용을 통해 인권 개념의 실제 적용 가능성을 파악할 수 있다.

하지만 이러한 다양한 정의 속에서 공통된 특징을 파악할 수 있는데, 인권의 모습과 내용을 구체적으로 정의하지 않았다는 점과 그 적용에 있어서의 모호함을 들 수 있다. 대부분의 내용들이 인권에 대해 개방적인 정의, 즉 다양한 이해가 가능하도록 하고 있는 것은 자연적·도덕적 권리로서 작용하고 있는 인권의 성격에서 기인한 것으로 볼 수 있으며, 적용에 있어서 나타나는 모호함의 경우 인간관계, 즉 다양한 인간 삶의 유형 그리고 실정법에서 보장하는 권리 이상의 의미를 담고 있다는 점에서 기인하는 것으로 볼 수 있다.

즉, '인간다울 수 있는 권리'로 정의되고 있는 인권의 개념을 단순하게 특정 사회 혹은 특정 시대에 맞추어 이해하려는 것은 한계를 가질 수밖에 없으며, 이를 위해 다양한 역사적·사회적·경제적 상황에 대한 이해를 함께 해야 할 필요성을 가지게 된다.

3) 인권의 사회복지적 가치에 대한 이해

인권이 가지고 있는 가치는 무엇인가? 오늘날 인권에 대한 논의는 우리가 의식하지 못한 상황에서 너무나 급속도로 유행처럼 퍼져나간 모습이 크고, 동시에 인권이 가지고 있는 너무나 보편타당한 듯한 인식으로 인해 정확한 필요성이나 내용들이 쉽게 검증되지 못한 것이 사실이다. 하지만 이러한 인권에 대한 무비판적 수용은 결국 인권이 가지고 있는 다양한 성격과 가치를 단선적으로 이해하게 만들 위험을 가지게 된다. 따라서 다양한 상황과 영역들을 통해 인권에 대한 다차원적인 비판과 영역별 전문적인 접근이 필요하다.

인간을 대상으로 하는 실천적 학문의 성격을 가지고 있는 사회복지학의 특성에 있어서 인권과의 관련성은 굉장히 높은 것으로 예상할 수 있으며, 이러한 관련은 사회복지와 인권, 인권과 사회복지 양자들이 함께 가질 수 있는 가치를 살펴보면서 이해를 높여야 할 것이다. 이러한 가치 개념들은 서로 배타적이거나, 독립적인 것으로 작용하기보다는, 상호 간에 유기체적인 끊임없는 관계와 교류가 이루어지고 있는 것으로 파악해야 할 것이다. 또한 가치는 사회복지에 있어서 수단이 아니라, 언제나 목표로서 나타날 수 있는바, 이는 다시 말해 인권이라는 개념이 사회복지에 주어지는 가치 역시도 목표로서 이해할 수 있다는 것을 의미한다. 본 내용에서는 1부에서 사회복지의 중요한 가치로 설명되었던 자유, 평등, 공평, 연대라는 개념에 추가하는 내용으로 인간존엄성과 사회정의라는 개념을 살펴보기로 한다.

(1) 인간존엄성(human dignity)

인권과 사회복지 양자에 있어서 가장 기본적으로 제시되는 내용이 바로 인간의 존엄성이라 할 수 있다. 앞선 내용에서 인권이 가지고 있는 인간에 대한 기본적 이해는 '인간답게 살 모든 권리'로 정의하고 있었다. 이러한 기본적 이해는 결국 인간이라는 단 하나의 이유 아래 모든 인간들이 존귀(尊貴)하다는 이해를 반영하고 있는 것으로 보인다. 하지만 이러한 내용은 결국 타인과의 관계 속에서 나타날 수 있는바, 이러한 특성은 사회복지에 있어서도 중요한 가치로 연결된다. 사회복지는 발달과정에 있어서는 보편적인 서비스를 지향하는 모습을 가지고 있는 것이 사실이지만, 현실의 경우 사회복지활동의 주 대상자들은 사회적 약자들로 나타나는 경우가 많다. 즉, 타인과의 관계 속에서 사회적 약자들은 자신의 존엄을 가지지 못할 경우가 상대적으로 높으며, 이러한 상황에서 주로 활동하는 사회복지에 있어서 개인들이 가진 존엄성이라는 내용은 무엇보다 중요한 것으로 이해될 수 있기 때문이다. 현실에서도 대상자들의 자기결정권(right of self-determination)이라는 용어를 통해 대상자들이 가진 존엄에 대한 이해가 우선되고 있다는 것을 확인할 수 있으며, 동시에 시혜대상자로서가 아닌 권리로서의 사회복지서비스 수급, 대상자들에 대한 비밀보장 등의 모습은 인권이 가지고 있는 존엄성이 사회복지 안에서 구체적으로 나타나는 것으로 이해될 수 있을 것이다.

(2) 사회정의(social justice)

인권과 사회복지는 근본적으로 사회정의를 실현하기 위한 가치로 나타나고 있다. 물론 이러한 사회정의에 대한 관점 역시 사회적·정치적·경제적 상황에 비추어 다양하게 해석되고 실현되는 것이 사실이다. 하지만 이러한 다양한 해석과 모습 속에서도 사회정의는 공공선 및 기타 사회 구성원의 다수가 필요하다는 인정에서 그 시작을 찾을 수 있다. 인권과 사회복지의 모습과 상황은 오늘날 다수의 사회구성원들이 공통적(보편적)으로 그 필요성에 대한 인정을 받고 있다. 동시에 인권을 통해 추상적으로 다가올 수 있는 사회정의라는 모습을 대상(인간)에 비추어 수준(인간다운 삶)까지 구체적으로 정리할 수 있으며, 사회복지에서 강조되는 또 다른 가치인 사회적 적절성이라는 내용을 통해 실질적인 모습을 갖추는 것으로 보인다.

3. 세대구분을 통한 인권의 이해

인권의 개념적 정의인 '인간다울 수 있는 모든 권리'는 현재 모두 완벽하게 정리된 완성형의 개념이라기보다는, 시간과 세대가 지나가면서 조금씩 보완되어 가는 진행형의 모습을 가지고 있는 것으로 보인다. 따라서 이러한 진행형의 개념을 세대 구분을 통해 정리하는 것은 쉬운 일이 아니라 할 수 있다. 하지만 인권에 대한 이해를 위해 인권이 변화되어 온 다양한 역사적 구분을 이루어 보는 것은 충분한 의미가 있는 것으로 보인다. 본 내용에서는 국가인권위원회의 자료를 바탕으로 1세대부터 3세대까지의 인권세대 구분을 통해 전체적인 이해를 돕도록 할 것이다.

1) 제1세대 인권(자연권적 개념의 인권)

먼저 1세대 인권은 자유권 또는 시민권과 정치권으로 지칭되고 있다는 것을 확인할 수 있다. 이는 국가의 자의적인 간섭으로부터 개인의 자유로운 영역을 확보하거나 정치과정에 참여하기 위한 권리를 의미한다. 이 세대 인권의 경우 앞서 나왔던 소극적 자유의 의미인 '~으로부터의 자유'로 나타나는 모습을 보인다. 이는 18세기 자유주의적 정치철학의 발달과 계몽주의 사상에 그 기원을 두고 있는 것으로 보인다(bobbio, 1996). 따라서 1세대 권리의 경우 개인주의에 기반하고 있으며, 민주주의와 시민사회를 효과적이고 공정하게 조직화하는 데 필수적인 것으로 간주되는 기본적 자유(=소극적 자유)에 많은 관심을 보이고 있다. 이러한 1세대 인권에서 주로 강조되는 내용들은 신체의 자유, 투표권, 집회·결사의 자유, 공정한 재판과 법 앞에서의 평등, 종교생활의 자유 등으로 대표된다.

2) 제2세대 인권(사회권적 개념의 인권)

제2세대 인권의 경우 경제적·사회적·문화적 권리로 표현되는 권리들이다. 이러한 권리들은 사회적 평등을 기초로 배분적 정의에 근거해 가치의 생산과 자원의 배분에서 형평성을 보장하는 권리를 의미한다. 이 권리의 경우 소극적 자유의 반대 개념으로 이해되고 있는 적극적 자유의 개념으로 '~에 대한 권리'로 나타나는 모습을 보인다. 이 세대 인권의 경우 19세기와 20세기의 사회민주주의 또는 사회주의 그리고 여타 사회운동에 그 기원을 두는 모습을 보인다.

이러한 2세대 인권의 경우 1세대 인권에 비해 국가의 역할에 대해 상당히 능동적이고 적극적인 역할을 기대하는 모습을 보이고 있다. 이러한 2세대 인권에서 주로 강조되는 내용들은 사회적 급여와 서비스 등을 받을 권리, 적절한 교육을 받을 권리, 적정 임금에 대한 권리, 사회보장에 대한 권리 등 1세대 권리처럼 개인의 권리를 보호하기보다는 다양한 사회적 급여를 통해 이러한 권리의 구체화를 이루려는 모습이 나타나고 있다. 특히 사회권의 한 영역으로 분류될 수 있는 노동권의 경우 1세대 인권과 2세대 인권의 모습이 함께 적용되는 중요한 관점으로 확인될 필요가 있으나, 사회적 약자의 입장에서 노동권이 본격적으로 다루어진 것은 얼마 되지 않았다. 하지만 그 필요는 꾸준히 증가하고 있는 것이 사실이며, 특히 사회복지 영역에서 종사자의 인권으로서 노동권은 아직도 많이 다루어지지 못한바, 이에 대한 많은 관심과 연구가 따라야 할 것이다. 사회복지사들의 경우 주 대상자들의 특성이 사회적 약자라는 사실에 기인하여, 서비스를 제공하는 데에 지나치게 치우쳐, 정작 자신들의 인권인 노동권에 대한 논의나 생각은 아직도 많이 부족한 것이 사실이기 때문이다. 이에 대한 논의는 추후에 다시 하도록 할 것이다.

3) 제3세대 인권

앞선 1·2세대 인권이 국가와 개인의 관계 속에서 파악되는 권리인 데 비하여, 이른바 제3세대 인권은 국경을 초월한 연대의 권리라는 데 그 특징을 파악할 수 있다. 이러한 제3세대 권리의 경우 국제적 연대성을 기초로 한 인민의 자결권, 발전권, 환경권과 같은 집단적인 권리의 형태로 나타난다는 특성을 띤다. 앞선 1세대 인권에서 짧게 나타났지만, 18세기 서구에서 국가와 교회의 부당한 권력사용에 대한 대항담론으로서 등장했던 인권의 개념이, 오늘날의 경우 제3세계의 가난한 민중들의 생존권까지 보장해 주어야 한다는 국제적 분배정의의 철학으로 확대해석되는 모습을 보이게 된 것(임홍빈, 2000)이다. 또한 이러한 제3세대 인권의 등장으로 인해 기존의 자유권과 사회권으로서 이해되던 인권의 개념은 더욱 복잡한 상황으로 들어가게 된다. 국제적인 인권이라는 내용을 통해, 전통적인 기본권 보장 체계가 변화되는 현상이 곳곳에서 발견되는가 하면, 환경권과 같이 기존의 개인에 초점이 맞추어져 있던 개념으로는 이해되지 않는 독특한 성격의 내용들이 등장하는 모습까지 나타나고 있기 때문이다. 즉, 이러한 제3세대 인권이 가지고 있는 특징의 하나는 개개인에 적용되는 것보다는 전체 사회(지역, 국가, 사회)에 해당되는 권리들인 것이다. 이러한 제3세대 인권에서 강조되는 내용 역시 새로운 내용이 많이 나타나는데, 경제개발에 대한 권리, 세계무역과 경제성장으로부터 혜택을 받을 권리, 오염되지 않은 공기에서 숨 쉴 권리, 깨끗한 물을 마실 권리 등이 강조되고 있다. 하지만 이러한 제3세대 인권의 경우 아직 앞선 1·2세대 인권에 비해 성문화되지 못했고, 범국가적인 구속력을 가지기에도 초보적인 수준에 머물러 있는 것이 사실이다. 동시에 국제적인 인권의 존재가능성에 대한 논의도 끊임없이 이어지고 있는데, 글로벌 시대에서의 인권을 강조하는 동시에, 세계적 권역화(김중섭·도모나가 겐죠, 2004)를 통한 인권 개념 정립의 시도(우리나라의 경우 동아시아가치, 아시아레짐 등의 개념을 통해 주장되고 있음) 등이 함께 이루어지는 것이 그 모습들로 볼 수 있다.

하지만 이러한 세대 구분을 통해 인권을 이해할 때 주의해야 할 것은 뒤 세대 인권이 앞 세대의 인권을 대체하면서 등장한 개념이 아니라는 것이다(박병도, 2006). 이러한 각 세대의 인권은 개별적으로 나타나거나 강조되기보다는, 전체적으로 하나의 모습을 이루기 위한 과정, 즉 불가분성의 원칙과 동시에 각 인권들이 서로 의존하는 모습을 보이는 상호의존성의 원칙을 가지고 있다는 것을 잊어서는 안 될 것이다.

이러한 인권의 세대구분을 표로 정리해 보면 다음과 같다.

〈표 9-1〉 **인권의 세대 구분**

구 분	제1세대	제2세대	제3세대
기본 권리	공민권, 정치권	경제적 · 사회적 · 문화적 권리	집합적 권리
근본사상	자유주의	사회주의, 사회민주주의	경제학, 녹색이념
예	투표 · 집회 · 언론의 자유, 공정한 재판에 대한 권리, 고문 · 학대받지 않을 권리, 차별받지 않을 권리 등	교육 · 주거 · 의료 · 고용 · 적정소득 · 사회보장 등에 관한 권리 등	경제개발과 성장에 대한 권리, 경제성장의 혜택, 사회적 조화, 건강한 환경과 깨끗한 공기 등에 대한 권리 등
행위자	법률상담소, 국제사면위원회, 인권감시단, 국가인권위원회, 난민사업	복지국가, 제3섹터, 민간의 시장복지	경제개발기구, 지역사회개발계획, 그린피스 등
지배적 전문직	법	사회복지	지역사회개발
사회복지	옹호, 난민사업, 보호시설 조사자, 교도소 개혁 등	직접적 서비스, 복지국가 운영, 정책개발과 옹호, 조사연구	지역사회개발, 사회적 · 경제적 · 정치적 · 문화적 · 환경적 · 개인 정신적 개발

출처 : 국가인권위원회(2006).

4. 인권의 구현체계

인권에 대한 여러 가지 내용을 알아보면서, 특징으로 인권이 실제로 다양한 상황과 내용들 속에서 직접적인 수단으로 나타나기보다는, 간접적이고 근본적인 내용으로 목적이자 가치로서 나타나는 모습을 확인할 수 있었다. 즉, 인권이 아무리 가치 있는 내용이라 하더라도 우리에게 직접적으로 구현되지 못한다면 결국 존재하지 않는 것과 같이 인식될 수 있기 때문이다. 따라서 인권을 보편적으로 모든 사회구성원들 그리고 사회 자체에서 구현시키기 위해서는 사회가 가지고 있는 일정 체계를 활용할 필요를 가지게 된다.

1) 인권과 정치체계

유럽 중심의 제국주의 국가들의 팽창과정을 통해 발생하게 된 제1차 세계대전은 많은 의미를 가질 수 있게 되었다. 이른바 강대국들은 힘의 논리에 의해 약소국을 점령하는 것이 일반화되었고, 이러한 과정 속에서 산업화와 중상주의적 경제체제는 이를 더욱 악화시키는 상황을 이끌었다. 하지만 제1차 세계대전은 종식되면서 승전국(영국・프랑스・미국)들은 파리에 모여 평화회의를 장기간 열게 되었으며, 이러한 내용을 통해 나타난 14개조(Fourteen Points)의 내용은 그 정신이나 내용이 승전국이나 패전국 모두에 적합하다고 판단되어 수용되었다. 이러한 내용에서 기본 정신으로 강하게 강조되던 개념은 민족자결주의(principle of national self-determination)였다. 즉, 어떠한 상황에 있더라도 국가의 정치적 미래를 스스로 결정할 수 있는 자결권(自決權)을 인정해야 한다는 것이다. 이러한 자결권을 통해 국가들은 외부의 억압에서 벗어나 자신들의 자유를 확보하고 권리를 찾을 수 있는 조건을 가지게 되었다. 하지만 기대와 달리 자결권의 인정이 곧 인권을 확보하는 과정으로 이어지지는 못했다. 바로 내부에서 발생한 독재와 같은 상황들에 대해 신속히 대응하거나, 해결하지 못했기 때문이었다. 이는 오늘날 민주화의 바람을 통해 많은 부분 해소가 되었다 하더라도, 아직까지도 지속적으로 이루어지고 있으며, 특정 국가에 있어서는 더욱 심한 독재로 이어지는 경우도 만들어 내고 있는 것이 사실이다. 자유권과 사회권으로 대표되는 초기 인권을 이루고, 지킬 수 있는 국가의 한계를 통해 우리는 역설적으로 인권에 대한 국가의 중요한 역할을 다시 한번 확인할 수 있는 계기를 맞이할 수 있었다. 북아프리카에서 발생한 자스민 혁명[3]의 내용을 살펴보면 이러한 관계와 필요를 더욱 잘 확인할 수 있는데, 「시민적 · 정치적 권리에 관한 국제규약」의 25조에서는 다음과 같은 구체적인 권리의 필요를 나타내고 있다(국가인권위원회, 2011).

> 첫째, 직접적으로든 아니면 자유롭게 선출한 대의원들을 통해서이든, 모든 시민은 국가의 공무에 참여할 수 있는 기회와 권리를 보장받아야 한다. 둘째, 국민의 자유로운 의사표현을 보장하는 보편적이고, 평등하며 비밀리에 진행되는 정기적인 선거에 대의원 후보 자격으로 참가하거나 투표자의 자격으로 참여할 수 있는 권리를 보장받아야 한다. 그리고 셋째는 평등한 조건에서 국가의 공적인 서비스를 받을 수 있는 권리를 보장받아야 한다.

역사적으로 인권과 국가를 이해함에 있어서 국가의 역할은 정부의 문제로만 인식하고, 인권의 문제는 개인적인 것으로만 이해하여 분리 · 이해하려는 경향이 높은 것을 알 수 있었다. 하지만 권리라는 개념은 다른 대상들에 청구할 수 있어야 확인될 수 있다는 점에서 결국 우리는 인권과 국가의 개념을 따로 생각할 수는 없는 것이다. 동시에 인권을 위해 바른 국가의 모습을 이루기 위한 방법에 있어서도 많은 고민이 따라야 하는데, 오늘날 보편적으로 인정된 방법은 바로 '민주주의'를 활용한 방법일 것이다. 앞선 「시민적 · 정치적 권리에 관한 국제규약」의 내용에서도 확인될 수 있듯이 국민과 국가의 관계에 있어서 바른 관계, 즉 모두가 평등하게 참여할 수 있는 관계가 만들어지지 못한다면 결국 그 국가는 인권을 확보하고 지켜주기보다는 오히려 억압하려는 상황을 불러일으킬 가능성을 더욱 높게 만들기 때문이다.

3) 2010년 오랜 독재와 부정부패에 항거한 노점상의 분신을 계기로 2011년까지 튀니지에서 일어난 혁명으로, 튀니지의 국화인 '자스민'에 빗대어 자스민 혁명으로 불리우고 있다. 이러한 영향을 받아 현재 리비아와 바레인 등 다른 아프리카 및 아랍권 국가에서도 반 독재 시위가 발생하고 있다.

동시에 인권에 대한 관념적 의미에서의 이해를 벗어나 실질적인 구조를 갖추기 위해서도 국가와의 관계는 무엇보다 중요한 일로 볼 수 있다. 인권은 사회구성원 모두, 모든 국민 개개인들에게 적용되는 보편적인 개념으로 정의되고 있다. 이러한 권리주체인 개인들에게 모두 적용시킬 수 있는 의무주체를 개인으로 가질 경우 그 범위는 제한적이며, 선별적일 수밖에 없게 된다. 즉, 보편적인 가치를 잃게 된다는 것이다. 따라서 의무주체를 사회 그 자체 특히 오늘날 사회체계의 가장 상위 개념인 '국가'에 그 역할을 부여하여야 인권이 가진 바른 가치가 모두에게 적용될 수 있을 것이다.

2) 인권과 경제체계

인권의 개념이 갑자기 등장하지 않은 것임에도 불구하고, 오늘날 크게 강조되고 있는 이유는 무엇인가? 이는 인권이 결국 강조되는 시대적 분위기를 살펴봄으로써 추론할 수 있을 것이다. 먼저 앞선 내용을 통해 우리는 인권을 구현시킬 수 있는 기제로서 국가의 모습을 살펴보았다. 그렇다면 국가 외에 또 다른 이해는 무엇으로 이해해야 할 것인가? 이는 바로 오늘날 경제적인 구성, 즉 시장경제에 따른 인권의 구현을 살펴볼 필요성으로 이어지게 된다. 우리는 오늘날 인권과 시장과의 관계를 지나치게 편향적으로 생각하는 경향이 높다. 즉, 시장체계가 강조되면 될수록, 경제적 불평등을 통한 인권의 보장은 무조건적으로 악화될 가능성이 높다는 인식이 바로 그것이다. 하지만 오늘날 시장체계의 다른 개념이었던 사회주의 경제체제 내에서 인권이 어떻게 나타나고 있었는지를 확인한다면 이에 대한 답 역시도 분명해질 수 있을 것이다.[4)]

4) 이에 대한 논의를 사실 이렇게 간단히 정리하기는 어려운 것이 사실이다. 오늘날 전 세계적으로 가장 보편적으로 적용되고 있는 시장경제체제 역시도 순수한 초창기 시장경제체제의 모습이 아닌 수정시장경제체제(수정자본주의)로 되고 있는 상황에서, 사회주의 경제체제의 모습을 구 소비에트연합이나 중국의 모형에서 찾는 것은 쉬운 일이 아니기 때문이다. 다만, 본 내용에서 이를 모두 정리하는 것은 글의 맥락과 맞지 않는바, 이에 대한 일반적 이해 정도로만 본 내용을 참조하기 바란다.

인간의 존엄성이라 하는 것은 그 개인이 가지고 있는 자율적 능력에 근거(Griffin, 2008)를 두고 있는 만큼 분명 정치적으로는 민주주의, 그리고 경제적으로는 시장경제에 대한 지지로 구체화된다. 정치적 민주주의와 경제적인 자유시장은 적어도 오늘날까지는 개인이 가지고 있는 자율성의 능력을 최대한으로 실현시킬 수 있는 가능성을 제공하고 있기 때문이다. 물론 여기에서 말하고 있는 자율성의 능력을 최대한 실현시킨다는 내용이 모든 개인들에게 똑같은 혜택과 보상을 제공하는 결과의 평등으로 이어지는 것은 아니다. 시장경제체제는 분명 승자와 패자가 공존하는 경쟁체계를 이루고 있으며, 이러한 상황은 결국 특정인들에게는 '풍부한 대가'를 또 다른 대상들에게는 '혹독한 결과'를 제공하여 불평등의 상황을 만들게 될 것이다. 따라서 경제체제가 가진 문제를 해결할 수 있는 '방어기제(defense mechanism)'를 필요로 하게 된다. 이는 결국 시장 실패를 보완할 제도적 장치의 필요성으로 이어지게 되고, 이는 다시 사회보장제도 및 기타 관련 제도의 구비로 이어질 수 있게 된다. 따라서 이후 사회체계에 등장할 내용들은 바로 이러한 진행사항에서 발생한 내용 혹은 보완의 필요성으로 강조되는 내용으로 살펴보아야 할 것이다.

3) 인권과 문화체계

사실 인권을 구현할 수 있는 다양한 체계를 살펴봄에 있어서 앞선 국가와 정치라는 구조에 비해 문화라는 용어의 해석은 더욱더 작위적일 가능성이 높아지는 항목으로 보일 수 있다. 이러한 한계를 극복하기 위해 문화에 대한 구체적인 개념을 비템(Beetham, 1999)의 경우 교육권과 문화적 특수성과 차이에 대한 권리로 정리하였다. 비템의 구분이 지나치게 제한적이라는 한계는 있겠으나, 정철현(2005)의 내용처럼 문화를 구분하는 것은 그 자체로도 이미 본 절의 내용을 뛰어넘는 작업이므로, 본 내용에서는 비템의 내용을 기본으로 하여 인권과 문화체계를 살펴보았다.

먼저 교육권의 경우 인권과 관련된 다른 대부분의 권리들을 실질적으로 행사하는 데 있어 필요한 능력을 키우는 역할을 한다. 교육권은 정치적인 개념의 인권 확립을 위한 민주주의에 있어 적극적인 참여, 그리고 평등한 참여를 가능하게 하여 민주주의 질을 높이는 데 큰 역할을 수행할 수 있게 된다. 인권이 가지고 있던 시민권의 확립과 정치적 참여의 보장, 그리고 사회적 구성원으로서의 가치 확립 등의 개념은 교육을 통해 자신들의 권리를 인지한 개인들을 통해 발현될 가능성이 높아지게 된다. 동시에 교육권은 경제적인 개념에서의 인권 확립을 위한 경제적 불평등의 완화를 위한 개념으로서 작용을 하게 된다. 개인들은 교육을 통해 경제적인 능력을 키워 자아실현의 기회를 가지기도 하며, 동시에 이러한 기회에서 낙오한 경우에 있어서도 보편적 권리로서 인간답게 살 권리를 주장할 수 있게 되는 것이다.

다음으로 문화적 특수성과 차이에 대한 권리의 경우 인간이 보편적으로 필요로 하는 고유한 정체성에 대한 요구에 기반을 두고 있기 때문에, 타인들에 의해 자신의 문화적 기반을 존중받을 필요를 가지게 된다. 오늘날 한국 사회와 같은 다문화사회의 경우 문화적 소수집단에 있어 이러한 권리는 무엇보다 자신들의 집단소속감과 생활양식을 보존함으로써 가지게 되는 개개인들의 정체성과 귀속감을 확보(국가인권위원회, 2011)하는 데에 긍정적인 영향을 끼치게 된다. 하지만 이러한 문화권의 문제는 그 필요성에도 불구하고 오늘날 다양한 문제들을 발생시키고 있는데, 이는 대부분 문화적 소수자들의 입장을 어디까지 인정을 해야 하는가 하는 범위의 문제로 나타나고 있다. 모든 부분에 있는 소수자들의 입장을 인정하게 될 경우 다수결의 원칙을 통해 유지되고 있는 국가 체제 차원의 민주주의가 이루어지기 어렵게 되고, 또한 이들의 의견을 무조건적으로 제외할 경우 소수집단은 영원히 외부 세력 혹은 낙오 세력으로 남을 확률이 높아지게 될 것이다. 따라서 어떠한 특정 관점을 향한 지나친 집중은 결국 민주주의의 질적 저하 혹은 억압적 체제를 지속시킬 가능성을 높이게 되는바, 이런 다양한 의견을 보완할 수 있도록 점진적으로 민주주의 형태를 수정해 나가야 할 것이다.

4) 인권과 사회복지체계

인권에 대한 기본적 개념을 살펴보면서 공통적으로 나타날 수 있는 하나의 이해는 인권이 가지고 있는 여러 가지 가치들이 사회복지에 있어서 아주 중요하게 사용될 수 있는 개념이라는 것이다. 또한 앞선 내용들을 통해 인권이 가지고 있는 관념적이고 추상적인 내용들이 사회복지를 통해서 구체화되는 모습을 확인할 수도 있었다. 즉, 이러한 관점에 비추어 보게 되면 사회복지가 인권을 위한 수단으로 사용 시 그 효용이 아주 높을 수 있다는 것이다.

권리라는 개념에서의 인권은 결국 자신이 아닌 다른 이들과의 관계를 통해 자신의 권리를 확보할 필요성을 만들게 되고, 이러한 상황에서 보편적이라는 개념을 위해서는 남들보다 우월한 위치에 있는 대상들보다는, 사회적으로 약자의 위치에 있는 사람들에게 더 적합한 개념으로 나타나게 된다. 이는 사회복지 영역에서의 주 대상자들의 성향과 일치하는 모습을 가지게 된다. 또한 인간다움, 권리, 사회권, 공동선 등의 개념들 역시도 사회복지의 정책 및 서비스 등을 통해 구체화되는 모습을 확인할 수 있는바, 인권의 개념에 있어서도 그리고 동시에 사회복지에 있어서도 양자의 관계는 아주 중요한 것으로 이해될 수 있다. 이에 양자를 직접적으로 이해하고 다루어야 하는 위치에 있는 사람들의 경우 이에 대한 충분한 고민과 숙지 그리고 실천이 따라야 할 것이다.

생각해보기

1. 본인의 인간다움을 생존과 생활의 차원에서 논의해 보고, 이를 다시 대상자 차원에서의 인간다움을 논의해 보자. 만약 본인과 대상자의 인간다움에서 차이가 발생했다면 그 이유는 무엇일까?

2. 우리는 주변에서 다양한 이유로 종종 인간다움으로 인정받지 못하는 다양한 사례들을 만나게 된다. 이를 정리해 보면 때로는 특정 사건의 가해자와 피해자와 같은 개인적 문제로, 때로는 특정한 불리함에 대한 사회적 배려의 부족으로 볼 수 있다. 이러한 사례들을 생각해 보고, 이에 대한 의견을 나누어 보자.

3. 본인이 활동하고자 하는 사회복지 분야에서 제기될 수 있는 인권의 형태를 고민해 보자.

4. 다양한 대상들 사이에서 인권이 상충하는 경우 우리는 어떻게 해야 할까? 이에 대한 기준은 무엇인지 이야기해 보자.

제 10 장

인권 개념 발달사

앞선 1장에서 살펴볼 수 있었듯, 인권은 그 개념적 이해에서부터 역사적 흐름을 함께 하는 경우가 많이 나타나고 있으며, 이러한 역사적 흐름은 결국 각 국가가 가지고 있는 사회적·경제적·문화적 배경으로 이어질 수 있기 때문에 이를 확인하는 과정을 간단히 살펴서는 안 될 것이다. 인권이 구체적으로 학문적 그리고 실천적 의미로서 등장하는 것이 서양에서 본격적으로 다루어진 것은 사실이지만, 이 역시 용어상의 이해일 뿐 인권이 가지고 있는 보편적인 상황은 동양에서도 이미 전제되어 있었다. 이를 위해 본 장에서는 서양에서의 인권 개념 발달사와 동시에 한국의 인권 개념 발달사를 함께 살펴볼 것이다.

그리고 본 장에서는 인권과 관련되어 있는 큰 사건 및 내용들을 중심으로 정리하였다. 역사(발달사)를 확인함에 있어서 특정 사료들을 통한 실증적 재현은 분명 한계를 가질 수밖에 없다. 역사를 이해함에 있어서 필요한 그 시간에서 발생하는 다양한 사회의 역동을 포괄적으로 접근해야 바른 이해를 할 수 있기 때문이다. 예를 들어, 산업화와 제국주의 그리고 이러한 관계 속에서 배경으로 작용하고 있는 중상주의적 경제체제 등의 관계를 이해하지 못한다면(노예제 및 선거법 개정 등을 통한 시민의 성숙은 논외로 치더라도) 당시의 시대를 이해하는 데 한계를 가질 수밖에 없는 것과 동일한 흐름이다. 하지만 본 내용에서 이러한 모든 시대적·공간적 상황을 담지 못하는 것은 한계로 밝히는 바이다. 인권과 관련된 포괄적인 역사적 상황을 모두 정리하기에는 필자의 이해 및 구성능력을 포함하여 여러 한계가 함께 존재하기 때문이다. 하지만 필요에 따라서 최대한 가능한 부분에서는 이러한 포괄적인 내용을 사건의 배경으로나마 간단하게 정리하도록 노력하였다.

마지막으로 본 장의 내용을 이해함에 있어서 가장 중요한 사항은 본 장을 '인권의 발달'이 아닌, '인권 개념의 발달'로 이해하여야 한다는 것이다. 인간이 인간다울 수 있는 권리의 개념이라는 인권은 항상 존재해 왔던 것으로 이는 발달이라는 과정이 존재할 수 없기 때문이다. 따라서 본 장은 인권의 개념이 인간과 사회 속에서 인식되고, 전파되는 과정을 정리한 것으로 이해해 주기를 바란다.

1. 서양 인권 개념사

서양에서 일어난 인권과 관련한 사건들의 경우 프랑스를 중심으로 한 유럽의 사건들이 많은 빈도를 보이고 있다. 이후 다시 논의하겠으나, 이와 같은 경향은 인권사에서 중요하게 다루어지고 있는 프랑스 시민혁명을 통한 '권리선언'이 가지고 있는 영향에 기인한 것으로 이해된다. 발달사를 확인함에 있어서 사건을 중심으로 한 중요한 항목이나 내용에 따른 정리도 유의할 수 있겠으나, 본 항에서는 시간적 순서에 따른 각자의 영향을 함께 알아볼 수 있도록 여러 사건들을 시간적 순서에 따라 정리하였다.

1) 자연권 사상

스토아학파로 대표되고 있는 자연법 사상, 그리고 고대 그리스 시대에 등장하고 있는 시민의 내용들을 통해 우리는 인권발달과정의 초기 근거이론인 자연권 사상의 모습을 발견할 수 있다. 서양에서 하늘에서 내린 인간 고유의 원리라는 개념으로 이해되는 자연권 사상은 어디에서 그 기원을 찾을 수 있을까? 논의의 시작에서 밝힌 것처럼 고대 그리스 혹은 그 이전부터 이러한 근거를 찾을 수 있겠으나, 문헌적 사료를 통해 확인할 수 있는 내용으로는 그리스도교에서 나타난 신에 의해 부여받은 권리에서 그 시작을 찾을 수 있을 것이다. 신이 다양한 만물을 창조하였지만 절대자인 신의 모습을 그대로 부여받은 창조물은 인간밖에 없으며, 이러한 신의 형상을 가지고 태어난 모든 사람은 똑같이 존귀하고 신의 사랑 안에서 자신의 판단에 따른 삶을 지낼 수 있는 평등한 권리를 가지게 된다는 것(이삼열, 2004)이다. 이후 이러한 관점은 도시의 발달과 시민 계급의 성장 그리고 이를 통해 신분에 따른 사회적 구분이 존재하던 봉건질서가 무너지게 되고, 동시에 인간 중심의 르네상스 관점과 종교개혁 등을 통해 인간은 이성적 그리고 자율적인 인간이라는 근대적인 인간에 대한 관점이 나타나게 되면서 인권이 지향하는 가치 역시 사회구성원들에게 인식되게 되었다. 그렇다면 이러한 종교적 배경이 아닌 구체적인 권리형태의 자연권 사상의 시작은 어떻게 확인해야 할 것인가?

법 형성에 대한 개념을 살펴보게 되면 실정법 사상에 반대되는 개념으로 종종 자연법 사상이 등장하는 것을 확인할 수 있다. 실정법 사상이란 모든 권리는 법적인 내용을 확보하면서 그 모습을 가질 수 있다는 개념이며, 이에 반하는 자연법 사상은 법률이라는 구체적인 제도 이전부터 보편적인 그리고 천부적인 권리가 존재하고 있으며, 국가는 이를 법률로 제한할 수 없다는 개념이다. 즉, 이러한 관계 속에서 우리는 자연법이 가지고 있는 가치가 인권의 역사적 흐름에 있어서 중요한 관점이라는 것을 파악할 수 있게 된다.

앞선 내용에서 짧게 나타난 '이성'을 기반으로 한 근대적 인간관의 시작은 다양한 곳에서 그 기원을 찾을 수 있겠으나, 철학적 개념에서의 시작은 '사회계약설'로 대표되는 홉스(Thomas Hobbes)를 통해 찾을 수 있다. 홉스의 경우 그의 정치철학의 토대를 확립한 책 『리바이어던』을 통해 자연상태 속의 인민들이 개인이 가지던 권리를 특정 개체(군주 · 국가)에 양도하여 주권이 나타난다고 파악하였다. 홉스는 개인들이 자신의 안전 혹은 이익을 위해서 행동하며, 자신의 안전이나 이익과 반대될 경우는 따를 필요를 가지지 않게 된다고 한다. 즉, 시민들이 합법적으로 군주에게 복종할 수 있는 조건을 바로 자신에 대한 보호로 나타내게 되는 것이다. 하지만 일반적으로 자연법이 준수되지 않는다면 자신의 안전을 보장할 수 있는 평화가 존재할 수 없으므로 결국 따르게 된다는 것이다. 이것이 바로 사회계약설의 기본적 정리이며, 우리는 여기에서 구체적인 계약의 형태를 파악할 수 있게 된다. 계약의 형태가 상호 간의 합치물이 존재해야 하는데 바로 그것이 국가의 입장에서 제공하는 것은 개인의 안전이며, 개인들이 제공하는 것이 바로 자신들의 권리, 즉 자연법에 기초한 자연권이라는 것이다.

또한 홉스가 개념적인 자연권에서 구체적인 자연법을 통해 그러한 권리를 구체화시켰다면, 인식론과 계몽철학의 개척자로 불리는 로크(John Locke)의 경우 유물론적 사고관을 비판하면서 자연법을 통해 다시 자연권 개념의 중요성을 주장하고 있다. 이러한 로크의 생각은 자연권은 신과 개별 인간과의 관계에서 얻어진 것이므로, 법이 아니라 하더라도, 인간은 자신의 권리를 당연하게 소유할 수 있다고 주장하였다. 하지만 이러한 권리의 소유를 홉스의 경우 욕구(안전과 이익 등)에 기반한 내용으로 판단하였다면, 로크의 경우 인간들이 가진 이성적 판단 역시 중요한 인간의 습성으로 이해하고 있었다. 이러한 자신의 욕구와 이성에 기인하여 개인들은 자신의 재산을 보다 효과적으로 지키기 위한 어떤 체계의 필요성을 가지게 되었으며, 이러한 과정에서 바로 사회계약설이 등장하게 되었다는 것이 로크의 사회계약설의 모습이다. 하지만 로크의 경우 국가는 절대권력을 행사하는 기관이 아니며, 동시에 계약된 기능을 제대로 수행하지 못할 경우 국민에 의해 파기될 수 있다는 점에서 개인들이 가진 권리에 대해 큰 인정을 하고 있는 것으로 보인다.

자연권과 관련하여 마지막으로 나타날 수 있는 철학자는 바로 루소(Jean Jacques Rousseau)이다. 루소의 경우 그의 저서 『사회계약론』을 통해 앞선 두 학자들의 내용을 근대 민주주의 개념에 적합하도록 구체화시키려는 시도를 보였다. 루소의 경우 "사회질서는 다른 모든 권리의 근본이 되는 신성한 권리"로 정의하지만, 동시에 이 권리가 자연에서 생기는 것이 아니라, 계약에 의해서 나타난다고 주장하였다. 이와 같은 개념은 홉스의 개념과 일치하는 것으로 이해될 수 있으나, 홉스의 개념이 개인들이 가진 욕구에 초점을 맞추고 있는 반면, 루소의 경우 국가의 적극적인 노력을 강조하였다. 즉, 국가는 분명 개인들이 양도한 권리에 의해 조직되고 형성되었지만, 국가는 다양한 구성원들 간의 공동적인 노력을 통해 자신의 방향을 결정해야 한다고 주장하였다. 이때 개인들이 가지고 있는 국가의 모습을 결정하는 의지가 바로 루소가 주장하였던 "일반의지"로 정의된다. 평등주의 가치관을 가지고 있던 루소는 이후 정치 질서가 개인들의 자유와 인권이라는 근원적 목적을 실현해야 한다는 점을 강조하고 있는 것으로 보인다. 이러한 일반의지에 따른 시민들의 활동에 의해 활동하는 국가 혹은 정치질서는 결국 인권을 위한 기존 개념에 대한 저항권을 확보하는 데에 있어 큰 역할을 하는 것으로 나타날 수 있었다.

이러한 자연권의 개념을 단순히 인권의 시작으로만 보기보다는, 이후 다양한 관련 권리들, 즉 인권, 사회권, 노동권, 복지권 등 다양한 내용에 있어서 그 근거로 제시될 수 있다는 점에서 더 이상 존재하지 않는 과거의 개념이 아닌, 현재를 이해하기 위한 기본적 개념으로 접근해야 할 것이다.

2) 마그나 카르타(1219)

대헌장(大憲章)으로도 알려져 있는 마그나 카르타(Magna Carta)의 경우 그 시작에 있어서 보편적 권리로서의 인권의 시작으로 보기에 어려운 면이 없지 않다. 영국 왕이 가지고 있던 일부 권리에 대한 포기를 선언하고, 동시에 왕의 활동에 있어서 법적 절차의 준수를 명제화하며, 왕의 의지가 법에 의해 제한될 수 있다는 내용을 담고 있다. 이러한 내용을 보편적 권리로서 인권의 시작으로 보기 어려운 것은 이러한 내용이 귀족의 권리를 확인하려는 목적으로 사용되었기 때문이다. 하지만 국왕이 할 수 있는 일과 없는 일에 대한 구체화시키려는 작업을 통해 전제 군주 시대의 절대 왕권에 대한 공식적인 제제가 이루어질 수 있었다는 점에서 그 의의를 찾을 수 있으며, 17세기 왕권에 대항한 시민들의 권리 투쟁에 있어서 가장 큰 문서화된 근거로 이용되었다는 점에서 중요한 의미를 가지게 되었다.

당시 프랑스에 있어서 신하관계에 있던 영국의 존 왕(King John)은 다시 영토 전쟁을 할 준비를 위해 조세를 올리고, 이러한 준비를 통해 시작된 프랑스와의 전쟁에서 참패를 당한다. 자신의 영광을 위해 시작된 전쟁에서 패하고, 로마 가톨릭교회로부터 파문까지 당하게 된 존 왕에게 귀족과 성직자들의 분노는 높을 수밖에 없었고, 결국 '마그나 카르타'에 서명을 할 수밖에 없는 상황에 이르게 되었던 것이다. 이 마그나 카르타가 가지고 있는 여러 조항에서 12조의 내용 "어떠한 군역세 또는 봉건 원조도 우리 왕국의 공통된 평의회의 조언(commune consilium)에 의하지 않고서는 징수하지 않는다"와 39조의 내용 "자유민은 그와 동등한 자의 적법한 판정(judicium parium suorum)에 의하지 않고는 체포, 구금되거나, 재산이 박탈되거나, 법적 보호가 박탈되지 않는다"의 경우 오늘날 법적 보호와 관련해서도 많은 의미를 가지고 있는 것이 사실이다. 이러한 내용을 토대로 살펴보면 마그나 카르타의 경우 그 시대에서의 사용보다 이후 사람들에게 더욱 큰 의미를 가지고 있는 내용으로 보이고 있다.

3) 권리청원(1628)

17세기가 들어서며 기존 장원제도들이 무너지기 시작하였다. 이러한 시대적 분위기 속에서 자영농민과 젠트리[1])들이 등장하기 시작하였다. 이러한 신흥 세력들은 대부분 청교도를 기반으로 한 금욕적인 삶을 지향하고 있었는데, 이들의 입장에서는 왕실이 누리고 있던 사치와 낭비생활, 그리고 전쟁에 대한 관심 등에 대해 당연히 비판적인 입장을 취할 수밖에 없었다. 또한 이러한 신흥 세력들은 나날이 성장하고 있는 상공업과 무역의 발달로 인해 도시에서 생활하며 경제력을 바탕으로 한 중심세력인 상공시민들과의 일정 부분 교류를 통해 절대 왕권을 비판하고, 새로운 정치의 필요성을 가지고 있었다. 세습과 국가에 대한 봉사를 인정받아 임명된 상원의원에 비해, 직접적으로 선출되는 하원들의 경우 국민의 대표로서 더욱 강력한 힘을 가지게 되는 시기가 바로 이 시기로 볼 수 있다. 하지만 이러한 시대적 변화에도 불구하고 아직 사회는 봉건 영주들에 의해 나라가 다스려졌고, 특히 왕의 권력은 신으로부터 내려받은 것임에 국가가 가지는 권력은 모두 왕으로부터 나온다는 왕권신수설(王權神授說)에 기반한 왕의 영향력은 상당하였다. 마그나 카르타에 의해 왕의 권력에 대한 제한이 일정 정도 이루어지고 있었다고 하지만 17세기 초 제임스 1세(James Ⅰ)와 그 뒤의 찰스 1세(Charles Ⅰ)의 경우 이러한 제한적 왕권에 대해 비판적이었으며, 다시 왕권의 복원을 위해 독재정치를 시행하였다. 하지만 1628년 스페인 등 대외전쟁에 대한 비용이 필요하게 된 찰스 1세가 의회를 다시 소집하게 되었고, 하원을 중심으로 의회는 이 기회를 통해 '국왕이 마음대로 세금을 걷거나 인권을 억압하지 않고 의회 정치를 하겠다'는 내용의 권리청원을 왕으로부터 승인받게 된다. 이러한 배경 속에서도 권리가 법이나 제도적인 형식이 아니라, 청원이라

---

1) 젠트리(gentry)는 영국에서 귀족의 지위는 없으나, 가문의 휘장을 사용하도록 허락을 받는 중간계층을 의미한다. 지주 계층에 포함되는 경우가 많았으며, 봉건영주로서의 위치를 함께 지니고 있어, 사실상 귀족에 준하는 위치를 차지하고 있었다. 신사를 뜻하는 gentleman은 이 단어에서 유래되었다.

는 형식을 가지게 된 것은 인권이 새로운 권리의 등장이 아닌, 기존 권리의 재확인임을 선언하는 정도에서 국왕의 이해를 높이기 위한 것으로 보인다. 이러한 권리 청원은 일반적 원칙을 확립시키기 위한 이론적 배경에서의 접근이 아니라, 실질적 필요에 의한 작성이라는 점에서 의의를 가진다. 동시에 권리청원은 왕의 동의를 통해 허가된 청원의 형식으로 정리되었지만, 마그나 카르타와 권리장전과 함께 영국 헌법의 3대 성경이라고 불리기까지 한다. 권리청원은 이러한 의의에도 불구하고 실질적인 적용이나 사용은 거의 확인할 수 없는데, 이는 1629년 찰스 1세가 권리청원의 내용을 무시하고 의회를 해산, 이후 11년간 의회를 소집하지 않는 전제정치를 시행하였기 때문이다. 이후 이는 1688년 청교도 혁명(명예혁명)의 원인으로 작용하게 된다.

4) 권리장전(1689)

앞서 설명하였던 마그나 카르타와 권리청원과 함께 영국의 헌법 체계를 구성하는 데 있어서 가장 중요한 의미를 가지는 의회 제정법이다. 앞서 찰스 1세에 의해 해산된 의회는 그 역할을 실제적으로 하지 못하고, 이러한 상황에서 찰스 1세는 절대적인 권력을 휘두를 수 있었다. 하지만 스코틀랜드와의 전쟁에서 패배한 찰스 1세는 전쟁배상금의 보상을 위해 다시 의회를 소집할 수밖에 없었으며, 이러한 상황에서 의회와 찰스 1세는 내전을 벌이게 된다. 이후 찰스 1세는 처형, 찰스 2세(Charles Ⅱ)는 추방되었으며, 이 내전은 의회가 군주에 대항한 첫 사례가 되었다. 하지만 내전 이후에도 여전히 왕권신수설에 기인한 왕의 절대권력을 유지하고자 한 제임스 2세(James Ⅱ)에 대해 영국 의회와 국민들은 오랜 기간 투쟁할 수밖에 없었고, 그 투쟁의 결과 제임스 2세는 아내가 있는 프랑스로 돌아가게 되었다. 이후 네덜란드 공화국의 총독이었으며, 이에 오렌지 공(公)으로 불리었던 윌리엄(William)과 제임스 2세의 아들이 태어나기 전까지 왕위

계승 서열 1위였던 윌리엄의 아내 메리(Mary)가 국왕으로 추대받게 된다. 이러한 상황에서 권리장전은 1689년 2월 공동 군주인 그들이 서명하게 되면서 그 영향력을 가지게 되었다. 이러한 권리장전은 영국 국왕의 존재를 절대적인 전제군주로 규정하고 있으며, 국왕에 충성을 맹세하는 영국 의회와 영국 국민만이 누릴 수 있는 권리와 자유를 규정하고 있다. 권리장전의 내용을 살펴보면 당시 상황에 의한 두 가지 목적을 분명히 확인할 수 있는데, 하나는 당시 왕이었던 제임스 2세의 불법행위를 분명히 알리는 것이었으며, 다음으로는 인권의 기본으로 나타나는 국민의 권리에 대한 규정이 바로 그것이다. 세부 구성을 살펴보면 제임스 2세의 불법행위에 대한 12개조의 내용과 '의회의 동의 없는 법률의 적용, 면제, 집행, 정지의 금지', '의회의 승인이 없는 과세와 평시의 상비군 유지', '자유로운 선거 실시', '의회의 소집에 대한 왕의 개입 금지', '의회의 발언의 자유' 등에 대한 조항들이 명시되어 있다.

이러한 권리장전의 내용을 통해 영국은 왕에 의해 규정되던 절대주의를 종식시키게 되었으며, 그 영향력은 이후 미국의 독립 및 프랑스 혁명에서도 나타나게 되었다.

5) 버지니아 권리장전과 독립선언문(1776)

미국은 건국이념들은 로크(Locke)의 「통치론」(통치론 제2논고, Second Treatise of Government, 1690), 몽테스키외(Montesquieu)의 「법의 정신」(L'esprit des lois, 1748) 등에서 나타난 사상으로부터 개인의 자유 및 인권의 보호를 위해 권력의 분산과 균형이라는 구조를 취하고 있는 것을 확인할 수 있다. 이러한 내용은 입법부, 행정부, 사법부의 엄격한 분리가 되어있지 않은 경우 개인이 가지고 있는 정치적 자유와 기본적 인권이 확실하게 보장될 수 없다는 헌법의 기본 이념을 통해 잘 파악할 수 있다. 미국 독립운동가들의 경우 당시 시대적 분위기에 따라 영국의 왕정을 비판하는 모습을 보이고 있었으며,[2] 이러한 사상은 결국 영국이 가지고 있는 입헌 군주제적 정치구조를 혐오하게 되었다.

이러한 상황에서 식민지 시대에서 가장 강력한 위치를 가지고 있었던 버지니아에서 채택한 권리장전(Virginia Declaration of Rights)은 영국에 대한 현재까지의 소극적 저항을 완벽하게 벗어나는 역할을 하게 된다. 조지 메이슨(George Mason, 1725~1792)에 의해 기초된 버지니아 인권선언의 경우 그 1조에 천부적인 권리와 재산권 등에 대한 내용을 기본적으로 명시하여, 오늘날 사용되는 기본적 인권의 개념을 보장하는 모습을 보임과 동시에, 로크의 정신에 따라 주정부가 개인권리를 보장할 의무를 수행하지 못할 경우 국민에게 '새로운 정부를 수립할' 적극적인 권리를 보장하고 있어 정치적인 개념의 권리까지 명시하고 있다. 버지니아 인권선언은 3주 후 열린 대륙회의에서 채택되는 독립선언서의 문구상의 유사성에서 파악할 수 있듯이, 미국의 독립혁명의 이념적 바탕을 제공하는 데 큰 영향을 끼친 것으로 보인다.

영국 본토의 식민지 정책에 대해 북아메리카 13개 자치주의 반대의식이 높아짐에 따라, 개최된 대륙회의는 총 2회에 걸쳐 개최되었다. 특히 2차 대륙회의 이후에는 약 8년간에 걸쳐 미국의 독립전쟁이 이루어졌으며, 이러한 상황 가운데 1776년 독립선언문 선언은 미국의 독립과 관련된 중요한 사건이라는 단순한 개념을 벗어나, 인권 확보를 위한 구체적 근거 사건으로서 중요한 의미를 가지게 되었다. 미국의 독립선언의 경우 특히 식민지 상태에서 기록되었다는 점에서 큰 의미를 가질 수 있다. 식민지 상태의 국민들에게 자연법과 자연권의 사상을 통해 모두가 같은 권리를 가지고 있다는 인식을 심어주는 활동들은 독립혁명에 있어서도 큰 의미를 가질 수 있었으며, 동시에 오늘날 미국이 국가와 개인

---

2) 이러한 내용은 대륙회의의 주요 인물이자 독립된 미국의 제2대 대통령이었던 애덤스(John Adams, 1735~1826)가 이후 언급한 내용에서 알 수 있는데 그는 아메리카 혁명이 '로크, 시드니, 루소, 드 마글리'였다고 언급하였다. 즉, 이는 유럽철학자들의 사상이 구체화된 결과가 아메리카 혁명에 나타날 수 있었다는 것을 의미하는 것으로 볼 수 있다.

의 관계에 있어서도 억압적이거나, 규제 중심적인 모습을 가지지 않는 데 큰 영향을 줄 수 있었던 것으로 판단되기 때문이다. 물론 독립 이후 모든 주의 헌법에서 완전한 평등을 기조로 한 인권의 확립이 이루어졌는가에 대한 논의는 있을 수 있다. 미쉘린 이샤이(Micheline Ishay, 2004)의 내용에 따르면 벤자민 프랭클린(Benjamin Franklin)조차도 입법부의 선거에서 토지를 소유하지 않은 사람들에게 투표권을 허용하는 일을 "볼썽사나운 일"로 치부하고 있었으며, 제퍼슨(Jefferson)의 경우 "전쟁에 나가 싸우거나, 세금을 내는 모든 사람"에게만 참정권을 확대해야 할 것을 주장하였다. 매디슨(James Madison, 1751~1836)은 다음과 같은 딜레마로 이러한 고민을 표현하였는데, "재산이 있는 사람에게만 투표권을 허용하는 것은 인간의 권리를 억압하는 결과를 만들게 된다. … 그런데 모든 사람들에게 투표권을 확대하게 된다면 재산이 없는 대다수의 사람들이 재산권이나 정의 관념을 무시하게 될지 모른다"라고 나타냈다. 또한 독립선언문의 초기에는 포함되어 있던 노예무역에 대한 비판적 문항이 이후 남부 아메리카 중심의 농장주들의 개입에 의해 삭제된 것은 독립선언의 현실적 한계를 보여주는 모습이기도 하다.

하지만 그렇다 하더라도, 미국의 버지니아 권리장전과 독립선언문의 경우 문서화된 정의를 통해 인권에 대한 개념을 이루고, 동시에 구체적인 제도 및 내용에 대한 명시를 통해 실질적인 개념에서의 인권에 대한 이해를 높일 수 있었다는 점에서 많은 의의를 가지는 것으로 볼 수 있다.

6) 인간과 시민의 권리선언(1789)

'권리선언' 혹은 '프랑스 인권선언'으로도 알려져 있는 '인간과 시민의 권리선언(Déclaration des droits de l'Homme et du citoyen, 이하 권리선언)은 프랑스 혁명을 통해 만들어진 인권선언문이다. 권리선언을 통해 오늘날 자연권이 아닌 구체적 권리로서의 인권과 사회권이 처음으로 등장하게 된다. 프랑스 혁명 이후 프랑스 국회가 1789년 헌법 서문으로 채택한 인권선언에서 인권과 사회권은 처음 공식적 용어로서 등장하게 되었으며, 이 내용에서 인권과 시민권은 동일한 개념으로 쓰이고 있는 것을 확인할 수 있다(최 현, 2008).

이러한 권리선언의 배경인 프랑스 혁명을 살펴보면 다음과 같다.

18세기에 들어와 프랑스는 스페인과 미국 등의 다양한 전쟁에 개입한 결과로 국가 재정의 위기가 도래하게 된다. 동시에 프랑스를 포함한 유럽 대부분의 국가들에서 산업화와 중산주의가 강하게 등장하고 있었으며, 이러한 변화에 대해 중농주의와 길드를 기반으로 한 전통적 가치가 서로 마주하고 있는 상황이었다. 이러한 상황 속에서 신흥 부르주아지들의 경우 국가적 재정위기를 통해 자신들의 정치적 위상을 높일 수 있었으며, 이들을 통한 사회구조의 변화는 결국 기존 체제에 대한 반발로 이어지게 되었다. 프랑스의 경우 3개의 계급구조를 가지고 있었는데, 성직자로 정의되는 제1계급과 귀족으로 나타나는 제2계급의 경우 면세의 혜택과 동시에 많은 권력과 부를 차지하고 있었다. 하지만 인구의 대부분인 제3계급의 경우 무거운 세금으로 국가의 재정을 책임지는 구조를 가지고 있었으며, 이들이 직접적으로 정치에 참여할 수 있는 유일한 구조인 삼부회의 경우 175년 동안이나 소집되지 않아, 제3계급은 이러한 반발이 더욱 커질 수밖에 없는 구조였다. 당시 사회구조 속에서 이러한 제3계급에 사업가와 변호사 등의 전문직인 신흥 부르주아지들이 포함되어 있는 것은 당연한 일이었다. 이후 재정 개혁과 관련하여 드디어 소집된 삼부회에서 결국 1·2계급과 3계급은 갈등을 겪게 되었고, 평민대표들은 자신들의 요구(개혁, 특권의 폐지, 부동산에 대한 중세적 권리 폐지 등)가 채택되지 못하자, 삼부회의 회의장을 테니스 코트로 옮기고 자신들의 요구가 해결되기 전까지는 의회를 해산하지 않도록 하고 농성을 시작하였다. 이후 진보주의적 사고를 가지고 있던 1·2계급의 일부 대표들까지 합류하게 되면서 제헌국민의회를 발족하게 되는데, 이에 대해 왕당파들이 무력 탄압을 시도하고, 이에 국민들이 바스티유 감옥을 습격하게 되면서 혁명이 시작되었다. 이후 입법의회와 로베스 피에르(Maximilien François Marie Isidore de Robespierre, 1758~1794)에 의한 공포정치의 시행, 이후 발생한 쿠테타 등 다양한 사건이 끊임없이 발생하던 이 혁명은 결국 국민공회를 통한 총재정부의 구성을 통해 완료되지만, 이후 혁명을 함께 하고 있던 나폴레옹 보나파르트(Napoleon Bonaparte, 1769~1821)에 의해 1799년 총재정부는 전복되고 통령정부를 수립하는 결과로 마무리하게 된다.

이러한 혁명 과정 속에서 나타나던 중심 내용은 자유와 평등, 그리고 권리로 나타난다. 이러한 자유와 평등이라는 이념은 르네상스 이래 인본주의의 영향으로 인간존중, 인간존엄이라는 천부인권사상이 전제되어 있는 것을 확인할 수 있으며, 이는 곧 인도주의 및 박애주의와 연결되어 인권의 기본 사상과 아주 긴밀하게 연결되어 있는 것으로 보인다. 이러한 권리선언은 이후 국제적인 보편적 인권 개념의 성립과 각국의 헌법에 있어서도 지대한 영향을 미쳤으며, 오늘날 인권에 대한 구체적인 개념정립 및 실질적인 보장에 있어서도 그 영향은 다르지 않다.

7) 국제인권장전[3)]

1948년의 세계인권선언 이후 추가적인 개념으로 조약된 1966년의 국제사회권 규약과 국제자유권 규약을 통합하여 오늘날 국제적인 인권의 근거로 나타나고 있는 '국제인권장전'은 구성되고 있다. 사실 권리장전에 포함되어 있는 2개의 조약과 1개의 유엔총회 결의는 개별적인 것으로, 이들을 통칭하여 일컫는

---

3) 1948년 유엔총회를 통해 공식적으로 채택된 '세계인권선언'의 경우 전 세계적 포괄적 기준이라는 틀을 세웠다는 데 그 의미가 큰 것이 분명하지만, 이후 실질적이고 규범적인 효력이 부족한바 30년이 지난 1976년 국제규약을 정리하게 된다. 이러한 규약이 내용에서 제시된 국제사회권 규약(A규약)과 국제자유권 규약(B규약)이다. 흔히 A규약과 B규약으로 불리는 이 내용을 통해 세계인권선언은 국제적인 인권기준으로서의 위상을 세우게 되었다. 본 내용에서는 세계인권선언의 영향력을 통해 나머지 규약들이 제정된바 논의의 중심은 세계인권선언으로 하겠지만, 오늘날 국제적인 개념으로 정리되고 있는 내용을 인식할 수 있도록, 세계인권선언이라는 개별적 사건보다 관련된 모든 개념을 정리한 국제인권장전으로 함께 정리하였다.

'국제인권장전'은 비공식적 용어로 사용되고 있다. 하지만 이 세 가지 내용은 구성상에 있어서는 개별적으로 정리되어 있지만, 본 장에서는 세 가지 내용이 사용과 범위에 있어서는 포괄적인 내용으로 포함되어 이해하여야 하는바, 이를 위해 포괄적인 용어를 사용하였다.

새뮤얼 모인(Samuel Moyn, 2011)은 그의 글에서 1940년대 '인권'의 등장은 아돌프 히틀러(Adolf Hitler)의 악랄하고 폭력적인 통치 체제에 대한 희망적인 대안으로서 국제사회에 갑작스럽고 우발적으로 등장하였음을 밝히고 있다. 세계 제1·2차 대전을 겪은 세계 각국들은 평화에 대한 보편적인 사고를 공유할 수 있게 되었으며, 이에 1945년 세계인권선언을 기조할 책임자로서 루즈벨트 여사(Eleanor Roosvelt, 1884~1962)를 중심으로 한 유엔인권위원회가 위임을 받게 된다. 이 위원회의 구성은 미셸 이샤이(Micheline Ishay, 2004)가 밝힌 것처럼 다양한 문화적·철학적 배경을 가지고 있는 것으로 보였는데, 중국의 유학자이자 외교관으로서 위원회의 부위원장을 맡았던 즈앙펑춘(張彭春, 1892~1957), 레바논의 실존철학자로서 위원회의 보고관으로 활약한 말리크(Chales Malik, 1906~1987), 프랑스의 법학자로서 이후 노벨 평화상을 받게 되는 카생(Rene Cassin, 1887~1976), UN의 인권부서를 20년 동안 담당한 변호사로서 권리목록의 초안을 처음 조합[4]하였던 존 험프리(John Humphrey, 1905~1995), 그리고 앞서 책임자로 위임을 받고 업무를 진행하였던 미국 32대 대통령인 프랭클린 루즈벨트(Franklin Roosevelt) 대통령의 부인이며, 유엔인권위원회를 실질적으로 이끌었던[5] 엘리너 루즈벨트 등이 대표적인 인물로 나타나고[6] 있다. 이들은 다양한

4) 세계인권선언의 기본적인 토대를 잡은 인물로 크게 존 험프리와 찰스 말리크, 루즈벨트를 제시하고 있지만, 일반적으로는 카생이 이 세 사람보다 먼저 작성을 하였으며, 그 과정에서 유럽 당파가 참여한 것으로 알려져 있다.

5) 엘리너 루즈벨트의 경우 1945년부터 1951년까지 UN 대사를 지내고 있었으나, 1946년에 UN의 인권위원회 의장으로 선출되어 활동하게 된다.

6) 말리크와 즈앙의 경우 실존철학과 유교철학이 가지고 있는 철학적 논쟁, 그리고 유대인으로서 나치 대학살을 겪었던 카생과 아랍연맹의 대변인이었던 말리크 사이의 정치적 긴장 등 이러한 다양한 차이가 내부에서도 존재한 것으로 보인다.

문화적, 종교적, 정치적 전통이 다른 국가들 사이에서 공통된 인권의 표현방식을 도출해 내는 것이 목적이었다. 이후 1948년 세계인권선언은 UN 총회 가입국 58개국 중 50개국의 찬성으로 채택되게 된다. 물론 이 내부 상황을 살펴보면, 당시 미국과 함께 UN에서 가장 큰 영향력을 가지고 있던 소비에트연방 진영의 기권으로 인해 모든 국가에 포괄적인 내용으로 이해하는 데 한계를 가질 수밖에 없는 것으로 보인다. 이는 당시 사회적·경제적 권리 및 권리에 대응되는 시민적 의미(civic duties)에 우선순위를 두고 있던 소련의 대표와 '보이지 않는 손'이 개입될 여지가 있는 사회적·경제적 권리에 대한 지지를 보이는 미국의 대표들의 대립에 그 원인을 두고 있었다. 하지만 이러한 과정을 겪은 '세계인권선언'은 인류 역사 속에서 발전해 온 세속적·종교적 인권 개념을 집대성한 최고의 국제 인권문헌으로서 그 역할을 시작할 수 있게 되었다. 그 세부 내용을 살펴보면 19조까지는 계몽주의 시대의 투쟁 결과물인 다양한 자유권(생명권, 인신의 보장, 가혹한 처우로부터 개인을 지킬 수 있는 다양한 조치, 법 앞에서의 평등 등)이 서술되고 있으며, 20~26조에서는 산업혁명 시대의 투쟁 산물인 사회적·경제적 평등에 관한 권리(사회보장, 노동권리, 정당한 보수를 받을 권리, 노동조합을 결성할 권리, 교육받을 권리 등)이 다루어지고 있으며, 27~28조에서는 19세기 말에서 20세기 초 사이 그리고 식민지 이후 시대를 통해 주창된 공동체적 유대 및 민족적 연대와 관련된 권리에 초점을 맞추고 있는 것으로 보인다.

하지만 이렇게 인류 보편적인 권리로서의 등장하게 된 인권의 출발은 그리 녹록지 못했다. 많은 부분들이 실질적으로 적용되거나 사용되지 못해 사문화될 수밖에 없는 모습을 보였으며, 법적인 구속력이 없이 단순한 목표들의 나열에 불리하였던 이러한 인권선언의 한계는 결국 1947년 여름 경제사회이사회에서 '행위 불능 시안으로 결정'받게 되어, 인권이 선언의 단계에서 연구할 가치가 없는 것으로 인정되었으며, 따라서 그보다 더 낮은 행동 단위인 탄원으로 강등되게 된다. 당시 험프리(Humfrey)의 기록처럼 인권은 '세상에서 가장 고귀한 쓰레

기통'으로 전락해 버린 것이다. 하지만 이러한 상황에서도 국제사회에서 그리고 다양한 국제적 레짐(international regimes)들의 지속적인 등장으로 인해 '세계인권선언' 역시 이러한 규범적인 성격의 규약들이 1966년 UN 총회에서 채택되게 된다. 이제 명실상부한 국제적 규약으로서의 인권선언의 모습이 등장할 수 있게 된 것인데, 이를 세부적으로 살펴보면 다음과 같다.

먼저 경제적 사회적 및 문화적 권리에 관한 규약(ICESCR : International Covenant on Economic, Social and Cultural Rights)은 사회권 규약 혹은 A규약으로 불리고 있는데, 세계인권선언보다 훨씬 종합적이고 구체적인 경제적 · 사회적 · 문화적 권리를 담고 있으며 현재 160여 개국이 가입되어 있다. 대표적인 내용으로는 노동권, 좋은 환경에서 일할 권리, 노동조합을 결성하고 가입할 권리, 적절한 생활수준을 향유할 권리, 가정이 보호받을 권리 등이 그것이다.

다음으로 시민적 및 정치적 권리에 관한 국제규약(ICCPR : International Covenant on Civil and Political Rights)은 자유권 규약 혹은 B규약으로 불리고 있는데, 이 역시 국제인권선언에 비교하면 법률적인 면에서 더욱 세부적으로 규정되어 있으며, 국제인권선언의 내용보다 더 많은 권리들이 새롭게 추가되어 있다. 대표적인 내용으로는 소수집단에 대한 인권보장, 인간으로서 고유한 존엄성을 존중받는 대우를 받을 권리, 모든 아동들의 국적 취득 권리 등이 바로 그것이다.

2. 한국 인권 개념사

앞선 인권에 대한 기본적 개념을 통해 살펴볼 수 있었듯이, 인권은 그 논의에 있어서 관념적이거나, 추상적인 모습을 가지고 있는 것이 사실이다. 하지만 분명 인권은 이러한 사유의 대상에서만 존재할 수 없는 가치를 가지는바, 인간이 세상을 살아가는 어느 상황에서든지 실천되고 구현되어야 하며, 동시에 이를 위해 사회 전체적으로 노력해야 하는 것이다. 또한 인권이 공식적인 용어를 확보하여 사회적 가치로서 역할을 수행하는 것에 있어서 서양의 역할이 먼저 강조되었기 때문에, 인권에 대한 이해나 접근에 있어서 서구 중심의 시도가 많은 것이 사실이다. 하지만 이러한 인권에 대한 내용이 그 용어상의 차이는 있다 하더라도, 우리 한국에서도 그 모습이나 영향이 분명히 나타나고 있었던바 본 내용에서는 한국을 중심으로 인권 개념사를 정리해 볼 것이다.

물론 특정 국가의 사건을 중심으로 인권을 살펴보는 것이 의미가 있을까 하는 의문을 가질 수 있다. 인류보편적인 개념으로 인권을 이해하려는 시도가 이루어지고 있는 지금 시점에서 다시 유교문화권을 중심으로 한 접근, 혹은 인권에 대한 지리적 구분의 필요성이 있는가 하는 물음이 바로 그것이다. 전술한 내용처럼 보편적 가치로서 존재하는 인권의 모습은 상당히 관념적이고 추상적일 수밖에 없게 된다. 이를 실질적이고 구체적으로 만들기 위해서는 각 나라에 적합한 방식으로 수정되어 적용되어야 할 필요성을 가지게 되는 것이다. 이러한 관점에서 각 나라에 적합한 방식이라는 것은 결국 역사적 배경을 포함한 그 사회가 가지고 있는 전반적인 특성을 파악해야 하는 것이다. 사회복지라는 학문이 가지고 있는 보편적 가치가 각 나라마다 상이하게 나타나고 있는 것도 이와 같은 흐름으로 볼 수 있을 것이다. 본 내용은 이러한 관점으로 한국에서의 인권 개념사를 살펴보았다.

한국이 가지고 있는 다양한 역사적 경험에 비추어 볼 때, 특정한 사건이나 내용으로 한국 인권 개념의 시작을 설명하기는 쉽지 않은 것이 사실이다. 다만 일반적으로 일본의 패망 이후 입헌주의적 근대국가 체계가 이루어지기 시작하면서부터 우리나라의 인권에 대한 담론의 시작을 찾는 경우가 보편적이며, 이후 민주화 과정 속에서 등장하게 된 다양한 관련 내용들이 인권과 아주 밀접하게 연계되어 있는 것을 확인할 수 있다. 정진성 등(2010)은 그들의 글에서 한국

사회 내 인권을 이해하기 위한 시계열적 변화의 흐름 속에서 크게 네 가지 정도의 특징을 찾을 수 있다고 하였으며 이는 다음과 같다.

먼저 산업화에 따른 논의이다. 한국 사회의 경우 압축적이고 급속한 발전과정을 겪게 되었으며, 동시에 경제성장을 통해 개인들이 가지고 있는 '인간다움'이 해결될 수 있을 것이라는 내용이었다. 인권에 대한 이러한 접근은 자유주의적인 입장에서의 해석으로 판단될 수 있으며, 이러한 자유주의적 기조에서 인권은 산업화 혹은 경제개발이라는 조금 더 대중취향적인 요구에 밀릴 수밖에 없었다. 대구 피복노조의 한 노동자였던 전태일 열사(1948~1970)의 노동권 확보를 위한 기본적 투쟁을 통해 대표될 수 있듯이, 급격한 산업화를 위해 많은 노동자들의 권리는 보장되지 못했고, 노조를 결성할 권리와 파업의 권리, 그리고 인간다운 생활을 할 수 있다는 생존권의 보장 등은 언제나 차후의 문제일 뿐이었다.

다음으로 한국의 역사과정상에서 항상 언급되는 분단 상황에 대한 논의이다. 이러한 분단 상황은 한국의 인권 개선에 대한 필요에서 큰 걸림돌로 작용하고 있는 것이 사실이다. 한국전쟁을 통한 분단의 상황은 국민들의 마음속에 큰 벽을 만들게 되었고, 이러한 상황에 기인하여 국가안보적 상황은 때로는 정권안보적 활동을 나타나게 되었다. 국가보안법을 필두로 한 정부에 대한 저항을 막기 위한 다양한 규제와 억압적 내용들은 본 절에서는 다루지 않을 것이다. 2010년 한국 인권보고서를 토대로 살펴보면, 통일 분야와 관련된 인권보고 중에서 아직도 대북정책에 대한 적대적 관계의 확립, 그리고 국가보안법을 이용한 탄압의 시도, 이후 국가보안법에 대한 개악을 시도하는 등 이와 같은 사항이 인권의 발전에 있어 긍정적인 모습으로 변하지 못하고 있다는 점에서 지속적인 문제로 작용하고 있다.

세 번째로는 한국의 민주화 과정 속에서 나타난 인권운동에 대한 논의이다. 1980년대 말 군사정권에 대한 시민사회와 민주화 투쟁은 결국 절차적 민주주의를 수립할 수 있게 되었다. 오늘날 군사독재정권에 의해 통치되는 외국의 사례를 통해서 파악할 수 있듯이, 우리나라 역시 이러한 시대에서 인권운동은 그 자체로서 군사독재정권의 탄압을 경험할 수밖에 없는 구조였다. 하지만 이러한 민주화 투쟁의 결과를 통해 인권은 미약하나마 충분한 논의와 관심을 통해 조금씩의 발전을 준비할 수 있는 시기를 마련할 수 있게 되었다. 이러한 논의의 근거는 1990년 한국정부에 의한 UN 인권협약에 대한 가입 그리고 이후 국내 인권단체들의 중심으로 정부의 왜곡된 정보에 대한 수정을 목적으로 제출된 'NGOs 반박보고서(Korean NGOs Alternative Report)' 등의 활동에서 찾을 수 있을 것이다. 하지만 이러한 다양한 활동에도 불구하고, 대부분의 내용들이 정부 혹은 국가를 상대로 한 활동으로, 다양한 시민사회참여를 통한 대중적인 운동으로 이끌어 내지는 못한 한계를 보였다.

마지막은 민주화 달성 이후 한국의 인권에 대한 논의이다. 형식적·제도적인 민주주의는 어느 정도 수립되었으나, 신자유주의를 기반으로 한 세계화라는 강요는 한국 역시 크게 벗어날 수 없었다. 특히 1990년대 후반 발생한 IMF라는 경제적 위기는 인권에 대한 논의의 방향을 상당히 다양하게 만들게 되었다. IMF라는 위기 상황 속에서 출범한 김대중(1924~2009) 정권의 경우 다양한 시장개방정책, 그리고 노동시장의 유연화, 이를 통해 센(Amartya Kumar Sen, 1933~)이 주장한 노동시장의 분절화가 이루어지게 되었으며, 결과적으로 경제적 차별은 더욱 심해지는 모습을 확인하게 되었다. 하지만 인권친화적으로 출발한 김대중 정권은 2001년 국가인권위원회의 출범으로 제도권 정치 안에서 인권에 대한 활동을 인정하는 구조를 확보하였으며, 이후 들어선 노무현(1946~2009) 정부의 경우 과거 청산과 국가보안법 폐지 노력과 같은 실질적인 정치적 변화노력을 보여주었다. 하지만 이 역시 경제체제적인 구조변화를 통해 나타나는 차별적이고 억압적인 상황(예 여성과 이주노동자들의 열악한 근로조건, 경제적 위기에 따른 일방적 해직노동자의 발생, 비정규직 중심의 고용정책 등)의 해결에 있어서는 한계를 보여, 이후 한국 사회의 인권에 대한 논의는 상당히 분절적이고, 선별적인 모습을 보이고 있는 것이 사실이다. 물론 세계화를 통한 이러한 변화가 항상 인권에 있어서 부정적인 점만 있는 것은 아닐 것이다. 다양한 국제 교류가 가능해지기도 하며, 이러한 내용을 통해 확보된 운동단체 간의 네트워크로 많은 정보를 나누고, 활동을 함께 하는 데 장점을 가지기도 한다. 하지만 또 이러한 내용에서도 문제는 발생하고 있는데, 정보인권과 정보격차 등으로 나타나는 한계와 장애물들이 그것이다.

이렇게 살펴본 네 가지 한국사회에서 인권에 대한 논의는 하나의 논의가 종료된 후 다른 논의가 이어지는 것이 아니라, 지속적으로 상대적인 관심의 차이를 보이면서 한국사회의 인권에 대한 논의를 끌어가고 있다. 인권에 대한 권리를 주장하고 있으면서도, 반대편에서는 경제적인 발전을 이야기하고 있으며, 노동권 확보와 같은 인권의 실질적인 활동 필요성을 이야기하면서도 분단국가의 현실을 비추어 부정적인 시각으로 접근하는 개념 등은 한국사회가 가진 인권에 대해 가지고 있는 복잡다양한 스펙트럼을 살필 수 있는 좋은 예라 할 것이다.

생각해보기

1. 본 장에서 확인한 것처럼 인권 개념에 대한 인식은 사회의 변화와 함께 해왔다고 볼 수 있다. 여러분이 살고 있는 지금에서 인권 개념을 대표할 수 있는 내용이나 단어는 무엇이라고 볼 수 있을까? 서로 이야기를 나누어 보자.

2. 인권에 대한 기본 개념은 보편타당한 것이라 하더라도, 시대적・지리적 상황에 따라 인권에 대한 해석은 다양하게 이루어진 것으로 보인다. 과거와 현재 그리고 동양과 서양의 인권 개념의 차이와 공통점을 생각해 보고, 함께 나누어 보자.

제 11 장

인권의 실제

인권이 가지고 있는 보편타당한 가치로 인해 특정 대상을 위한 별도의 인권을 주장하는 것은 사실 무의미한 일로 보일 수도 있다. 앞서 살펴본 내용처럼 모든 인간들이 가지고 있는 존엄성과 '인간답게 살 권리'라는 인권에 대한 일반적 개념적 접근은 이러한 특성을 더욱 잘 드러낸다. 19세기 산업화와 식민주의의 확산을 통해 탄생한 인권의 개념은 20세기 들어서는 많은 사회적・정치적 요구들을 통해 제도화・구체화되는 특징을 나타내고 있다. 20세기에 들어서 노예제는 전 세계적으로 금지되었으며, 여성들은 투표권을 확보할 수 있었으며, 어린이와 청소년의 권리가 국제조약에 의해 보호받게 되었다. 이제는 더 나아가 미국의 이라크 전쟁을 인권의 차원에서 반대하고 있으며, 프랑스의 경우 이슬람 여성들의 히잡 착용에 대한 논의가 인권을 관점에서 다루어지는 복잡한 양상을 나타내고 있다. 이렇게 다양해지고 있는 인권을 살펴볼 때, 우리는 인권의 구체적인 실천을 위해서는 특정 영역에 적합하게 사용될 개념들에 대한 정의가 필요한 것이 사실이며, 이에 대상이나 목적에 따라 구분을 하는 것은 유의미한 내용이라 할 것이다. 하지만 대상자들에 대한 인권의 내용을 살펴보면서 그 세부적인 방법과 기술을 정리하는 것은 인권에 대한 내용이라기보다는 사회복지실천적 모습이 높은 것으로 판단되어, 본 장에서는 사회복지 대상들을 중심으로 그들에게 강조될 수 있는 '인권' 그 자체에 대해 정리하기 위해 노력하였다. 이에 국제적 개념의 소개와 우리나라에 나타나고 있는 개념정의를 함께 살펴보았다.

1. 노인들의 인권

노인들 역시 생애주기상 비교적 이른 부분에 위치한 다른 연령대의 계층과 마찬가지로, 인간이 누릴 수 있는 모든 권리를 직접적으로 향유할 수 있는 권리의 주체로 정의된다. 노인들을 위한 인권이라는 내용이 국제인권선언이나 국제조약으로 채택되지 못한 것은 사실이지만, 인권이 가지고 있는 기본적 가치를 통해 그러한 내용을 찾을 수 있다.

노인의 인권은 노인의 인간존엄성 보장을 위한 기본적 전제이며, 노인이 '인간다운 노후생활을 영위할 수 있는 권리'(박수천, 2005; 이석준, 2001)이다. 하지만 앞선 인권의 기본 개념에 대한 논의처럼 인간다운 생활을 영위할 수 있는 권리라는 정의는 아주 추상적일 수밖에 없으며, 이는 노인의 특성과 그들을 둘러싼 사회적 환경을 충분히 반영하지 못하는 것으로 판단된다. 이에 노인들의 인권을 구체적으로 개념화할 필요가 생긴다.

앞서 밝힌 것처럼 다른 사회적 약자에 비해 노인을 위한 인권과 관련한 국제적인 조약은 아직 채택되지 않은 상황이다. 물론 일부 학자들의 경우 이러한 근거에는 참정권이 확보되어 있는 노인들의 특성상 자신들의 문제를 정치적으로 충분히 풀 수 있을 것이라는 판단에 근거한 것으로 보이지만, 이 역시 지나치게 작위적인 해석일 뿐이다. 이에 관련한 사례를 살펴보면, 1948년 아르헨티나에서 채택된 '노인의 권리선언'이 그나마 대표적이라 할 것이다. 이는 세계인권선언을 기조로 노인에 대한 인권보장에 있어서 구체적이고 노인들의 인권과 관련한 연구와 활동이 국제적으로 시작되는 계기로 판단된다. 이러한 노인의 권리선언에서는 10가지 권리가 제시되어 있는데, 노인들의 기본적 욕구를 해결하기 위한 의식주와 관련된 내용, 그리고 사회참여의 방법으로 강조되고 있는 노동에 대한 기본적 권리에서부터 시작하여, 신체적·정신적 건강을 포함하는 사회적 보호를 받을 수 있는 권리항목, 여가의 권리와 안전에 대한 권리 그리고 존경을 받을 권리까지 다양한 내용을 포함하고 있다. 하지만 이러한 의의에도 불구하고 아르헨티나 '노인의 권리선언'의 경우 세계대전 직후 국가에 의한 보호가 어려운 시대적 상황에 비추어 보호 및 원조를 받을 권리에 있어서 가족의 보호를 기본으로 하고 있어, 사회적인 공공의 노력의 필요를 반감시켜 많은 부분 아쉬움을 나타내고 있다.

이후 1982년 UN 총회에서 인준한 '국제고령화 행동계획(International Plan of Action on Ageing)'은 더욱 세부적인 내용으로 정리되고 있는데, 이는 다음과 같다(한국노인복지시설협회, 2009). 여기에서는 노인의 잠재능력 개발과 권익보호를 위해 '건강과 영양, 노인 소비자의 보호, 주거와 환경, 가족, 사회복지, 소득보장과 고용, 교육' 등 7개 분야의 62가지 정책방향을 모든 국가에 권고하고 있다. 그리고 이후 1991년에는 '노인을 위한 유엔원칙(United Nations Principles for Older Persons)'을 발표하여 노인의 존엄성 보호를 강조하면서 노인은 스스로 존엄성을 지킬 수 있고, 안전하게 살 수 있으며, 착취와 학대의 대상이 되어서는 안 된다고 지적하면서, 노인의 권익보호를 위하여 자립, 참여, 보호, 자아실현, 존엄이라는 다섯 가지 원칙을 준수할 것을 권고하고 있다. 그리고 2002년 채택된 '마드리드 고령화국제행동계획(International Plan of Action on Ageing)'에서는 노인의 권익보호를 위한 '노인과 발전, 노년기까지의 건강과 안녕 증진, 역량강화와 이를 지원하는 환경확보'를 위하여 총 117개의 행동계획을 실행에 옮길 것을 권고하였다(보건복지부, 2002).

우리나라의 경우를 살펴보면, 노인복지법 제2조는 '노인은 존경받으며 건전하고 안정된 생활을 할 권리와 능력에 따른 경제활동 및 사회활동 참여 권리를 지님과 동시에 심신의 건강유지와 사회발전에 기여할 의무를 규정'하고 있다. 국가인권위원회의 국가인권정책기본계획(2006)에서는 노인의 주거권, 건강권, 사회복지권이라는 세 가지 권리 보장을 노인 인권 증진의 목표로 규정하고 있다. 하지만 이와 같은 구분은 지나치게 포괄적인바, 2004년 국가인건위원회의 자료를 살펴보면 권리의 주체로서의 노인, 자기결정의 원칙, 잔존능력의 존중과 활용, 노인의 가치와 존엄의 확보라는 인권사상을 기반으로 하여, 노인의 권리영역을 주거권, 고용보장의 권리, 건강권, 교육권, 소득보장권, 기타의 권리라는 6개 영역으로 구분하고 있다.

지금까지 살펴본 노인의 인권에 대한 다양한 내용들을 살펴보면, 각자의 개념 규정과 영역 구분에 있어서 같은 모습이 나타나지는 않지만, 기본적으로 노인들이 가지는 인권의 개념 역시 인간존엄권을 기반으로, 자유권과 사회권 그리고 청구권을 포함하는 것으로 볼 수 있다. 이러한 개념에서 노인들의 인권을 위한 매뉴얼(2009)을 살펴보면 노인들에 대한 인권의 영역을 ① 행복추구권과 평등권 등의 인간존엄권, ② 신체적 자유권과 사생활에 관한 자유권, 정치・문화・종교활동의 자유권, 차별과 학대를 받지 않을 권리 등을 포함하는 자유권 ③ 건강권, 환경권, 소득보장권, 국가와 사회로부터 부양받을 권리, 교육문화권, 노동기본권, 복지수급권 등의 사회권과 ④ 청원권, 국가배상 청구권 등의 청구권으로 규정하고 있는 것을 확인할 수 있다.

[국가인권위원회] 보도자료, 2009년 5월 12일

"경찰・소방 공무원 채용 시 나이제한은 차별"

"경찰철이 순경, 경찰간부후보생 등 경찰공무원 공개경쟁 채용시험의 응시연령을 30세 이하로 제한하는 것은 나이차별"이라며 어 모 씨(남・31) 등이 제기한 진정에 대해, 국가인권위원회는 경찰 및 소방공무원 선발시험 응시연령을 30세 이하로 제한한 것은 평등권침해의 차별행위라고 판단하고, 경찰청장과 소방방재청장에게 관련 규정 개정을 권고했습니다.

국가인권위원회는 △30세를 초과하는 사람이 순경으로서의 업무를 효율적으로 수행하는 데 필요한 기본적 능력과 강인한 체력을 구비하지 못했다는 것을 입증할 만한 객관적 자료가 존재하지 않고 △현행 공개경쟁 채용시험 체제에서 순경 업무에 필요한 능력과 체력을 개인별로 측정하는 것이 불가능한 것도 아니므로, 순경 공개채용 시 응시

> 연령 제한이 필요하다면 신체활동성과 나이의 상관관계에 대한 의학적, 사회학적 검토를 통해 응시상한 연령을 설정해야 한다고 보았습니다.
> 따라서 국가인권위원회는 일정한 연령에 이른 자를 일률적으로 배제하기보다는 자질을 검증할 수 있는 보다 정교한 선발절차와 기준을 마련하는 것이 적절하다고 판단했습니다.

2. 노동자들의 인권

다른 영역에서도 비슷하게 발생할 수 있는 문제지만 노동자와 관련한 인권의 경우 다양한 대상들의 특성으로 인해 그 대상적 구분이 명확하게 구분되기 어렵다는 특성을 가진다. 이는 노동권으로 대표되는 노동자 인권이 생애주기상 특정한 연령 이상이 되는 경우 모두 이에 대한 욕구를 가지고, 활동할 능력을 소지하고 있기 때문에, 이러한 모든 대상을 포함하는 포괄적인 개념의 노동인권을 파악하는 것은 쉬운 일이 아닌 것이다. 따라서 본 내용에서는 노동인권이라는 조금 더 포괄적인 내용보다는 노동자들에 대한 인권이라는 조금 더 협소한 의미의 접근을 시도하였다.

먼저 노동자 인권을 이야기함에 있어서 가장 중요한 역사적 사건은 국제노동기구(ILO : International Labour Organization)의 설립으로 볼 수 있다. 세계 제1차 대전이 끝난 후 세계적인 평화구축의 필요성으로 창설된 국제연맹(League of Nations)이 실질적으로 국제적인 분쟁을 해결하는 데 많은 역할을 하지 못하여 해체되는 과정을 겪었다 하더라도, 부설조직으로 구상되었던 국제노동기구는 그 역할 및 위상에 있어서 현재까지도 아주 중요한 의미를 가지고 있다.[1] 현재

1) 이러한 국제노동기구의 중요성은 특히 사회복지 · 사회보장의 의미가 잘 정리되지 못한 시기부터 많은 부분 개념화를 이루었다는 점에서 특히 가치가 있다. 오늘날 사회복지 관련 서적들에게서 개념적 정의를 하는 부분에 있어서 다수의 서적들이 ILO의 정의를 함께 설명하고 있으며, 이 개념 정의들은 오늘날 사회복지 영역에 있어서도 넓은 의미의 개념으로 정리되고 있다.

국제노동기구는 국제연합 산하의 전문기구로서 사회정의의 구현과 범세계적으로 인지된 인권 및 노동권을 추구하는 기관으로 남아있다. 국제 노동기구의 노사정 참여구조는 UN 내에서도 독보적인 시스템으로 이는 노동자, 사용자, 정부가 각각 동등한 파트너의 위치에서 기구의 관리체계 업무에 참여하는 구조를 보이고 있으며, 이러한 국제노동기구의 목적은 모든 이에게 양질의 일자리를 제공하여, 자유롭고, 평등하며, 안전하고, 인간의 존엄성이 보장되는 환경에서 일하도록 하는 것이다. 이러한 국제노동기구에는 네 가지 주요 전략이 있는데 이는 다음과 같다.

첫째, 근로기준과 기본 원칙, 근로기본권리를 증진하고 실현한다.

둘째, 남녀를 불문하고 모든 이들이 양질의 일자리를 가질 수 있는 기회를 확대한다.

셋째, 모든 이들에 대한 사회보장의 범위와 효과를 확대한다.

넷째, 노사정 참여구조와 사회적 대화를 강화한다.

ILO의 이러한 활동들을 통해 국제적인 규범으로서의 노동권에 대한 논의가 인식될 수 있었으며, 우리나라의 경우 헌법학계와 노동법학계에서 널리 사용되고는 있으나, 그 개념 속에 포함된 내용들이 모두 동일한 것으로 사용되어 있지는 못하다. 하지만 이러한 개념상의 혼동이 있을 수 있다 하더라도, 모든 내용에 있어서 단결권, 단체교섭권 그리고 단체행동권으로 정의되는 노동3권은 공통적으로 인정하는 것으로 보인다. 다만 근로권과 생활권에 대한 논의가 개별적 연구에서 차이가 나타나는 것으로 보이는데, 노동3권에 추가적으로 생활권과 근로권을 포함시키는 입장은 현실 사회에서 노동기본권 담당자로서의 근로자계급을 고려하는 발상에서 비롯되었다. 반대로 노동기본권에 생활권을 포함시키지 않는 입장은 생활권이 노동3권 및 근로권의 이념적 기초이며 또한 생활권은 근로자뿐만 아니라 국민 전체를 대상으로 하는 보다 광범위한 사회집단의 기본권으로 나타나, 사회보장제도·공중위생 등의 확보를 주요 내용으로 하는 데 착안하는 것이다. 이 입장은 노동기본권을 '기본권의 주체'에 착안하여 '근로자의 기본적 인권'으로 파악하므로, 노동에 착안하여 '노동의 기본권'을 보는 이해와는 상당한 차이를 보이게 된다(김재기, 2006).

우리나라의 경우 실정법상에서 이러한 내용을 살펴보면 생활권은 헌법 제34조(인간다운 생활을 보장받을 수 있는 권리), 노동권의 경우 제32조(일자리 및 일할 조건을 보장받을 수 있는 권리)로 나타나 있으며, 이러한 생활권과 노동권의 경우 '모든 국민'을 그 권리주체로 하는 형식을 취하고 있다. 이에 반하여 노동3권의 경우 근로자만을 권리주체로 하는 차이를 보이고 있는데, 동시에 생활권과 노동권의 경우 앞으로 보장받을 수 있는 예방적 개념의 권리인 것에 비해, 노동3권의 경우 근로자 스스로 시행하는 생존확보활동을 국가가 탄압하지 않고, 자본가의 침해로부터 보호해 줄 것을 구체적으로 명시한 즉시적 개념의 권리로 이해되고 있다.

마지막으로 노동자인권을 확보하기 위한 기본적 개념으로서의 노동3권의 상호 간의 관계를 살펴보면 다음과 같다. 노동기본권(단결권 · 단체교섭권 및 단체행동권)은 모두 근로자의 생존확보를 목적으로 하는 생활권적 기본권으로서 이 셋의 관계는 밀접한 상호관계를 가지고 있는 것으로 보인다. 노동기본권 중 가장 근원적인 것은 근로조건의 유지 · 개선을 추구하는 주체인 근로자들 연합을 결성할 수 있는 권리, 즉 단결권이다. 그러나 노동기본권의 보장은 궁극적으로 근로자와 사용자 혹은 사용자단체와의 단체교섭을 유리하게 전개하기 위해 인정된 것이므로, 단체교섭은 근로자단결체의 목적활동이라 할 수 있고, 이에 단결권과 단체교섭권을 분리해서 생각하기는 어려운 것이다. 또한 근로자단결체가 단체교섭에 의하여 소기의 목적을 평화적으로 달성할 수 없는 경우 단체행동권의 행사라는 압력행동을 통하여 그 주장을 관철하게 된다. 그러므로 단결권과 단체교섭권 및 단체행동권은 서로 유기적인 관련을 맺고 있는 상호의존적 권리로서 단체교섭권이나 단체행동권이 없는 단결권 혹은 단체행동권이 없는 단체교섭권이라 진정한 의미의 단결권 혹은 단체교섭권이라 하기 힘들 것이다(권영성, 1999).

[매일노동뉴스] 2016. 2. 3. 기사

[파업했다고 8명에 1억 2천만 원 손배소] 4일재판 앞두고 생탁 노동자 소송철회 촉구

생탁막걸리 노동자들에 대한 법원의 억대 손해배상 소송 선고를 앞두고 시민단체 · 노동계가 소송 취하를 촉구했다.

2일 노동계에 따르면 부산지방법원은 4일 생탁막걸리 제조사인 부산합동양조 장림공장 사장 25명이 파업을 벌인 노동자 8명에 청구한 손해배상 소송 1심 선고 재판을 연다. 8명에게 청구된 손배 금액은 총 1억 2,500만 원이다.

사측은 "해당 노동자들이 2014년 4월 파업에 돌입한 뒤 과장된 사실로 기자회견을 해 생탁 이미지를 실추시켜 손해를 입혔고, 악덕 사업주라는 현수막 게시나 차량 확성기 방송으로 명예훼손을 당하고 정신적 피해를 입었다"며 지난해 9월 소송을 제기했다.

부산시는 지난해 12월 생탁 문제 해결을 위한 노사민정 회의체 구성을 약속한 바 있다. 당시 고공농성 중이던 생탁 · 택시 노동자는 부산시의 중재를 받아들여 253일 만에 농성을 해제했다. 그러나 그 뒤로 부산시는 별다른 움직임을 보이지 않고 있다. 노사민정 회의체는 구성됐지만 논의는 지지부진한 상태다.

민주노총 부산지역본부 관계자는 "부산시는 지역 시민단체에 권한을 위임했다는 이유를 둘러대고 별 행동에 나서지 않고 있다"며 "시민단체가 사측을 만났지만 사측이 요지부동이라 사실상 회의체 가동이 안 되고 있다"고 설명했다. 이 관계자는 "이런 상황에서 법원마저 손배소가 정당하다고 판결한다면 사측은 더욱 대화를 거부할 것"이라며 "서병수 시장은 약속을 제대로 이행하고, 법원은 현명한 판결을 내려달라"고 촉구했다.

손배가압류를 잡자, 손에 손을 잡고(손잡고)는 1일 논평을 내고 "현수막 · 구호는 물론 생탁에 대한 소비자의 불매까지 노동자에게 배상하라는 것은 파업하지 말라는 노골적인 압박"이라며 "재판부가 이를 받아들인다면 사법부가 헌법을 부정하는 것"이라고 비판했다. 손잡고는 이어 "생탁의 명예가 회복되는 길은 노조와 성실한 교섭을 통해 노사문제를 해결하는 길뿐"이라고 강조했다.

3. 장애인들의 인권

사회복지 발달사적 측면에서 살펴보면 빈곤과 장애인에 대한 관심은 오랜 시간 전부터 많은 관심대상으로서 함께 해왔다는 것을 확인할 수 있다. 사회복지가 주로 만나는 대상들이 사회적 약자인 경우가 많다는 사실에 비추어 본다면, 사회복지가 구체적 활동으로 등장한 시간만큼이나 장애인들에 대한 인식도 오래되어 왔다는 것을 의미한다. 장애인들에 대한 인권적 이해의 중요성은 사회복지의 초창기 모습에 대한 논의처럼 단순히 시혜적이거나, 자선적 개념을 벗어나 그들의 존엄성을 인정할 필요성으로 정리될 수 있을 것이다. 특히 2005년 한국에서 시행된 인권실태조사에서 '한국사회에 가장 우선적으로 인권보호가 이루어져야 할 사람들은 누구라고 보십니까'라는 질문에 대해 일반인들의 경우 장애인(42.3%)의 비율을 다음 순위인 외국인 노동자(24.9%)와 생활극빈자와 노숙자(22.1%)의 비율에 비해 아주 높은 비율로 응답하였다.[2] 3년 뒤 시행된 조사에서도 장애인이 상당히 높은 비율을 차지하는 것을 보면 다수의 국민들은 장애인의 인권에 대한 관심이 있는 것으로 보인다.

장애인 인권은 말 그대로 장애인들이 비장애인들과 동등한 대우를 받기 위한, 확장된 개념의 인권이라고 볼 수 있을 것이다. 따라서 장애인들에 대한 인권 확보의 개념은 생애주기상에서 발생한 차별이 중심인 노인과 아동들과 달리 일상적 사회생활을 유지하는 데에 있어 요구되는 모든 일반권리를 함께 가지게 된다. 이러한 개념적 접근은 장애인복지에서 강조되는 울펜스버거(Wolfensberger)의 정상화(normalization) 이론에 비추어 보면 더욱 잘 드러나는데, 이는 사회의 모든 구성원들이 자신이 속한 사회 속에서 동등한 권리를 가지고 자신들의 삶을 영위할 수 있어야 한다는 윤리적 원칙에서 출발하게 된다. 결국 이러한 관점

2) 하지만 전문가 대상 조사에서는 외국인 노동자의 비율이 44.6%로 가장 높은 것으로 나타났으며, 그 다음이 장애인(29.7%), 비정규직 노동자(27.7%)의 비율로 나타났다.

은 장애라는 특수한 상황에 대한 차별이 아닌, 보편적이고 동등한 입장이 되도록 요구할 수 있는 인권의 개념이 나타나게 되는 것이다.

이러한 장애인인권에 대한 국제적인 규범으로서 세계인권선언에서는 그 내용에 있어서 모든 사회 구성원들이 자신의 고유한 존엄성과 평등성 그리고 보편적으로 가지고 있는 인권을 가진다고 하면서 포괄적인 개념으로서 장애인의 포함을 나타낼 수 있었다. 하지만 이를 조금 더 명확히 드러낸 것은 1975년 UN 총회에서 채택된 장애인 인권 헌장으로 이는 장애를 이유로 사회의 다양한 분야에서 받게 되는 차별에 대해 비장애인들과 동등한 처우를 받을 것을 규정한 선언문이다. 총 13장으로 구성된 장애인 인권 헌장은 다음과 같다.

① 장애인은 장애를 이유로 정치・경제・사회・교육 및 문화생활의 모든 영역에서 차별을 받지 아니한다.

② 장애인은 인간다운 삶을 영위할 수 있도록 소득・주거・의료 및 사회복지서비스 등을 보장받을 권리를 가진다.

③ 장애인은 다른 모든 사람과 동등한 시민권과 정치적 권리를 가진다.

④ 장애인은 자유로운 이동과 시설이용에 필요한 편의를 제공받아야 하며, 의사표현과 정보이용에 필요한 통신・수호통역・자막・점자 및 음성도서 등 모든 서비스를 제공받을 권리를 가진다.

⑤ 장애인은 자신의 능력을 계발하기 위하여 장애유형과 정도에 따라 필요한 교육을 받을 권리를 가진다.

⑥ 장애인은 능력에 따라 직업을 선택하고 그에 따른 정당한 보수를 받을 권리를 가지며, 직업을 가지기 어려운 장애인은 국가의 특별한 지원을 받아 일하고 인간다운 생활을 보장받을 권리를 가진다.

⑦ 장애인은 문화, 예술, 체육 및 여가활동에 참여할 권리를 가진다.

⑧ 장애인은 가족과 함께 생활할 권리를 가진다. 장애인이 전문시설에서 생

활하는 것이 필요한 경우에도 환경이나 생활조건은 같은 나이 사람의 생활과 가능한 한 같아야 한다.

⑨ 장애인은 사회로부터 분리, 학대 및 멸시받지 않을 권리를 가지며, 누구든지 장애인을 이용하여 부당한 이익을 취하여서는 아니 된다.

⑩ 장애인은 자신의 인격과 재산의 보호를 위하여 필요한 법률상의 도움을 받을 권리를 가진다.

⑪ 여성 장애인은 임신, 출산, 육아 및 가사 등에 있어서 생활에 필요한 보호와 지원을 받을 권리를 가진다.

⑫ 혼자 힘으로 의사결정을 하기 힘든 장애인과 그 가족은 인간다운 삶을 영위하기 위하여 필요한 지원을 받을 권리를 가진다.

⑬ 장애인의 특수한 욕구는 국가정책의 계획단계에서부터 우선 고려되어야 하며, 장애인과 가족은 복지증진을 위한 정책결정에 민주적 절차에 따라 참여할 권리를 가진다.

우리나라 장애인 인권은 2000년 이후 다른 사회운동들이 많은 부분 정체되고 하향화되는 모습을 보이던 것과 달리 현장에서의 대중투쟁은 오히려 급격히 활성화되었으며, 이러한 활성화에 힘입어 장애인들의 인권에 대한 현실도 객관적인 수준에서 상당한 진전을 이루고 있는 것으로 판단된다(민주화를 위한 변호사모임, 2010). 이들의 활동은 활동보조서비스 도입의 투쟁, 「장애인차별금지 및 권리구제 등에 관한 법률」 제정, 탈시설 투쟁 등으로 이어졌으며, 장애아동 부모를 중심으로 이루어진 운동들은 「장애인 등에 대한 특수교육법」의 제정이라는 결실을 맺는 성과를 보였다. 하지만 오늘날 한국사회를 둘러싼 커다란 사회변화의 기조인 신자유주의적 사회구조는 장애인들의 요구에 대해서도 그리 웃을 수 없는 상황을 만들고 있는 것이 사실이다. 또한 2010년 한국인권보고서에 의하면 한국의 경우 경증장애인을 배제한 보편성 없는 제도들이 다시 나타나고 있으며, 장애인들에 대한 예산의 실질적 삭감[3] 등 다양한 문제들(등급심사 시 발생한 높은 등급하락률, 등급기준의 문제, 서류심사 방식의 문제 등)이 제기되었으며, 이는 장애인들에 대한 인권보장에 있어 부정적인 사항으로 나타나고 있다.

이상의 내용을 통해서 파악해 볼 때, 비장애인들과 동등한 대우를 받고자 하는 기본적 인권의 보장을 요구하는 장애인 인권의 시작은 아직도 멀게 느껴지고 있는 것이 사실이며, 장애인들의 인권을 보장하려는 시도는 단순한 제도와 기술적인 사항을 벗어나 사회 전반적인 노력이 함께 따라야 할 사항으로 나타난다.

[BeMinor] 2016. 5. 27. 기사

장애인의 성(性), '무성적 존재' 또는 '성적 과잉'?

-이호선 연구원, 이분법 넘어서는 성 담론 강조

"다양한 위치에서 선택할 수 있는 성(性)에 대한 권리 모색해야"

#장애인은 무성적 존재?

몇 년 전 한 유명정치인이 복지시설을 방문해 뇌성마비와 지적장애가 있는 서른 살의 남성에게 '목욕봉사'를 하는 장면이 언론에 공개된 적이 있다. 아마 비장애인 성인 남성이었다면 상상도 할 수 없는 일이었을 것. 그 장애인은 그 순간 '남성이 아닌 자'로 여겨진 것이다.

장애여성의 경우도 다르지 않다. 장애여성은 출산과 양육에 적합하지 않다고 여겨져 (장애남성과는 다소 다른 맥락이지만) 역시나 '무성적 존재'로 취급받는다. 설령 그의 장애가 유전이 아니라도 장애아를 낳을 것이라는 편견이 만연되어 있어 결혼과 출산, 양육이 불가능하다고 여겨지곤 한다.

---

3) 2010년 통과된 장애인연금에 대한 내용으로 장애인 연금을 도입하면서 새로운 예산의 추가가 아니라, 기존 정책들의 정리를 통한 예산 조정 차원에서 이루어진 내용을 의미하며, 이후 3,185억 원의 상임위 통과예산은 한나라당 단독의 예산처리를 통해 1,519억 원으로 반값으로 조정되었다. 이에 대해 많은 장애인 관련 단체들이 항의하였으나, 2010년 법 통과 후 7월부터 장애인연금은 그대로 시행되었다.

#장애남성은 '가해자', 장애여성은 '피해자'?

그러나 다른 맥락 속에서 장애인은 '성적 과잉'의 존재로 여겨지기도 한다. 장애남성의 경우, 특히 지적장애 남성들은 성욕을 통제하지 못할 것이라는 인식 때문에 쉽게 성폭력의 가해자로 지목된다. 지체장애 남성의 경우도 평소에 성욕을 표출할 기회가 잘 없으니, 기회가 생기면 성욕을 통제하지 못할 것이라는 인식이 팽배하다.

반면 장애여성의 경우, 특히 지적장애 여성들은 자기결정 능력이 부족하고 약하기 때문에 쉽게 성폭력의 피해자가 될 것이라는 (장애남성과는 반대 맥락의) '성적 과잉'의 존재로 취급받는다.

27일 늦은 3시 이룸센터에서 장애학포럼이 주최한 "'장애' 새롭게 펴즐 맞추기" 첫 번째 시간 '장애와 섹슈얼리티' 강의에서 성공회대 사회복지연구소 이호선 연구원은 장애인을 둘러싼 성(性) 담론을 위와 같이 정리했다.

그러나 이 연구원은 '무성적 존재' 또는 '성적 과잉의 존재'라는 이분법은 모두 장애인이 성적 소외를 겪는 양상이라고 지적한다. 즉, 두 가지 다 장애인의 성을 고정되어 변화하지 않는 것으로 보아 장애인 개인의 경험을 온전하게 설명할 수 없다는 것이다.

따라서 이 연구원은 "(장애인의 성에 대해) 무성적 존재인가, 성적 과잉의 존재인가 하는 것은 이분화된 것이 아니라 연속 선상에 있는 것이며, 그 위에서 장애인들이 역동적으로 존재하고 있음을 인식해야 한다"라고 설명했다.

이 연구원은 "자신의 경험 속에서 오로지 '무성적인 존재'로서 평생 단일한 경험만을 하는 장애인이 있을까?"라고 의문을 던지며 "어떤 장애여성은 직장에서 '점심시간에 여직원이 남아서 자리를 지켜라'라고 할 때는 여성으로 취급되다가, 회사에 생리대 후원이 들어와 여직원에게 지급될 때는 여성으로 취급되지 않는다. 이처럼 한 장애인의 생애경험에서 성적 경험은 다양한 방식으로 이뤄지는 것"이라고 지적했다.

이어 이 연구원은 기존 장애인의 성에 관한 연구 주제가 지나치게 장애인을 '성적으로 부족한 존재'로 인식하도록 해, 비장애인의 성적 기준에 도달하는 것을 목표로 삼는 문제점을 낳았다고 지적했다.

"장애인계에서도 한때 누드사진이나 패션모델, 성적활동보조서비스 도입 논의 등의 활동으로 '무성적 존재' 담론을 깨려고 해왔다. 그러나 논의가 여기에 머물러 더 이상 진행되지 못하고 있다. (결과적으로) 이는 장애인을 성적 측면에서 장애남성, 장애여성이라는 각각 동일한 정체성 집단으로 획일화했다."

이 연구원은 "이는 장애를 '고정적이고 변화될 수 없는 몸'으로 보는 경향 때문"이라면서 "장애인들 중에는 자신의 성을 주어진 장소, 관계, 문화 속에서 다양한 방식으로 협상하는 행위성을 드러내는 이들이 있음을 주목해야 한다"라고 강조했다.

이 연구원은 장애인이 기존 담론 속의 성적 주체로 포함되기 위한 노력, 예를 들면 장애여성의 임신, 출산, 양육에 대한 이슈를 부각시키는 과정에서 기존의 가족제도에 대한 비판은 낄 자리가 없었다는 것이다.

과연 기존의 결혼제도에 들어가는 것만이 좋은 것인지, 상대적으로 장애여성에 대한 관심이 부족한 측면은 어떻게 할 것인지, 장애남성의 양육에 대한 문제는 어떻게 할 것인지 등이 '무성적 존재로부터 탈피하기 위한' 노력 속에서는 낄 자리가 없다는 것이다.

또한 반대로, '가해자 또는 피해자'라는 부정적인 방식으로 성적 주체로 인식되는 장애인의 성 담론 때문에, 상대적으로 장애인의 자유로운 성행위를 보장하는 논의는 억압될 수밖에 없다는 지적이다. 이 때문에 장애인에 대한 성 담론은 '보호' 담론을 벗어나지 못하고 있다는 것이다.

이에 이 연구원은 기존 질서에서 더 적극적으로 저항하는 활동을 상상해야 한다고 강조한다. 그는 "왜 동성애 장애인이 등장하지 않는가? 왜 결혼하지 않고 아이를 입양하겠다고 하지 않는가? 왜 자위만으로 욕구를 채우지 않는가"라고 물으며, 주류화된 성 담론과는 다른 방식으로 드러나는 장애인의 성 문제를 논의해야 한다고 지적했다.

이어 이 연구원은 "(장애인이) 성(性)에서 배제되어 있는 위치에서 비장애인만큼의 위치로 이동하자는 주장만 할 것이 아니라, 장애인의 다양한 위치에서 선택할 수 있는 성(性)에 대한 권리를 모색해 봐야 할 것"이라고 제기했다.

한편, 장애학포럼은 5월부터 10월까지 매달 마지막 주 화요일에 장애와 관련된 다양한 주제로 세미나를 개최하며, 11월 20일부터 22일까지는 '장애와 치료'라는 주제로 국제포럼을 개최할 예정이다.

4. 아동들의 인권

우리나라는 오랜 기간 동안 아동에 대한 기본적 인식에 있어서 부모에게 부속되거나, 인격이 미비한 존재로 보는 경향이 높은 것이 사실이다. 하지만 오늘날 아동에 대한 이해는 기본적으로 동등한 사람이라는 인식에서 출발해야 할 것이 강조되고 있으며, 이러한 시작에서 아동의 인권은 한 인간으로서 기본적으로 가져야 할 인권과 행복권을 지닌 자로 존중받아야 할 것으로 정의되고 있다. 하지만 이러한 정의가 아동과 성인의 모든 차이를 사라지게 하는 것은 아니며 이는 다만 차별에 관한 내용으로 접근해야 한다.

아동의 경우 인지능력과 의사결정에 있어서 약하여 자신들이 가지고 있는 기본권 권리가 훼손되기 쉽고, 일단 훼손된 인권과 행복권은 향후 회복되기에 어려운 특성을 가진다. 이러한 특성에 대한 이해를 바탕으로 아동에 대한 적절한 보호와 배려가 이루어져야 할 것이다. 이러한 아동이 가진 특성을 다시 인권의 권리주체로서 가지는 특성으로 정리해 보면 다음과 같다.

먼저 아동도 다른 사회구성원처럼 기본적인 인권을 가진다. 인권은 인간이 가진 기본적 권리를 의미한다. 세계인권선언문 전문의 내용을 통해 파악할 수 있듯이 아동은 사회구성원으로 자신에게 부여된 모든 기본적인 권리, 즉 인권을 가진 존재이다. 따라서 아동의 권리는 모든 인간이 누리는 보편적 인권을 기본적으로 전제하게 된다.

다음으로 아동은 약자를 위한 권리를 누린다. 지속적으로 제시한 것처럼 인권은 약자를 위한 권리이다. 이것은 보편적인 권리에 반하는 설명이 아니라 역설적으로 보편적 권리를 더욱 강조하기 위한 개념으로 이해되어야 한다. 아동은 사회적 약자로서 더 보호받고 배려받아야 하며, 아동이라는 이유로 현재 제한되고 있는 자신에 대한 의견을 전달하고, 스스로 설정할 권리를 가진다.

또한 아동은 발달 시기적 특징을 고려한 권리를 갖는다. 인간에게 보편적인 권리를 강조할 때 삶의 어떠한 조건에 상관없이 인권을 누린다는 것을 강조한다. 즉, '~때문에'라는 조건으로 인해 제한받을 수 없는 권리가 바로 인권이다. 그러나 아동은 '아동이기 때문에' 더 많은 권리를 요구하게 된다. 즉, 생애 발달 과정을 고려한 아동이라는 시기적 특성에 비추어 생존과 발달에 필요한 다양한 권리를 누릴 수 있도록 더 많은 권리를 강조하는 것이다.

마지막으로 아동은 권리를 누리기 위한 권리를 가진다. 아동은 성인에 비해 자신의 권리를 주장하는 데 한계가 있기 때문에, '권리를 누리기 위한 권리'를 가져야 할 것이다. 즉, 아동은 시민으로서 위치를 유예(猶豫)한 자가 아니며, 동시에 자기결정권을 부모나 교사, 사회에 위임한 자도 아니다. 따라서 아동은 그들의 권리를 권리로서 충분히 누릴 수 있도록 향유할 권리를 가진다.

이러한 내용에 근거로 다수의 제도 및 기관들에서는 UN의 아동권리협약(UN Convention on the Rights of the Child)을 나타내고 있다. 아동권리협약은 1989년 UN 총회에서 만장일치로 채택된 국제적 인권조약으로 아동의 생존, 보호, 발달, 참여의 권리 등 아동 인권과 관련된 모든 권리를 규정해 놓고 있다. 이러한 아동권리협약은 아동을 단순한 보호의 대상이 아닌 권리의 주체로 인식하였다는 점에서 아동 관련 인권 조약의 새로운 지평이자, 기준으로서 의미를 가지고 있다. 현재 전 세계 193개국의 비준을 받아 국제법으로서의 위치도 상당히 높은 것으로 판단되며, 아동권리협약을 비준한 국가의 정부는 아동의 생존, 발달, 유해한 것으로부터의 보호받을 권리, 학대나 착취로부터의 보호, 참여, 문화적·사회적 삶에 대한 권리 등 협약에 명시된 모든 권리를 보장할 의무를 지니게 된다. 또한 이러한 기준은 최초 비준 후 2년 후, 그리고 이후 매 5년마다 유엔아동권리위원회에 보고할 의무를 가지게 된다. 이러한 아동권리협약의 네 가지 기본 원칙은 다음과 같다.

첫째, 아동의 최선의 이익원칙(제3조)이다. 아동의 권리를 보장하는 데 있어서 가장 중요하게 고려되어야 할 것은 모든 조치나 정책이 아동에게 가장 유익한 방향으로 결정되어야 함을 원칙으로 삼는 것을 말한다. UN 아동권리협약에 따르면 아동의 권리를 논함에 있어 이 원칙은 '언제나' 고려되어야 하고, '중요하게' 다루어져야 한다.

둘째, 생존 및 발달의 원칙(제6조)이다. 아동의 인권이 보편적인 인권과 구별되어 논의되는 것은 바로 이것 때문인데 아동은 생애 발달 시기에 있다는 점에서 생존과 발달을 위한 다양한 보호와 지원을 누릴 수 있는 권리를 가지며, 이러한 원칙에 따른 구체적인 내용들이 아동권리협약의 주요 내용이 되고 있다.

셋째, 무차별의 원칙(제2조)이다. 아동의 권리를 논함에 있어서 인종, 국적, 종교 등의 어떠한 조건에 따른 차별도 배제하여야 한다는 것이다. 오로지 권리의 대상인 '아동'이라는 조건만으로 아동권리협약에 부과된 아동의 권리는 지켜져야 하며, 예외는 존재하지 않아야 한다.

넷째, 아동참여의 원칙(제12조)이다. 아동의 권리에 대한 주장에도 불구하고 국가, 사회, 성인집단들이 이를 인정하고 지켜주지 않으면 의미가 없다. 따라서 참여의 권리란 아동이 자신의 권리에 대하여 스스로 의견을 표현함으로써 권리 주장을 할 수 있는 권리의 주체임을 선포하는 것이다.

이러한 관점을 통해 우리는 아동을 언제나 사회적 돌봄을 받는 수동적 존재라는 인식을 벗어나 아동이 성인처럼 권리가 있는 인격체라는 사실에 대해 보편적으로 인식 및 접근해야 할 것이다.

[국가인권위원회] 인권상담사례

상담 : 아이를 수차례 조사해 아이가 겁을 먹었어요.

이웃에 사는 11세 아이가 지난 토요일 문방구에서 놀이카드 몇 개를 훔쳤습니다. 문방구 여주인이 아이를 사정없이 때려서, 아이 머리가 여러 군데 붓고, 다리에 상처가 난 데다, 등짝 전체가 시뻘게졌습니다.
문방구 주인의 남편이 지역 유지라, 경찰과 학교장까지 나서서 여주인이 사랑의 매를 때린 것이니 합의할 것을 강요하고 있습니다. 하지만 이웃 주민들은 이 여주인이 전에도 다른 아이를 폭행한 사례가 있어, 처벌받아야 한다고 말합니다.
경찰은 현장에서 아동을 조사했는데, 그 뒤에도 지구대로 아이를 수차례 불러 똑같은 질문을 되풀이하며 조사하여, 아이가 겁을 먹고 있습니다. 지구대는 문방구 주인 말만 듣고 경찰서로 사건 이송을 계속 미루다가 얼마 전에야 경찰서로 사건을 보냈습니다. 아동 수사와 관련하여 아동보호 법률조항이 있는지 궁금합니다. 아동학대센터에 문의해봤지만 잘 모르는 것 같습니다.

답변 : 형사소송법에 보호조치 조항이 있습니다.

수사과정에서 절차를 위반하거나 필요 이상 출석시켜 반복진술을 요구하는 등 피해아동에 대한 보호조치를 취하지 않았다면, 우리 위원회에 진정하여 판단을 받아보실 수 있습니다. 또 부당한 합의 강요에 관해서도 진정할 수 있습니다. 형사소송법 제163의2(동법 제221조 제3항 준용규정)에 따르면 피해자가 13세 미만으로 사물을 변별하거나 의사를 결정할 능력이 미약한 경우, 피해자와 신뢰관계게 있는 자를 동석하게 하여야 한다는 규정이 있습니다. 따라서 만일 경찰이 수사 시 보호자를 내보낸다거나 아동하고만 얘기하려고 했다면 문제가 될 수 있습니다.

5. 여성들의 인권

우리나라의 경우 헌법 제11조 제1항에서 '모든 국민은 법 앞에서 평등하다. 누구든지 성별, 종교 또는 사회적 신분에 의해 정치적·경제적·사회적·문화적 생활의 모든 영역에 있어서 차별을 받지 아니한다'라고 규정되어 있다. 이러한 내용에서 우리는 성별에 의한 차이가 존재할 수 있다는 것을 역으로 추론할 수 있다. 2012년 여성가족부의 연구에 의하면 국민들의 인식에서 우리 사회에서 성차별이 여전히 존재하고 있다고 응답한 비율이 전체의 75%를 차지하고 있어 여성에 대한 상대적 차별이 높은 사회로 나타나고 있다.

여성인권은 여성에 대한 차별과 폭력 문제 전반을 모두 지칭하는 광범위하고 포괄적인 개념으로 이해되고 있다(박인혜, 2011). 산업화 이후 여성인권은 주로 남성과 비교하여 발생하게 되는 성차별에 대한 문제였으며, 이러한 성차별의 문제는 페미니스트들의 주요 어젠다(agenda)가 되고 있었다. 이후 1990년대 여성에 대한 폭력을 젠더(gender)적 관점에서 재해석하여 여성인권에 대한 담론들이 형성되기 시작하였으며, 논의가 이루어지기 시작하였다. 역사적으로 살피면 인권에 대한 다수의 논의에서 여성들은 제외되는 모습을 보이고 있었던 것이 사실이다. 인권에 대한 자연법적 개념에서 등장한 시민의 계급이 존재하던 그리스의 경우 여성들은 시민의 지위를 확보하지 못하고 있었으며, 프랑스 혁명의 기조를 이끌었던 시에예스(Emmanuel Joseph Sieyès, 1748~1836)도 여성들의 혁명에 대한 참여를 의미 없는 것으로 여겼다. 이후 인간과 시민의 권리선언도 미국의 헌법과 마찬가지로 여성의 정치참여를 배제하고 있었다. 이에 프랑스의 작가이자 시민운동가였던 구주(Olympe de Gouges, 1748~1793)는 「인간과 시민의 권리선언」을 빗대어 「여성과 여성시민의 권리선언」을 선포하여, 이 내용에서 그녀는 남성시민의 권리와 똑같이 여성의 자연권을 보장할 것을 촉구했다. 하지만 그녀의 활동과 다른 다수 여성들의 혁명 내에서의 적극적 활동은 결국 여성들의 시민권을 확보하는 데 영향을 끼치게 되었다.

오늘날 사회에서도 여성이 경험한 다양한 차별과 편견을 통해 이러한 모습은 지속적으로 나타나는 것으로 보고되고 있으며, 한국의 경우 이러한 차별에 대한 명시적이고 정치적인 공론을 위한 여성부가 2001년 설치되었다. 2001년 초기 여성부는 자신들의 활동을 여성 그 자체에 두고 적극적인 활동을 보이려는 시도를 하였으나, 이후 정권이 바뀌는 과정에서 2005년 여성가족부로 확대되었으며, 2008년 2월에는 가족 및 보육정책의 기능을 보건복지가족부로 이관하고 여성부로 축소되었으나, 2010년 3월 보건복지가족부의 청소년 보호 및 다문화가족을 포함한 가족 기능을 이관받고 다시 여성가족부로 기관명칭을 변경하였다. 하지만 이러한 확대와 축소의 경향은 여성부 자체의 판단과 내용에 따라 전적으로 이루어졌다기보다는, 권력을 가진 정책 결정자의 판단에 의해 임의적으로 조정되는 모습으로 이해되는 것이 일반적이며, 이러한 상황 속에서 여성들에 대한 활동을 하겠다는 여성가족부의 본래의 취지를 살리기가 쉽지만은 않은 것으로 보이고 있다.

전통적 한국사회가 가지고 있던 사회적 인식들로 인해 여성들의 사회참여는 많은 부분을 제한을 받아온 것이 사실이다. 이러한 경향은 산업화를 지나 오늘날까지 오면서도 해결되지 못한 채 흘러오고 있다. 하지만 모든 사회구성원들은 그 자체로서 존엄하다는 인권의 사상에 비추어 한국의 여성인권 관련 활동들은 앞으로도 더욱 강조되어야 할 것이다.

[국가인권위원회] 인권상담사례

상담 : 살을 안 빼면 무급휴가를 보낸답니다.

건물에서 미화원으로 일하고 있습니다. 최근 회사에서, 살찐 미화원들이 산재를 많이 당한다는 핑계를 대면서, 2009년 3월까지 적절한 체중을 만들지 못하는 사람들은 6개월~1년의 무급휴가를 보내겠다고 으름장을 놓고 있습니다.
저희는 대개 30대에서 50대 사이의 평범한 중년 여성들인데, 그런 저희들한테 체중을 이유로 불이익을 주려는 건 부당하다고 생각합니다. 오늘이 체지방 검사날인데, 결과를 보고 진정할까 합니다.

답변 : 용모나 신체조건을 이유로 고용상의 불이익을 주는 것은 차별입니다.

용모 등 신체조건을 이유로 한 고용상의 차별을 당한 경우 우리 위원회에서 조사할 수 있습니다. 용모나 신체조건을 이유로 불리한 대우를 한다는 것은 합리적인 이유없이 용모 및 신체조건을 이유로 개인이나 집단을 분리, 구별, 제한, 배제하거나 불리하게 대우하는 행위입니다. 살찐 미화원이 산재를 많이 당한다는 합리적 근거없는 이유로 고용상의 차별을 당한다면 우리 위원회의 판단을 받아보십시오.

[용모를 이유로 한 차별 관련 유사상담 사례]

날씬하고 예쁘지 않으면 일을 제한하겠다고 합니다.
저는 난타 강사를 육성하여 파견하는 교육기관에서 인턴으로 3개월동안 일했습니다. 그런데 어제 경영자가 미혼여성 강사들만 보라면서, 미혼여성 강사의 경우에는 날씬하지 않고 예쁘지 않을 경우 일을 제한적으로 주겠다는 신체규정을 만들었다고 통보했습니다. 저는 이에 대해 항의했는데, 오늘 회사를 나가라는 통지를 받았습니다. 입사 당시 외모에 관해 물어본 적이 있는데, 그때는 분명히 교육기관이기 때문에 관계없다고 답변했습니다. 그래놓고 이제와서 위와 같은 신체규정을 만들다니, 너무 부당합니다.

6. 이주민들의 인권

한국사회에서 이주민들과 관련한 내용이 본격적으로 등장하게 된 것은 그리 오래된 일이 아니다. 글로벌화되어 가는 경제구조의 개편 그리고 소득의 양극화, 폭력과 분쟁 등으로 인해 지난 10년간 전 세계적으로 이주노동자의 수는 꾸준히 증가하고 있는 것으로 보인다. 이러한 상황은 한국 역시 예외가 아니어서, 1980년대 이후 진행되었던 이주노동자와 재중동포의 국내 노동시장 유입, 2000년대에 들어서며 결혼이민과 한국의 경제상황과 맞물린 급격하게 증가된 노동인구의 유입은 한국사회에서 '다문화'라는 새로운 사회적 관심을 발생시켰다. 이러한 다문화로 대표되는 한국사회의 이주민인권의 문제는 이제 북한 이탈 주민까지 이어지는 관련 범위가 지속적으로 넓어지는 모습을 보이고 있다. 이렇게 다양한 이주민들의 범위를 하나로 정리하는 것은 쉽지 않은바, 본 내용에서는 결혼이주민과 이주노동자만을 살펴보도록 할 것이다. 북한 이탈 주민들이 받고 있는 차별적인 내용은 분명히 존재하고 있는 것이 사실이지만, 본 내용에서 다루기에는 그 특성에서 많은 차이를 보이기 때문이다.

1) 결혼이주민

먼저 한국사회에서 거주하는 다양한 집단의 외국인 가운데 사회적 관심이 집중되는 집단은 단연 결혼이주민이다. '결혼이주민'라 함은 국제결혼을 목적으로 이주해 온 외국인을 의미하며, 주로 결혼 중개를 통해 일본, 대만, 한국 등 아시아 국가에서 유입된 이주여성에 대한 호칭이다. 이민자로 총칭하는 외국에서는 결혼이주민을 별도로 분류하는 예를 찾아보기 어렵다. 결혼이주민은 국제결혼 이주여성으로 불리기도 하며, 이들에 대한 정부의 지원책은 국내 남성과 결혼한 외국 여성, 그중에서 자녀를 출산하거나 한국 국적을 취득한 여성결혼 이민자에 주 초점을 맞추고 있다. 다문화가족지원법의 제2조 제2항에 의하면 결혼

이민자의 정의는 ① 재한외국인 처우기본법 제2조 제3호의 결혼이민자(대한민국 국민과 혼인한 적이 있거나 혼인관계에 있는 재한외국인) ② 국적법 제4조에 따라 귀화허가를 받은 자로 정의되어 있다.

여성결혼이주민(이후는 모두 결혼이주여성) 중에는 자국의 국적을 그대로 유지하려 하거나 국적 취득 절차가 까다로워서 한국 국적 취득이 늦어지는 경우도 늘고 있다. 따라서 자녀 없이 이혼 등 가정해체를 경험하는 이주여성의 경우 사회적 지원의 사각지대에 놓이게 되는 결과를 낳고 있다. 이러한 문제를 해결하기 위해 결혼이주여성의 법적 지위에 관련된 내용을 살펴보면 다음과 같다.

〈표 11-1〉 다문화가족 관련 현행법

관련 제도	해당부처	제정일시 (시행일시)	제도 목적
다문화가족 지원법	여성가족부	2008. 3. 21. (2008. 9. 22)	다문화가족 구성원의 안정적인 가족생활을 통해 삶의 질 향상과 사회통합에 기여
결혼중개업의 관리에 관한 법률	여성가족부	2007. 12. 14. (2008. 6. 15)	결혼중개업의 건전한 지도, 육성과 이용자 보호를 통한 건전한 결혼문화 형성
재한외국인 처우기본법	법무부	2007. 5. 17. (2007. 7. 18)	재한외국인이 대한민국에 적응하여 개인능력을 최대한 발휘하도록 하고 대한민국 국민과 재한외국인이 상호 이해하고 존중함으로써 대한민국의 발전과 사회통합에 기여
국적법	법무부	2007. 7. 5. 개정	대한민국 국민이 되는 요건을 정함
출입국관리법	법무부	2005. 8. 4. 개정	대한민국에 입국하거나 대한민국으로부터 출국하는 모든 국민 및 외국인의 출입국 관리와 대한민국에 체류하는 외국인의 체류관리 및 난민의 인정절차 등에 관한 사항 규정

이러한 현행법들은 다문화가족의 형성단계에 따른 제도적 장치들로, 모두 다문화가족의 사회통합을 목적으로 하고 있다. 출입국관리법, 국적법은 결혼이주여성의 출입국 및 대한민국 국적을 취득하는 과정과 자격에 관한 기준을 제시

하고 있고, 재한외국인 처우기본법, 다문화가족지원법, 「결혼중개업의 관리에 관한 법률」 등은 실제로 결혼이주여성들이 대한민국 국민으로서 사회로부터 어떠한 보호를 받을 수 있는지, 지역사회는 이들을 어떻게 지원해야 하는지에 대한 방향을 제시하고 있다.

그리고 결혼이주민 여성들의 경우 다양한 어려움을 겪게 되는데, 이를 단순화시켜 보면 다음과 같다. 먼저 가족구성원의 문제이다. 다수의 결혼이주민들의 경우 언어가 미숙하며, 이러한 언어의 미숙함은 결국 의사소통을 통해 형성될 수 있는 다양한 관계를 단절시키거나, 좁히는 데 영향을 끼치게 된다. 여기서 발생하게 되는 갈등은 결국 다양한 문제를 양산할 확률이 높아지게 되며, 가정해체의 결과까지 만들게 된다. 다음으로 부부의 문제이다. 가부장적이고 권위적인 경우가 많은 한국 남편의 태도는 결혼 이주여성들이 한국 사회로의 적응에 있어 가장 힘든 내용 중 하나로 알려져 있다. 문제가 된 대부분의 경우에서 남성들은 결혼 이주여성들을 아내로서 대하기보다는 지시적이고 억압적이며, 경제적으로 빈곤한 나라에서 왔다는 이유로 무시를 하는 경우가 많다고 한다(공미해 · 안현주, 2006). 세 번째로는 시부모와의 갈등문제가 나타나고 있다. 결혼이주여성이 확대가족 형태로 시집식구와 같이 사는 비율은 21.7%, 특히 농촌의 경우 44.7%에 이르고 있어 일반적인 한국가족형태(2000년 기준 핵가족 7.9%)와 비교할 때 시부모와의 동거에 따른 갈등 비율이 더 높을 수 있다. 따라서 결혼이주여성 다수가 유교적이고 전통적인 가부장적 가족관념이 뿌리 깊게 남아있는 시댁의 시부모와 동거하면서 며느리로서의 전통적 의무를 강요받고 있는 경우가 많다(김오남, 2006). 다수의 연구들(성지혜, 1996; 윤형숙, 2004b; 전만길, 2005; 홍기혜, 2000)에서도 이주여성이 힘들어하는 핵심적 내용으로 시부모와의 갈등을 지적하고 있다. 마지막으로 나타나는 문제는 자녀양육문제로 보인다. 결혼이주여성 중 한국에 정착한 기간이 5년 이상인 경우는 17%이며, 결혼이주여성의 49.5%가 현재 자녀와 동거하고 있고, 현 남편과 사이에 난 자녀가 있는 사람이 41%이다. 또한 향후 5년 이내에 이들 2세의 공교육 진입비율은 70%에 이를 것으로 전망되어(보건복지부, 2005), 자녀양육과 관련된 문제는 중요한 이슈가 되고 있으며 최근 관련 연구도 증가하고 있다. 자녀에 대한 주양육자는 어머니가 되어야 할 것이나 언어적인 문제 혹은 문화적인 격차에 의해 양육의 어려움은 상존하고 있다.

결혼이주민들이 가지고 있는 이러한 다양한 문제들과 이러한 문제들을 통해 발생되는 어려움들은 결국 개인들이 가지고 있는 존엄성을 위협할뿐더러, 지속적으로 한국사회 통합의 위험요인으로 남을 수 있다는 점에서 관심을 가져야 할 것이다.

2) 이주노동자

이주노동자(migrant worker)는 생활근거지를 떠나 취업한 근로자를 말한다(한동우, 2002). 이주노동자는 단위국가 내에서 이주한 경우와 다른 나라로 이주한 경우로 나눌 수 있는데, 통상적으로는 언어와 문화적 관습이 다른 외국으로 이주한 경우를 일컫는다. 이주노동자에 대한 다른 표현으로서 '외국인 노동자'라는 표현이 대다수의 매스컴이나 국민들에 의해 사용되고 있지만, 이에 대해 일부에서는 국적을 기준으로 자국민 노동자와 외국인 노동자를 차별하는 듯한 뉘앙스를 준다는 지적도 있다. 한편 입국사증(visa)에 의한 체류기간을 초과하여 취업하고 있는 이주노동자들에 대해서는 불법체류 노동자 혹은 불법취업 노동자라는 개념을 사용하고 있는데, 이 역시 '불법체류자'라는 표현이 이들의 존재를 부정적으로 묘사하는 느낌이 있기 때문에 잘 사용하지 않으며 대신 '미등록 노동자'라는 용어를 사용하는 추세에 있다.

이러한 이주노동자들에 대한 한국인들의 인식은 이들을 '인권을 가진 동등한 대상'으로 보기보다는 편견과 부정적인 경향이 현재까지는 높은 것으로 나타나고 있는데 이를 살펴보면 다음과 같다.

먼저 편견으로 인한 차별과 평등의 문제이다. 한국은 단일 민족 국가라는 민족주의, 순혈주의가 타 국가에 비해 강하여, 오랜 세월 동안 타민족에 대해 배타적이었으며 이는 현대에까지 대물림되어 무의식적으로 일반인의 시선과 행동에 녹아있다. 더 문제가 되는 것은 많은 이들이 피부색으로 외국인을 구별하고 백인들에겐 관대하지만, 이 외의 유색 인종들에게는 관대하지 못하다는 점이다. 유색 인종이라는 말부터가 백인 우월주의에서 비롯되었음에도 일반적으로 많이들 쓰는 표현이란 점이 오래전부터 뿌리박힌 우리의 편견을 단적으로 보여주는 예시이다. 많은 이들이 비백인 인종에 대해 우리보다 못 사는 나라에서 온 사람들, 부당한 대우를 해도 되는 이들, 같이 어울리고 싶지 않은 소외계층이라는 시선을 가지는 경우가 많다는 것이다. 이어서 이러한 시선과 인식은 단순히 편견에서 머물지 않고 간접적으로나, 혹은 직접적으로 고용 거부 등의 행동으로 표출되고 있다.

다음은 이주노동자들의 업무가 주로 단순기능에 치우친 인력이라는 것이다. 이주노동자들의 자국에서의 학력 및 경력 등이 한국에서 쉽게 통용되지 못하고 있으며, 고용주 또한 이주노동자들을 관리직이나 중역에 앉히지 않고 있는 것이다. 즉, 노동권에 대한 차별이 이루어지고 있는 것이다. 마지막으로는 그들의 권리가 나타나지 못하고 있다는 것이다. 2008년 통계청 자료에 의하면 미등록 노동자를 포함하여 한국에서 노동하는 총 이주노동자의 수는 33만 명으로 집계됐다. 이는 당시 국내 경제활동인구의 약 2%에 달하는 수치로 이주노동자들이 한국 경제에 적지 않은 영향과 경제발전에 큰 몫을 하고 있음을 확인할 수 있다. 그러나 이들은 한국 사회에서 적지 않은 피해를 받고 있는데, 2002년 조사를 통해 피해 이주노동자 실태를 살펴보면 이주노동자의 55%가 임금체불을 경험하였고 30%가 무차별적이고, 수위 높은 폭행 및 폭언을 경험한 것으로 나타났다. 한국 사회에서 불이익·불평등을 당하는 소시민·사회적 약자에 이주노동자들도 합류되었다는 점을 다양한 통계와 부당한 처우를 당한 사례 등을 토대로 살펴볼 때, 상당수의 이주노동자가 부정적인 영향을 받고 있음을 알 수 있다.

오늘날 한국사회에서 이주노동자들에 대한 역할은 이제 인정하지 않을 수 없는 상황이다. 이는 단순히 노동력 대체차원이라는 이해를 벗어나, 우리 사회를 구성하는 한 구성원으로서 그 역할을 다할 수 있어야 한다는 것이다. 또한 이러한 이주노동자들의 비율이 앞으로 줄어들기보다는 더욱 늘어날 확률이 높다는 점에서 이들에 대한 다양한 관점을 가진 인권활동 역시 그 중요성이 더욱 커질 것으로 보인다.

[국가인권위원회] 다문화가정 여성 관련 상담사례

이주여성에 대한 차별적 인식 개선을 위한 노력이 필요합니다.

1955년 산업연수생으로 입국하여 결혼 후 2000년 한국 국적을 취득했습니다. 이주여성센터에서 3년째 봉사하고 있습니다. 2003년 냉장고를 사려고 했습니다. 영업점은 주민등록증을 보여주었음에도 외국인 이름이라며 할부 구매를 거절했습니다. ○○은행은 2007년 재직증명서와 급여증명서를 제시했음에도 외국인이라는 이유로 카드 발급을 거절했습니다. 이주여성은 국적을 취득했음에도 한국인과 한국기업으로부터 차별을 받고 있습니다.

다문화 가정의 정착을 위해 올바른 양성평등교육이 필요합니다.

○○시 이주민지원센터 사무국장입니다. ○○○○부 정책연구소에서 공문으로 위탁사업체에 이민자 설문을 요구하고 있습니다. 설문 내용이 사생활과 개인정보를 침해하고 있습니다. 가학적 성행위를 하는지와 집에 몇 번 돈을 보내는지 등을 묻고 있습니다. 20여 장 분량의 설문지인데, 남편이 기분 나쁘다면서 찢어버린 일도 있습니다.
또한, 다문화가정 배우자에게 양성평등과 인권교육이 필요합니다. 그러나 현재 ○○○○부 건강가정지원센터는 남성우월적 교육을 강요하고 있습니다.

[CBS] 2008. 11. 18. 보도

대법원, 단속 피해 도주중 다친 외국인 노동자 '산재'

불법체류자 단속을 피해 달아나다 다친 외국인 노동자에 대해 업무상 재해를 인정하는 대법원 판결이 처음으로 나왔다.

대법원 제1부(주심 차한성 대법관)는 중국인 노동자 장슈아이씨가 근로복지공단을 상대로 낸 요양 불승인처분 취소 소송에서 원고 승소 판결한 원심을 확정했다고 밝혔다.

경남 창원의 전자업체에서 근무하던 장씨는 지난 2006년 5월 출입국관리사무소에서 불법체류자 단속을 나오자 사측의 지시에 따라 2층 창문을 통해 도주했다.

장씨는 도주 도중 시멘트 바닥에 머리를 부딪혀 반신불수가 됐고, 이에 따라 장씨 가족은 근로복지공단에 산재요양 신청을 했지만 기각당하자 소송을 제기했다.

재판부는 "사업주가 안정적이고 지속적으로 사업을 영위하기 위해 어쩔수 없이 피신을 하도록 지시한 것"이라면서 "장씨의 피신 행위는 작업 도중 이루어진 것이란 사실을 감안할 때 업무상 재해로 볼 수 있다"고 설명했다.

7. 성적 소수자들의 인권

성적 소수자 또는 단체는 모든 사람은 성적 지향과 취향, 생물학적 성별과 성별 정체성이 일치하는지의 여부, 하나의 성별로 확정되는지의 여부, 성별에 따라 고정되어 있다고 여겨지는 성역할의 수행 여부와 무관하게 차별받지 않을 권리가 있다고 주장하고 있는데, 이를 이해하기 위해서는 일반적, 통념적으로 이해되는 성과 성적 소수자들이 주장하는 성에 대한 이해를 양방향에서 알아보아야 할 필요가 있다.

먼저 일반적인 관점에서의 성은 우선 성(性)은 신체의 해부학적인 특징을 가지고 있는 생물학적인 자웅의 구별(sex)이다. 다음으로 성은 역사적 · 사회적 · 문화적으로 구성된 성별(gender)이다. 젠더의 가장 기저(基底) 층에는 어떤 사람을 남성/ 여성이라고 인식할 때 작용하는 구별의 형식(성별이라는 규범)이 있으며, 그 위에 '남자다움'이나 여자다움'이라는 고정관념화된 이미지나 성별 역할과 같은 표층적인 규범이 구성되어 있다. 또한 성은 남성/ 여성이라는 구별이 있다는 사실에 기초하여 다양하게 표상하는 '성적인 것(sexuality)' 전반을 나타낸다. 섹슈얼리티는 '누구를 어떻게 사랑하는가', '누구와 어떠한 친밀한 관계를 맺고자 하고, 그러한가'를 둘러싸고 인간이 느끼고, 생각하고, 바라고, 표현하고, 행동하는 모든 것을 포함하고 있다.

성은 이와 같이 단순한 생물학적인 사실에 그치지 않고 인간의 삶의 방향을 그 근원부터 규정하고 그 제도화(예를 들면, 혼인·결혼제도, 근친상간의 터부, 성별 역할분담의 규범 등)를 통하여 사회시스템 전체의 형성에도 관계하는 문화적·사회적 현상으로서 이해된다.

하지만 성적 소수자적 관점에서의 성을 살펴보게 되면, 성(sex)은 성 행위를 뜻하기도 하지만 생물학적 성을 의미하기도 한다. 생물학적 성(sex)은 성 염색체에 따라 남성, 여성, 혹은 양성구유 등으로 나누어진다. 그 사회의 도덕적 관용도가 낮을수록 생물학적 성으로 한 개인의 삶을 규정하는 정도가 더 강한 경향이 있다. 남성 생식기를 가지고 태어나면 남성, 여성 생식기를 가지고 태어나면 여성으로 확연히 분리해서 규정하는 것이 '자연스럽다'는 생각은 어떤 경향성을 띠고 있는 것이다. 그러나 사람마다 여성, 남성 호르몬 분비율이 각기 달라서 몸에 지니고 있는 생식기와 상관없이 우리의 몸은 다른 누군가보다 남성/ 여성 호르몬이 더 많거나 더 적은 생리적 과정의 결과물일 뿐이다.

그리고 젠더(gender)는 사회문화적으로 구성되는 성적 자아감을 의미한다. 흔히 사회적 성이라 일컬어지는 젠더(gender)는 자신이 여성인지, 남성인지, 또는 둘 모두인지를 의식적으로 구성하는 인지과정이기도 하다. 강제적 이성애주의 사회에서는 생물학적 성과 사회적 성의 일치를 개인에게 강제한다. 그래서 남성 생식기를 가지고 태어난 사람에게는 '남성성, 남성다움'을 강제하고, 여성 생식기를 가지고 태어난 사람에게는 '여성성, 여성다움'을 강제하는 것이 일반적인 경향이다. 하지만 트랜스젠더를 비롯한 다양한 사회적 성이 존재한다. 생물학적 성과 '다르게' 자신의 사회적 성을 인지하는 사람들은 많다. 또한 비록 자신의 사회성 성이 남성임을 부정하지는 않지만, 주류 이성애 사회에서 강요하는 '남성성, 남성다움'에서 훨씬 이탈된 '여성스러운' 남자들도 존재하며, 그 역도 숱하게 존재한다. 그러므로 사회적 성(gender)이 생물학적 성에서 자유로워질수록 '이분법적 젠더 체계' 때문에 억압받는 여성, 동성애자들을 비롯한 다양한 성적 소수자들의 자유가 그만큼 증대될 것이다.

또한 sexuality는 성 정체성을 의미하는데, 성 정체성이란 성적 대상을 누구로 삼고, 어떻게 좋아하며, 얼마큼 좋아하는지에 관한 성적 지향성에 대한 질문으로부터 비롯된다. 성적 대상이 이성일 경우 그 사람의 성 정체성은 이성애(heterosexuality)이며, 성적 대상이 동성일 경우 그 사람의 성 정체성은 동성애(homosexuality)가 되는 것이다. 또, 양쪽 모두를 좋아할 경우는 양성애(bisexuality)라고 부른다. 성 정체성은 성적 대상에 대한 질문으로부터 빚어지게 된다. 이때 이 질문은 정치성을 띨 수밖에 없다. 왜냐하면 주류 이성애 사회에서는 생리학적 성이 남성인 경우엔 당연히 여성을, 생리학적 성이 여성인 경우엔 당연히 남성을 좋아하는 게 지극히 당연하고 자연스럽다는 통념이 지배적이기 때문이다. "너의 성 정체성은 뭐야?"라는 질문은 질문 자체부터가 강제적인 이성애주의에 대한 이의제기인 셈이다. 결코 sex와 sexuality가 동일한 범주가 아니며, sexuality는 이성애만 존재하는 게 아니라는 사실을 이해하는 일은 중요하다. 다소 드물긴 하지만 어느 누구도 좋아하지 않는 무성애자 역시 하나의 섹슈얼리티로 정당하게 인정해야 할 것이다.

통칭하여 LGBT[4]로 대표되는 성적 소수자들에 대한 인권은, 국가인권위원회법의 제2조 제1호, 제3호의 내용에 따라 '인권의 정의'와 '평등권 침해의 차별행

4) LGBT는 레즈비언(Lesbian), 게이(Gay), 양성애자(Bisexual), 성전환자(Transgender)를 집합적으로 지칭하는 축약어이다.

위'에 대한 정의에 따르면 이들의 인권도 분명 존중받아야 하는 것이 사실이지만 적어도 우리나라에서도 아직도 많은 부분 인정받지 못하고 있는 것이 사실이다. 이러한 결과로 한국에서는 타 국가에 비해 성적 소수자들을 차별하고 처벌하는 등의 법령이나 제도는 적었다. 하지만 이는 성적 소수자의 존재를 중요하게 인식하지 못한 결과이기도 하며 이로 인해 성적 소수자에 대한 기본적인 실태파악조차 되어있지 않다. 국가인권위원회의 법이 성적 지향을 이유로 한 차별을 금하고 있고 이에 따르면 성적 소수자에게도 한 인간으로서의 기본적인 인권이 동등하게 부여된 것이다. 하지만 한국사회에서는 성적 소수자들에 대한 부정적 사회인식이 지배적이며, 성적 소수자 인권을 차별하는 문제들이 지속적으로 나타나고 있다.

현재 한국사회에서 '성적 소수자'들에 대한 접근은 거의 대부분 종교적 관점 혹은 사회적 관점에서만 이루어지고 있는 것이 현실이다. 이미 우리가 인정하고 존재하고 있는 현상 혹은 사회의 모습에 대해서 일부 편향적인 학문적 접근은 결국 현상을 제대로 인식하기 어렵게 만들어, 최종적으로 보편적인 인권의 확보라는 목적을 이룰 수 없도록 만들게 될 것이다. 인권과 사회복지의 모든 주제를 '사회 내에 존재하는 소수자들'로만 한정 지을 수는 없겠지만, 현실적으로 사회복지에서 가장 우선적으로 접근하고, 서비스를 제공해야 할 대상자들은 분명 사회 내 약자(소수자)들이다. 따라서 이러한 접근을 위한 시작으로서 그들에 대한 전반적 이해, 그리고 전문적 서비스 개발을 원조할 수 있는 다양한 학문적 연구가 이루어져야 할 것이다. 다양한 연구에서 그 시작은 '문제에 대한 인식'에서 출발한다. 따라서 우리가 문제(현상)에 대한 인식을 하는 것은 바로 그들에 대한 이해와 접근의 시작이라 할 수 있을 것이다.

[투데이신문] 2016. 1. 13. 기사

[삼성SDS, 성 소수자 퇴사 압박 논란]

삼성SDS가 성 소수자라고 밝힌 직원에 대해 퇴사 압박을 했다는 논란에 휩싸였다. 이 직원은 성전환수술을 받기 위해 병가신청을 했지만 거부되자 자신이 여장한 사진으로 사내프로필을 바꾼 것으로 알려졌다. 해당 내용은 SNS와 인터넷 커뮤니티 등으로 급속 확산되며 대기업의 성 소수자에 대한 차별이라는 비난이 일고 있다. 하지만 사측은 해당 직원이 병가를 낸 적 없고, 개인 사정으로 퇴사했으며 오히려 해당 직원에 대한 충분한 배려를 했다고 반박하고 있다.

자발적 퇴사? 퇴사 종용?

12일 행동하는 성 소수자 인권연대(이하 성 소수자 인권연대)와 업계에 따르면 지난해 11월 삼성SDS의 한 남자 직원은 사원정보란에 있는 자신의 프로필 사진을 여장한 사진으로 바꿨다. 이 직원은 MTF(MALE to FEMALE) 트렌스젠더로, 자신을 여자라고 생각하는 성 소수자였다. 그는 성전환 수술을 위해 회사에 병가를 냈고 거부되자 여장을 한 본인 사진을 사내 프로필에 올린 것으로 전해졌다. 그뿐만 아니라 자신의 옷, 목걸이, 고데기 등도 함께 공개한 것으로 알려졌다. 이후 해당 직원은 퇴사한 것으로 전해졌다.

해당 사실이 SNS와 인터넷 커뮤니티 등에 퍼지면서 사측이 퇴사를 종용한 것 아니냐 등 온갖 추측이 난무하고 있다.

이에 대해 삼성SDS 관계자는 〈투데이신문〉과의 통화에서 "해당 직원이 병가를 신청한 적 없다"며 "해당 직원은 개인적인 이유로 지난해 12월 31일자로 퇴사했으며 사측 역시 개인에게 해줄 수 있는 지원을 했다"고 말했다. 이어 "퇴사 종용은 전혀 사실이 아니다"라며 "일부 호사가들이 말하는 그런 내용이 아니다"라고 일축했다.

성 소수자 인권연대 "기업들, 차별 해소·인권증진 위해 나서야"

이번 논란에 대해 성 소수자 인권연대는 성명을 통해 "이 사건은 한국 사회에서 트랜스젠더들이 경험하는 차별적 현실의 일면을 보여준다"며 "트랜스젠더는 고용시장에서 차별과 괴롭힘에 가장 취약한 집단"이라고 밝혔다.

지난해 11월 국가인권위원회가 발표한 '성적 지향, 성별 정체성에 따른 차별 실태조사'에 따르면 조사에 참여한 트랜스젠더의 경우 암묵적으로 사직을 종용받아 비자발적으로 퇴사한 경험이 8.9%에 달했다. 이어 "이번 사건에서도 드러났지만 적지 않은 트랜스젠더들이 트랜지션(이름과 옷차림의 변화부터 호르몬 요법, 외과 수술 등 의료적 조치가 포함된 일련의 과정)과 직장생활을 병행하거나 잠시 휴직하고 진행하기를 원한다"며 "그러나 실제로 성전환 수술을 한 트랜스젠더 가운데 다수가 수술을 위해 직장을 그만둔다"고 강조했다. 또 "미국의 성 소수자 인권단체인 휴먼라이츠캠페인에 따르면 2014년 포춘지 선정 500대 기업 가운데 169개 기업이 트랜스젠더 직원에게 성전환 수술을 비롯한 트랜지션 과정에 대한 의료비 지원을 제공하고 있다"며 "기업체들은 노동 개악에 관해서만 글로벌 스탠다드 타령을 할 것이 아니라 차별 해소와 인권증진을 위한 실질적인 변화에 나서야 한다"고 요구했다. 그러면서 "아쉽게도 이번에 알려진 사건에서 당사자의 입장은 확인되지 않았다. 자진 퇴사라는 결론은 회사 측의 입장"이라며 "노동자에게 어떤 압력이 있었는지 구체적인 상황을 짚어볼 필요가 있는 것"이라고 목소리를 높였다.

[MBN] 2015. 6. 28. 기사

[미국 동성 결혼 합법화, 성적 소수자 권리 보장…무지개 물결의 향연]

성 소수자 축제가 국내에서 열린 가운데, 미국 동성 결혼 합법화 소식이 전해졌다. 미국 연방 대법원은 26일(현지시간) 동성 결혼이 합헌이라는 역사적인 결정을 내렸다. 미국에서 '인권과 정의의 파수꾼' 노릇을 해 온 미국 연방대법원이 동성결혼 합헌 판정을 내리고 미국 전역에 동성결혼 허용 결정을 내린 26일(현지시간) 미국 전역은 성적 소수자의 권리 보장을 지지하는 무지개색 물결로 뒤덮였다.

지금까지는 워싱턴 D.C.와 36개 주에서만 동성 결혼이 허용돼 왔지만, 이날 결정으로 미 전국에서 동성 결혼이 허용됐다.

대법원은 이날 결정문에서 "수정헌법 14조(평등권)는 각 주가 동성 결혼을 허용할 것과 동성 간 결혼이 자신들이 사는 주가 아닌 다른 주에서라도 적법하게 이뤄졌다면 허용할 것을 요구하고 있다"고 밝혔다. 이 같은 결정은 대법관 9명 가운데 찬성 5명, 반대 4명으로 이뤄졌다.

대법원은 또 결혼은 예로부터 중요한 사회적 제도였지만 "법과 사회의 발전과 동떨어져 홀로 있는 것은 아니다"라며 동성 결혼에 대한 반감이 많이 사라진 사회상을 반영해야 한다는 입장을 강조했다.

대법원은 "남녀 동성 커플들이 결혼의 이상을 경시한다고 생각하는 것은 오해"라며 "그들은 법 앞에서의 평등한 존엄을 요구한 것이며 헌법은 그 권리를 그들에게 보장해야 한다"고 덧붙였다.

버락 오바마 미국 대통령은 이날 연방대법원 판결에 대해 "미국의 승리"라면서 "모든 미국인이 평등하게 대우받을 때, 우리는 더욱 자유로울 수 있다"고 높이 평가했다. 이어 "느리지만, 지속적인 노력이 벼락처럼 다가오는 공정함으로 오늘처럼 보상받는 날이 있다"고 강조했다.

수도 워싱턴 D.C를 비롯해 36개 주에서만 허용돼 온 동성결혼이 미 전지역에서 합법화되면서 300만 명에 이르는 동성 연인들이 결혼할 수 있게 됐다.

시청마다 결혼 허가증을 발급받으려는 사람들이 잇따랐고, 도심 곳곳은 동성애자들을 상징하는 무지개 빛깔로 뒤덮였다. 하지만, 공화당 등 보수진영은 이번 판결에 대해 강력하게 반발하고 있어 동성 결혼을 둘러싼 논란은 계속될 전망이다.

생각해보기

1. 국가인권위원회의 인권상담사례집을 확인해 보고, 마음에 와닿는 내용을 다른 이들과 나누어 보자.

2. 본 장에서 다루어지지 않은 인권관련 사례를 찾아보고 나누어 보자. (비정규직, 군대, 개인정보, 국가기관에 의한 인권침해 등)

3. 인권이 강조되는 시대적 상황은 결국 인권이 제대로 이루어지지 못하고 있다는 것을 의미하는 것은 아닐까? 이에 대한 본인의 의견을 나누어 보자.

제 12 장

인권과 사회복지의 관계

오늘날 인권이 범세계적인 가치를 가진 개념으로 접근되고 있는 것은 분명 환영받을 일이라 할 것이다. 하지만 이와 같은 '환영'이 언제까지 영원할 것이라는 확신은 가질 수 없다. 지금 이 순간에도 인권에 대해 다른 이해를 가지고 접근하는 경우가 있으며, 보편적 가치로 모든 상황에 적용될 것 같은 지금에서도 자신의 인권을 제대로 보장받지 못하는 경우가 많기 때문이다. 비단 사회복지뿐만 아니라, 사회와 관련한 다양한 사상들이 자신의 역할을 충분히 하지 못하는 경우 혹은 본질적 의미를 흐리는 요소들이 지속적으로 등장하는 경우 결국 소멸되어 버린다는 것을 우리는 역사를 통해 이미 경험하고 있다. 즉, 인권에 대한 새로운 논의가 이루어져야 하는 것이다. 이러한 논의는 인권과 더불어 사회복지에 있어서도 마찬가지로 요구되는바 본 장에서는 향후 인권과 사회복지, 사회복지와 인권의 모습에 대해 논의해 보도록 할 것이다.

1. 사회복지를 통한 인권의 확보

인권에 대한 논의에서 우리는 인권이 관념적이고, 추상적이지 않아야 한다는 확신을 가질 수 있었다. 하지만 이러한 인권이 그 자체로 실생활에서 확보되는 것은 어려운 일로 보인다. 즉, 인권이 조금 더 구체적인 형태를 가질 수 있어야 할 필요성이 요구되는 것이다. 이러한 구체적인 모습을 우리는 사회복지를 통해 확보할 수 있게 된다.

먼저 인권이 가진 '인간의 존엄성 확보'라는 개념은 사회복지를 통해 구체화될 수 있다.

'인간다울 수 있는 권리'로 의미를 해석할 수 있는 인간의 존엄성 확보는 인권이 가진 가장 기본적인 내용으로 알려져 있다. '인간답다' 혹은 '존엄성'이라는 내용에 대한 많은 논란이 있을 수 있는 것이 사실이지만, 이러한 내용들을 포괄적으로 들여다보면 결국 '인간다울 수 있고', '존엄해질 수 있는' 것은 상호간의 관계 속에서 드러나게 된다는 것을 알 수 있다. 자기만 홀로 지내는 공간 속에서 존엄성을 가질 수 있겠는가? 이는 너무나 명백한 일이다. 이에 오늘날 사회구조 속에서 인간의 존엄성은 어떻게 구현될 수 있을지에 대한 고민을 해본다면 결국 사회복지의 역할과 일치하는 맥락을 파악할 수 있게 된다. 오늘날 전 세계적으로 가장 많은 나라들이 국가체제 이념으로 선택하고 있는 시장중심주의(자본주의)의 모습 속에서, 모든 사회구성원들은 필연적으로 경쟁을 겪을 수밖에 없는 상황을 마주하게 된다. 이러한 경쟁구조는 결국 승자와 패자의 관계를 만들게 되며, 이는 결국 사회를 분열시키는 상황으로 이어지게 된다. 경쟁을 통한 사회구조 속에서 개인들이 가지고 있는 존엄성이라는 부분은 어느 정도 각 개인들이 가지고 있는 노동이나 자본과 같은 희소자원의 확보 정도에 영향을 받는다는 것을 우리는 경험적으로 인식하고 있다. 모든 개인들이 원하는 만큼의 충분한 자원을 가지고 있다면 큰 문제가 없겠지만, 경쟁이라는 구조에서 이러한 결과는 상상 속에서 존재할 수밖에 없게 된다. 따라서 우리는 인간의 존엄성을 기본적으로 지킬 수 있을 정도의 최소한의 내용에 대해서 사회적·국가적으로 개입을 하게 된다. 상대적으로 적은 자원을 가지거나, 아예 가지지 못한 구성원들에 대해 그들이 사회 내에서 관심받고 배려받을 수 있게 하는 활동, 이와 같은 활동은 사회복지 관련 학습에서 충분하게 다루어졌던 부분이다. 결국 인간의 존엄성을 확보하기 위한 사회적 차원의 노력은 바로 사회복지의 모습으로 이해될 수 있는 것이다.

다음으로 인권이 가진 보편성이라는 개념도 사회복지를 통해 구체화될 수 있다.

세계인권선언에서는 '인류의 모든 구성원들'이라는 내용을 통해 보편적 접근의 필요성을 나타내고 있었다. 이러한 보편적인 대상에 대한 접근을 통해 인권은 사회적 가치를 높일 수 있게 된다. 하지만 보편적이라는 의미를 단순하게 모든 사회구성원들에 대한 동일한 수준의 적용으로 이해해서는 안 될 것이다. 즉, 인권이 보편적으로 모든 이들에게 적용이 되어야 하는 내용이라는 점에서는 충분한 동의를 보여야 하겠으나, 상대적으로 인권이 더욱 강조되어야 하는 상황의 사람들이 있다는 것을 인지해야 한다는 것이다. 이는 우리가 보편성 확보를 위해서 자신의 인권을 스스로 지킬 수 있는 사람들을 살피는 동시에, 여러 가지 어려움으로 인해 자신의 인권을 스스로 확보하지 못하는 사람들에 대한 배려가 더욱 강조될 수 있다는 것을 의미한다. 현대 사회는 다양한 사회구성원들을 통해 조직되어 있으며, 자연스럽게 개별 사회구성원들은 경제적·사회적·문화적인 차이를 가지게 된다. 이렇게 나타난 차이에 대해서 모든 이들에게 동일한 적용이라는 일반적인 보편성이라는 개념의 접근은 결국 인권의 모습을 다시 추상적이고 관념적인 틀에 갇히게 할 가능성이 높다. 따라서 인권이 가지고 있는 보편성이라는 개념은 모든 사회구성원들이 사회 속에서 자신의 역할 및 중요성을 충분히 인지할 수 있도록 하기 위한 기본적 노력으로 이해하는 것이 옳은 일일 것이다. 앞서 논의한 것처럼 이러한 개념은 결국 '보편성' 속에서 상대적으로 더욱 큰 필요를 가지는 집단에 대한 차이를 발견하게 하며, 이러한 모습의 시작은 바로 사회복지의 모습과 유사하게 나타나는 것이다. 사회복지의 모습을 살펴보면, '삶의 질 개선'이라는 대표적인 목표에서 나타나는 것처럼 모든 사회구성원들을 대상으로 하고 있다는 것을 분명히 밝히고 있다. 하지만 사회복지는 전통적으로 사회구성원들 중에서 약자들을 대상으로 하고 있는 것이 분명하다. 비록 그것이 한정된 자원에서 비롯되었다고 하더라도, 이는 분명한 사실이다. 사회적 약자들이라는 특정 대상들에 대한 적절한 서비스와 지원체계를 구축하려는 사회복지실천의 모습은 결국 보편적인 인권의 확보를 위한 노력으로 이어질 수 있다.

다음으로는 인권이 가진 평등이라는 개념 역시 사회복지를 통하여 구체화될 수 있다.

인류의 모든 구성원들이 서로 간의 관계 속에서 모두 평등한 객체로 구성될 수 있다는 개념은 앞선 내용을 통해 이미 확인되었다. 그리고 우리는 평등이라는 개념이 인지하지 못하는 산소의 중요성처럼 언제나 늘 함께 존재해 왔다고 생각하는 경향이 많다. 하지만 노예제와 여성들의 사회권 제한과 같은 오래된 이야기가 아니더라도, 특정 인종(피부색)에 대한 차별과 이주민들에 대한 차별 그리고 사회적 약자에 대한 인식 속에서 우리는 아직도 평등의 개념이 모든 사회구성원들에게 적용되지 못하고 있다는 것을 확인할 수 있다. 하지만 단순한 관심과 인식만으로 이들이 평등이라는 인권의 확보를 느낄 수 있을지를 생각해 본다면 이 역시 부정적인 내용으로 마무리될 확률이 높다. 결국 이들의 권리를 지켜주기 위한 노력이 요구되며 이것은 결국 사회복지의 활동과 일치하는 것이다. 최근 사회복지사들이 다양한 영역에서 이러한 사회적 약자를 위한 노력들을 지속적으로 증가시키고 있는 점, 그리고 그러한 단체들의 활동 목적이나 단체명에서 인권이라는 용어가 빠지지 않는 점도 이를 반영한 것으로 보일 수 있다.

이러한 내용을 통해 우리는 인권이 가지고 있는 다양한 가치들이 사회복지를 통해 실현될 수 있다는 것을 확인할 수 있었다. 즉, 인권과 사회복지는 상호보완적인 개념으로 충분히 이해되어야 하는 것이다. 다만, 이러한 내용들이 실천을 중심으로 하는 사회복지의 영역 특성상 인권이 가지고 있는 생존권적인 부분에 강조되어 보이는 경향이 있을 수 있다. 사회권과 같은 인권의 다른 부분에 대한 실질적인 결과들이 상대적으로 적어보이는 것 역시도 사실이다. 하지만 최근 사회적 약자로 불리었던 다양한 구성원들이 다양한 방법을 통해 자신들의 권리를 주장하고 있으며, 이러한 주장이 때로는 성공적인 결과를 만들고 있는 것도 사실이다. 이러한 활동 주체들의 경우 포괄적으로 보면 사회복지 관련 단체일 수 있겠으나, 세부적인 분류에 들어가면 순수한 사회복지의 영역으로 보이지 않는 경우가 많다. 따라서 앞으로 예비사회복지사들의 경우 인권에 대한 풍부한 관심과 이해를 바탕으로 사회복지 실천 영역을 통해서도 그들의 사회권, 더 나아가 복지권을 확보하기 위한 노력을 기울여야 할 것이다. 이를 통해 실천 현장에서 사회복지사들은 결국 사회복지전문가이자, 동시에 인권보호전문가로서의 역할을 함께 실천해야 하는 의무를 가지게 될 것이다.

2. 인권 확보를 위한 사회복지의 변화

우리는 지금까지 인권에 대한 기본적 이해, 그리고 사회복지를 통해 인권이 구체적으로 실현될 가능성을 살펴보았다. 하지만 이러한 사회적 의무 속에서 우리는 사회복지 내부의 인권실태에 대해서 소홀한 경우가 많다. 사회복지를 단순히 '좋은 일'로만 여기던 사회적 인식은 어느 정도 사라진 것은 사실이지만, 아직도 잔존하고 있는 이러한 인식들은 결국 사회복지 내부의 발전을 가로막고 있는 경우가 많다. 이러한 의미에서 인권은 대상자들에 비해 상대적으로 많은 관심을 받지 못하고 있던 '사회복지종사자'들에게 많은 의미를 줄 수 있을 것으로 판단된다.

1) 사회복지종사자들의 인권으로서 노동권

사회복지 영역의 특성상 많은 부분 사회복지종사자들의 노동권은 잘 다루어지지 않은 것이 사실이다. 일부 이러한 노동권에 대한 논의들도 사회복지종사자들의 소진(burn-out)에 초점이 맞추어져 다양한 논의를 만들어 내지 못했다. 하지만 사회복지종사자들에게 있어 오늘날 노동권 확보는 무엇보다 시급한 일로 판단된다.

앞서 짧게 논의한 것처럼 사회복지에 대한 사회적 인식은 단순히 '좋은 일'과 '선한 일'에 일정 정도 갇혀있는 것이 사실이며, 이에 사회복지종사자들 역시 자신의 업무에 대해 의무적으로 선해야 할 것을 직·간접적으로 강요받고 있다. 또한 이러한 인식들은 결국 사회복지사들이 자신의 어려움을 참고, 자신이 확보해야 할 권리를 내세우지 않아야 '좋은' 사회복지사인 것처럼 보일 수 있는 인식을 만들게 된다. 하지만 이는 직업적인 소명으로 부여받을 수 있는 '선함'을 지나치게 확대해석한 것으로 보인다. 하지만 사회복지종사자들이 가지는 직업적인 선함은 분명히 대상자들을 향한 것이며, 이러한 선함에 갇혀 사회복지종사자들의 희생을 강요받을 수는 없는 것이기 때문이다. 즉, 사회복지사들의 직업적 권리 역시도 충분히 요구되어야 한다는 것이다. 이에 사회복지사들이 가져야 할 노동권을 노동3권이라는 기본권에 비추어 살펴보면 다음과 같다.

먼저 단결권(團結權)이다. 우리나라 헌법 제33조 제1항에 의하면 노동자들은 자신의 조합을 조직할 수 있는 권리와 그가 원하는 기존 노동조합에 가입할 수 있는 권리가 있음에도 불구하고 아직 사회복지종사자들의 경우 적절한 조합을 만들어 내지 못하고 있다. 물론 단결권을 위한 노동조합의 필요성에 대한 논의는 충분히 다루어져야 할 필요가 있을 것이다. 또한 단결권을 통해 이루어진 조합의 역할이 어떻게 흘러갈 것인가에 대한 우려도 있는 것이 사실이다. 하지만 다양한 사례를 통해 살펴보면 결국 적절한 노동조합을 설립한 노동집단들이 자신의 권리를 주장하는 데 있어 유리한 입장을 가지는 것으로 알려져 있다. 채구묵(2002)과 심재호(2002)의 경우 사회복지노동조합이 필요할 것을 주장한 바 있으나, 관련된 다양한 제약사항으로 인해 아직까지도 적절한 노동조합의 구성이 만들어지지 못한 것은 사회복지사들의 노동권을 확보하는 데 있어서 큰 아쉬움으로 남는다.

다음으로 단체교섭권(團體交涉權)이다. 이 역시 헌법 제33조 제1항에 의한 것으로 근로자가 노동조합이나 기타 노동단체의 대표를 통해 사용자(고용주)와 근로조건에 관해 교섭할 수 있는 권리를 의미한다. 이는 사회복지사들의 노동조합을 통해 단체교섭을 요구할 수 있는 권리와 이러한 요구에 대해 사용자가 정당한 이유 없이 거부할 수 없도록 헌법에서 보장하고 있다는 것이다. 또한 이러한 요구에 대해 사용자는 정당한 이유 없이 거부할 수 없도록 되어있어 오늘날 사회복지사들의 확보되지 못한 노동권 중에서 실질적 처우를 개선시키는 데 상당히 필요한 내용으로 보인다.

마지막으로 단체행동권(團體行動權)이다. 오늘날 사회복지 영역 내에서 부족한 노동권에 대한 인식으로 앞선 두 가지 노동기본권도 상당한 논의를 발생시키는 내용으로 다루어지지만, 이번 단체행동권은 사회복지 영역의 특성상 가장 큰 논란을 가질 수 있는 내용이다. 단체행동권의 경우 앞선 내용들과 상당히 다른 특성을 가지는 노동자들의 권리이다. 단체행동은 사용자와의 대립에 있어서 노동자들의 투쟁행위를 인정한다는 것이며, 이러한 투쟁행위는 필연적으로 기관의 정상적인 운영을 저해할 수밖에 없게 된다. 이러한 손해는 모두 사용자가 부담하도록 되어있다. 대한민국 헌법에서는 노동자들의 단체행동권을 보장하고 있으며, 이는 노동자들의 단체행동을 통한 노동자 개개인과 노동조합의 민・형사상 책임을 면제시키는 데 사용되어 상당히 적극적인 활동의 보장으로 보인다. 하지만 사회복지 영역에 있어서 이러한 단체행동권은 사회복지 관련 기관들이 위탁을 받는 경우가 많고 이러한 경우 사회복지종사자들의 대투쟁 상대가 모호해질 수 있다는 점, 사회복지 관련 시설의 적은 종사자 수, 종사자 인적구성에서 여성의 비율이 높은 점,[1] 시설 내 수직적인 인간관계 등으로 인해 많은 어려움을 겪는바, 이에 대한 논의는 앞으로도 충분히 이루어져야 할 것이다.

이상으로 노동3권에 비추어 사회복지 내부에서 발생하는 인권확보 노력을 살펴보았다. 사회복지종사자들의 전문성에 대한 논의가 아직까지도 완벽하게 정리되지 못한 현실 속에서 이와 같은 노력들의 필요성을 이야기하는 경우도 있을 수 있다. 하지만 동시에 이와 같은 노력들이 사회복지종사자들의 전문성을 확보하려는 노력으로 이어질 수도 있는 것이다. 단순하게 선한 일을 하는 직종의 사람들이 아니라, 전문적 지식과 기술을 가지고 자신의 노동력을 제공하는 노동자라는 인식은 결국 이러한 활동을 통해 이루어질 수 있을 것이다. 앞서 논의한 것처럼 사회복지종사자들의 선함은 대상자들을 향한 개념이라는 것을 우리는 잊지 말아야 할 것이다.

2) 사회복지 관련 기관들의 인권 이해

사회복지종사자뿐만 아니라 사회복지 관련 기관들에서도 인권에 대한 많은 관심과 이해가 필요한 것이 사실이다. 하지만 기관을 어떻게 정리하는가에 따라 요구되는 인권의 모습도 상당히 다양하게 정리될 수 있다. 기관종사자들의 대상자들을 대할 때 나타날 수 있는 인권, 기관 상급자가 하급자들을 대할 때 나타날 수 있는 인권, 성별에 따른 차이에서 요구되는 인권, 시설운영의 비리에서 발생하는 내부 보고자의 모습을 위한 인권, 담당 공무원과의 관계에서 나타나는 관료적인 태도에 대한 인권 등 나열만으로도 지나칠 수준이다.

---

1) 채구묵(2002)의 경우 그의 글에서 노동조합을 결성하는 데에 있어서 나타나는 많은 회유와 탄압에 대해 여성들이 상대적으로 극복하는 데 어려움을 많이 겪을 수 있다는 점에서 제한적 요소로 나타날 수 있음을 나타냈다.

인권은 특수한 경우에서 그 의미가 더욱 잘 드러나는 것이 사실이지만, 인권이 적용되는 경우는 모든 상황, 즉 인간의 모든 삶으로 볼 수 있다. 사회복지의 실천 범위가 모든 인간의 다양한 삶을 표방하고 있다는 점에서 대상자들의 삶에서의 인권과 동시에 관련 기관 내 다양한 모든 구성원들의 인권도 끊임없이 고려되어야 할 것이다. 이것이 앞으로 인권이 사회복지 내부에서 충분히 누려질 수 있는 시작이라 할 것이다.

생각해보기

1. 사회적 약자를 대상으로 하는 경우가 많은 사회복지 현장에서는 인권에 대한 논의는 필수적으로 볼 수 있다. 하지만 이러한 필요성에 비해 아직도 많은 부분 이에 대한 논의가 이루어지고 있다고 보기는 어렵다. 이러한 이유가 무엇인지에 대한 각자의 의견을 나누어 보자.

2. 대상과 도구의 관점에서 인권과 사회복지의 관계를 고민해 보자.

3. 우리는 주변에서 종종 사회복지종사자들의 사회복지가 가장 안 되고 있다는 이야기를 듣는다. 이러한 이유와 해결방안이 무엇일지에 대한 본인의 의견을 나누어 보자.

APPENDIX

부 록

부록 1 한국사회복지사 윤리강령

<전문>
사회복지사는 인본주의・평등주의 사상에 기초하여, 모든 인간의 존엄성과 가치를 존중하고 천부의 자유권과 생존권의 보장활동에 헌신한다. 특히 사회적・경제적 약자들의 편에 서서 사회정의와 평등・자유와 민주주의 가치를 실현하는 데 앞장선다. 또한 도움을 필요로 하는 사람들의 사회적 지위와 기능을 향상시키기 위해 저들과 함께 일하며, 사회제도 개선과 관련된 제반 활동에 주도적으로 참여한다.
사회복지사는 개인의 주체성과 자기결정권을 보장하는 데 최선을 다하고, 어떠한 여건에서도 개인이 부당하게 희생되는 일이 없도록 한다. 이러한 사명을 실천하기 위하여 전문적 지식과 기술을 개발하고, 사회적 가치를 실현하는 전문가로서의 능력과 품위를 유지하기 위해 노력한다.
이에 우리는 클라이언트・동료・기관 그리고, 지역사회 및 전체 사회와 관련된 사회복지사의 행위와 활동을 판단・평가하며 인도하는 윤리기준을 다음과 같이 선언하고 이를 준수할 것을 다짐한다.

〈윤리기준〉

Ⅰ. 사회복지사의 기본적 윤리기준

1. 전문가로서의 자세

1) 사회복지사는 전문가로서의 품위와 자질을 유지하고, 자신이 맡고 있는 업무에 대해 책임을 진다.
2) 사회복지사는 클라이언트의 종교・인종・성・연령・국적・결혼상태・성적 취향・경제적 지위・정치적 신념・정신, 신체적 장애・기타 개인적 선호, 특징, 조건, 지위를 이유로 차별 대우를 하지 않는다.
3) 사회복지사는 전문가로서 성실하고 공정하게 업무를 수행하며, 이 과정에서 어떠한 부당한 압력에도 타협하지 않는다.
4) 사회복지사는 사회정의 실현과 클라이언트의 복지 증진에 헌신하며, 이를 위한 환경 조성을 국가와 사회에 요구해야 한다.
5) 사회복지사는 전문적 가치와 판단에 따라 업무를 수행함에 있어, 기관 내외로부터 부당한 간섭이나 압력을 받지 않는다.

6) 사회복지사는 자신의 이익을 위해 사회복지 전문직의 가치와 권위를 훼손해서는 안 된다.
7) 사회복지사는 한국사회복지사협회 등 전문가 단체 활동에 적극 참여하여, 사회정의 실현과 사회복지사의 권익옹호를 위해 노력해야 한다.

2. 전문성 개발을 위한 노력

1) 사회복지사는 클라이언트에게 최상의 서비스를 제공하기 위해, 지식과 기술을 개발하는 데 최선을 다하며 이를 활용하고 전파할 책임이 있다.
2) 클라이언트를 대상으로 연구하는 사회복지사는 저들의 권리를 보장하기 위해, 자발적이고 고지된 동의를 얻어야 한다.
3) 연구과정에서 얻은 정보는 비밀보장의 원칙에서 다루어져야 하고, 이 과정에서 클라이언트는 신체적, 정신적 불편이나 위험, 위해 등으로부터 보호되어야 한다.
4) 사회복지사는 전문성을 개발하기 위해 노력하되, 이를 이유로 서비스의 제공을 소홀히 해서는 안 된다.
5) 사회복지사는 한국사회복지사협회 등이 실시하는 제반교육에 적극 참여해야 한다.

3. 경제적 이득에 대한 태도

1) 사회복지사는 클라이언트의 지불능력에 상관없이 서비스를 제공해야 하며, 이를 이유로 차별대우를 해서는 안 된다.
2) 사회복지사는 필요한 경우에 제공된 서비스에 대해, 공정하고 합리적으로 이용료를 책정해야 한다.
3) 사회복지사는 업무와 관련하여 정당하지 않은 방법으로 경제적 이득을 취하여서는 안 된다.

Ⅱ. 사회복지사의 클라이언트에 대한 윤리기준

1. 클라이언트와의 관계에서의 의무와 권리

1) 사회복지사는 클라이언트의 권익옹호를 최우선의 가치로 삼고 행동한다.
2) 사회복지사는 클라이언트에 대하여 인간으로서의 존엄성을 존중해야 하며, 전문적 기술과 능력을 최대한 발휘한다.

3) 사회복지사는 클라이언트가 자기결정권을 최대한 행사할 수 있도록 도와야 하며, 저들의 이익을 최대한 대변해야 한다.
4) 사회복지사는 클라이언트의 사생활을 존중하고 보호하며, 직무수행 과정에서 얻은 정보에 대해 철저하게 비밀을 유지해야 한다.
5) 사회복지사는 클라이언트가 받는 서비스의 범위와 내용에 대해, 정확하고 충분한 정보를 제공함으로써 알 권리를 인정하고 존중해야 한다.
6) 사회복지사는 문서・사진・컴퓨터 파일 등의 형태로 된 클라이언트의 정보에 대해 비밀보장의 한계・정보를 얻어야 하는 목적 및 활용에 대해 구체적으로 알려야 하며, 정보 공개 시에는 동의를 얻어야 한다.
7) 사회복지사는 개인적 이익을 위해 클라이언트와의 전문적 관계를 이용하여서는 안 된다.
8) 사회복지사는 어떠한 상황에서도 클라이언트와 부적절한 성적 관계를 가져서는 안 된다.
9) 사회복지사는 사회복지 증진을 위한 환경조성에 클라이언트를 동반자로 인정하고 함께 일해야 한다.

2. 동료의 클라이언트와의 관계

1) 사회복지사는 적법하고도 적절한 논의 없이 동료 혹은 다른 기관의 클라이언트와 전문적 관계를 맺어서는 안 된다.
2) 사회복지사는 긴급한 사정으로 인해 동료의 클라이언트를 맡게 된 경우, 자신의 의뢰인처럼 관심을 갖고 서비스를 제공한다.

Ⅲ. 사회복지사의 동료에 대한 윤리기준

1. 동료

1) 사회복지사는 존중과 신뢰로서 동료를 대하며 전문가로서의 지위와 인격을 훼손하는 언행을 하지 않는다.
2) 사회복지사는 사회복지 전문직의 이익과 권익을 증진시키기 위해 동료와 협력해야 한다.

3) 사회복지사는 동료의 윤리적이고 전문적인 행위를 촉진시켜야 하며, 이에 반하는 경우에는 제반 법률규정이나 윤리기준에 따라 대처해야 한다.
4) 사회복지사가 전문적인 판단과 실천이 미흡하여 문제를 야기했을 때에는, 적절한 조치를 취하여 클라이언트의 이익을 보호해야 한다.
5) 사회복지사는 전문직 내 다른 구성원이 행한 비윤리적 행위에 대해, 제반 법률규정이나 윤리기준에 따라 조치를 취해야 한다.
6) 사회복지사는 동료 및 타 전문직 동료의 직무 가치와 내용을 인정·이해하며 상호 간에 민주적인 직무관계를 이루도록 노력해야 한다.

2. 슈퍼바이저

1) 슈퍼바이저는 개인적인 이익을 추구를 위해 자신의 지위를 이용해서는 안 된다.
2) 슈퍼바이저는 전문적 기준에 의해 공정하게 책임을 수행하며, 사회복지사·수련생 및 실습생에 대한 평가는 저들과 공유해야 한다.
3) 사회복지사는 슈퍼바이저의 전문적 지도와 조언을 존중해야 하며, 슈퍼바이저는 사회복지사의 전문적 업무수행을 도와야 한다.
4) 슈퍼바이저는 사회복지사·수련생 및 실습생에 대해 인격적·성적으로 수치심을 주는 행위를 해서는 안 된다.

Ⅳ. 사회복지사의 기관에 대한 윤리기준

1) 사회복지사는 기관의 정책과 사업 목표의 달성·서비스의 효율성과 효과성 증진을 위해 노력함으로써, 클라이언트에게 이익이 되도록 해야 한다.
2) 사회복지사는 기관의 부당한 정책이나 요구에 대하여, 전문직의 가치와 지식을 근거로 이에 대응하고, 즉시 사회복지윤리위원회에 보고해야 한다.
3) 사회복지사는 소속기관 활동에 적극 참여함으로써 기관의 성장발전을 위해 노력해야 한다.

Ⅴ. 사회복지사의 사회에 대한 윤리기준

1) 사회복지사는 인권존중과 인간평등을 위해 헌신해야 하며, 사회적 약자를 옹호하고 대변하는 일을 주도해야 한다.

2) 사회복지사는 필요한 사회 서비스를 개발하기 위한 사회정책의 수립・발전・입법・집행에 적극적으로 참여하고 지원해야 한다.
3) 사회복지사는 사회환경을 개선하고 사회정의를 증진시키기 위한 사회정책의 수립・발전・입법・집행을 요구하고 옹호해야 한다.
4) 사회복지사는 자신이 일하는 지역사회의 문제를 이해하고, 그것을 해결하는 일에 적극적으로 참여해야 한다.

Ⅵ. 사회복지윤리위원회의 구성과 운영

1) 한국사회복지사협회는 사회복지윤리위원회를 구성하여, 사회복지윤리실천의 질적인 향상을 도모하여야 한다.
2) 사회복지윤리위원회는 윤리강령을 위배하거나 침해하는 행위를 접수받아, 공식적인 절차를 통해 대처하여야 한다.
3) 사회복지사는 한국사회복지사협회의 윤리적 권고와 결정을 존중하여야 한다.

<사회복지사 선서>
나는 모든 사람들이 인간다운 삶을 누릴 수 있도록,
인간존엄성과 사회정의의 신념을 바탕으로,
개인・가족・집단・조직・지역사회・전체 사회와 함께 한다.

나는 언제나 소외되고 고통받는 사람들의 편에 서서,
저들의 인권과 권익을 지키고,
사회의 불의와 부정을 거부하면서,
개인이익보다 공공이익을 앞세운다.

나는 사회복지사 윤리강령을 준수함으로써,
도덕성과 책임성을 갖춘 사회복지사로 헌신한다.

나는 나의 자유의지에 따라 명예를 걸고 이를 엄숙하게 선서합니다.

부록 2 전미사회복지사협회 윤리강령(1996)

Reamer, Frederic G.(1999). 사회복지실천의 가치와 윤리에서 발췌.

1. 전문

사회복지 전문직의 기본적인 사명은 인간의 복리를 향상시키고 모든 사람들의 기본적인 욕구를 충족케 함에 있으며 특히 취약 계층, 억압받고 가난한 사람들의 욕구와 임파워먼트에 관심을 둔다. 사회복지실천의 역사적 특징은 사회적 맥락 속에서 개인의 행복에 초점을 맞추는 것이다. 사회복지실천의 기본은 생활상의 문제를 야기하거나, 이바지하거나, 대처하는 환경 요인에 주의를 기울이는 것이다.

사회복지사는 클라이언트와 함께 그리고 클라이언트를 위해 사회정의와 사회변화를 증진시킨다. "클라이언트"란 개인, 가족, 집단, 조직 및 지역사회를 총칭하는 말로 사용된다. 사회복지사는 문화적 윤리적 다양성에 민감하며 차별, 억압, 빈곤, 기타 사회적 부정의를 없애려고 노력한다. 이 활동들은 클라이언트에 대한 직접적 사회복지실천, 지역사회 조직화, 수퍼비전, 컨설테이션, 행정, 권리옹호, 사회적 정치적 행동, 정책개발과 수행, 교육, 조사 및 평가 등의 형태로 나타날 수 있고, 사회복지사는 또한 사람들의 자신의 욕구를 다루는 능력을 증진시키도록 힘쓴다. 사회복지사는 더 나아가 개인의 욕구나 사회적 문제에 대한 제반 조직, 지역사회 기타 사회제도의 책임성을 증진시키고자 노력한다.

사회복지 전문직의 사명은 일련의 핵심가치에 기반을 두고 있다. 이 핵심가치들은 전문직의 역사를 통해 사회복지사들이 견지해 온 것으로 사회복지실천의 독특한 목적과 관점의 기반을 이루고 있다. 즉

- 서비스
- 사회정의
- 인간의 존엄과 가치
- 인간관계의 중요성
- 성실
- 능력

이들 핵심가치들의 성좌는 사회복지 전문직의 독특성을 잘 나타내고 있다. 핵심가치들과 거기서 파생된 원칙은 복합적인 인간 경험의 맥락 안에서 균형을 이루어야 한다.

2. NASW 윤리강령의 목적

전문직 윤리는 사회복지실천의 핵심이다. 전문직은 그 기본적 가치관, 윤리적 원칙 및 윤리적 기준을 명확히 할 의무가 있다. NASW 윤리강령은 사회복지사의 행동을 인도하기 위해 가치와 원칙 및 기준들을 제시하고 있다. 이 강령은 그들이 수행하는 전문 기능이나, 일하는 현장 서비스 대상과 관계없이 모든 사회복지사와 사회복지학과 학생들에게 적용된다.

또한 NASW 윤리강령은 다음과 같은 6가지 목적에 이바지한다.

① 강령은 사회복지실천 사명의 기반이 되는 핵심가치를 확인한다.
② 강령은 전문직의 핵심가치를 반영하는 광범위한 윤리적 원칙을 개괄하며 사회복지실천의 지침으로 사용되어야 할 일련의 구체적 윤리기준을 확립한다.
③ 강령은 전문적 의무에 갈등이 생기거나 윤리적 불확실성이 일어날 때 사회복지사들이 적절한 고려사항을 확인해 볼 수 있도록 기획되었다.
④ 강령은 일반대중이 사회복지 전문직을 신뢰할 수 있도록 윤리적 기준을 제공한다.
⑤ 강령은 이 분야에 새롭게 들어온 실천가들에게 사회복지실천의 사명, 가치, 윤리적 원칙, 윤리적 기준을 사회화시킨다.
⑥ 강령은 사회복지사가 비윤리적 행위에 관여하고 있는지를 사정하기 위해 사회복지 전문직 자체가 사용할 수 있는 기준을 명확히 표명한다. NASW는 회원에 대해 제기된 윤리적 고충신고를 판결하기 위한 공식 절차를 두고 있다. 강령에 동의함으로써 사회복지사는 강령의 실행에 협력해야 하며, NASW 소송절차에 참여해야 하고, 강령에 기반한 모든 NASW의 징계 및 제재를 준수해야 한다.

이 강령은 윤리적 문제가 발생할 때 의사결정과 행동의 지침이 되는 일련의 가치, 원칙 및 기준을 제시한다. 그러나 사회복지사가 모든 상황에서 어떻게 행동해야 할 것인가를 규정하는 일련의 규칙을 제공하지는 않았다. 이 강령을 구체적으로 적용할 때는 그것이 고려될 전후 맥락과 강령의 가치, 원칙 및 기준을 제시한다. 그러나 사회복지사가 모든 상황에서 어떻게 행동해야 할 것인가를 규정하는 일련의 규칙을 제공하지는 않았다. 이 강령을 구체적으로 적용할 때는 그것이 고려될 전후 맥락과 강령의 가치, 원칙 및 기준 간의 갈등 가능성 등을 고려해야 한다. 윤리적 책임은 모든 인간관계에서

비롯되며, 개인적, 가족적 관계에서 사회적, 전문적 관계에 이르기까지 관련되기 때문이다.

더욱이 NASW 윤리강령은 갈등이 발생했을 때 어떤 가치, 원칙 및 기준이 가장 중요하며 우선해야 하는지를 구체적으로 규정하고 있지 않다. 갈등이 생겼을 때 여러 가지 가치, 윤리적 원칙 및 윤리적 기준이 어떤 순위로 자리매김되어야 할 것인가에 대해서는 사회복지사들 간에도 합리적인 의견의 차이가 있을 수 있기 때문이다. 특정 상황에서의 윤리적 의사결정은 사회복지사 개개인이 충분한 정보에 근거하여 판단해야 하며 전문직의 윤리적 기준이 동료심사과정에서는 어떻게 적용되는지도 고려해야 한다.

윤리적 의사결정은 하나의 과정이다. 사회복지실천에서는 복잡한 윤리적 문제를 해결해 주는 단순한 해답이 없는 경우가 많다. 사회복지사는 윤리적 판단이 요구되는 제반 상황에서 강령의 모든 가치, 원칙 및 기준을 고려해야 한다. 사회복지사의 결정과 행동은 강령에 적혀있는 글자 그대로의 의미뿐 아니라 그 정신과도 일치되어야 한다.

이 강령에 부가해서 유용한 윤리적 고찰을 할 수 있는 많은 다른 정보자원들이 있다. 사회복지사는 일반적 윤리 이론과 원칙, 사회복지실천이론과 조사, 법률, 규칙, 기관의 정책 및 기타 관련 윤리강령 등을 고려해야 한다. 이때 사회복지사는 NASW 윤리강령을 제일차적으로 고려해야 한다는 점을 명심해야 한다. 사회복지사는 클라이언트와 자신의 개인적 가치와 문화적, 종교적 신념과 실천이 윤리적 의사결정에 미치는 영향을 알고 있어야 한다. 또한 사회복지사는 개인의 가치와 전문직의 가치 사이에 일어날 수 있는 어떤 갈등도 처리할 수 있어야 한다. 윤리적 딜레마에 봉착하였을 때 사회복지사는 추가적인 지침으로서 전문직의 윤리나 윤리적 의사결정에 관한 관련문헌들을 참고하며 자문을 구해야 한다. 여기에는 기관에 기반을 둔 또는 사회복지실천 조직 내의 윤리위원회, 조정기구, 식견이 있는 동료, 수퍼바이저나 법률고문들과의 상담이 포함될 수 있다.

사회복지사의 윤리적 의무가 기관의 방침이나 관련되는 법률이나 규정과 갈등을 일으키는 경우가 있는데 이때에는 사회복지사는 강령에 명시된 가치, 원칙, 기준에 일치하도록 그 갈등을 해결하려는 노력을 다해야 한다. 만일 갈등에 대한 합리적인 해결이 어려운 경우 사회복지사는 결정을 내리기 전에 적절한 자문을 구해야 한다.

NASW 윤리강령은 NASW에 의해 활용되며 또한 개인, 기관, 조직 및 단체(자격 인가 규제위원회, 전문직 책임 보험 공급자 기타 전문직 집단) 등 강령을 채택하고 그것을 준거틀로 사용하고자 하는 한 단체들에 의해서 사용된다. 강령기준의 위반이 자동적으로 법적 책임이나 법률 위반을 의미하는 것은 아니다. 그러한 결정은 법적, 사법적 절차에 의해서만 이루어질 수 있다. 강령에 대한 위반이 제기되면 동료 심사과정을 거치게 된다. 이러한 과정은 일반적으로 법적 행정적 절차와는 별도로 법적조사나 절차와 분리되어 있어서 전문직 자체가 회원에게 권고나 징계를 가할 수 있다.

윤리강령이 윤리적 행위를 보증할 수는 없다. 더욱이 윤리강령이 모든 윤리적 문제나 논쟁을 해결할 수 없으며 도덕적 공동체 내에서 책임 있는 선택을 하려는 노력과 관련되는 풍부하고 복잡한 내용들을 포착할 수는 없다. 윤리강령은 전문가들이 갈망하며 그들의 행동의 판단기준이 되는 가치, 윤리적 원칙, 및 윤리적 기준을 제시하는 것이다. 사회복지사의 윤리적 행위는 윤리적인 실천에 관여하고자 하는 개인적인 헌신에서 연유되어야 한다. NASW의 윤리강령은 전문직의 가치를 지지하며 윤리적으로 행동하려는 모든 사회복지사들의 헌신을 반영한다. 원칙과 기준은 도덕적 문제를 분명히 인식하며, 신념을 가지고 신뢰할 만한 윤리적 판단을 내리려고 애쓰는 사람들에 의해 적용되어야 한다.

3. 윤리 원칙

다음의 포괄적인 윤리 원칙들은 서비스, 사회정의, 개인의 존엄과 가치, 인간관계의 중요성, 성실성과 능력에 기반을 둔 사회복지실천의 핵심가치들이다. 이 원칙들은 모든 사회복지사가 갈망하는 이상을 뜻한다.

• 가치 : 서비스

윤리 원칙 : 사회복지사의 제일차적 목표는 욕구가 있는 사람들을 원조하고 사회문제를 해결하는 것이다.

사회복지사는 타인에 대한 서비스를 자기 이익에 우선토록 한다. 사회복지사는 욕구가 있는 사람들을 돕고 사회문제를 다루기 위해 자신의 지식, 가치와 기술을 이용한다. 사회복지사는 자신의 전문직 기술의 일부를 재정적 보상에 대한 기대를 하지 않고 자발적으로 제공하도록 권장된다.

• 가치 : 사회정의

윤리 원칙 : 사회복지사는 사회적 부정의에 도전한다.

사회복지사는 사회적 변화, 특히 취약하고 억압받는 개인이나 집단과 함께, 또한 이들을 위해서 사회적 변화를 추구한다. 변화를 위한 사회복지사의 노력은 1차적으로 빈곤, 실업, 차별이나 기타 여러 형태의 사회적 불공평에 그 초점을 맞춘다. 이러한 활동은 억압이나 문화적, 인종적 다양성에 대한 민감성과 이에 관한 지식을 증진코자 한다.

사회복지사는 필요한 정보, 서비스, 자원에 대한 접근, 기회의 균등, 그리고 모든 사람들의 의사결정에 대한 실질적인 참여를 보장하려고 노력한다.

• 가치 : 인간의 존엄과 가치

윤리 원칙 : 사회복지사는 인간의 본질적인 존엄과 가치를 존중한다.

사회복지사는 개인적인 차이나 문화적 윤리적 다양성에 유의하면서 관심과 존경의 자세로 모든 사람들을 대해야 한다. 사회복지사는 클라이언트가 사회적으로 책임 있는 자기 결정을 내리도록 도와야 한다. 사회복지사는 클라이언트 스스로 욕구를 변화시키며 해결할 수 있도록 그의 역량과 기회를 강화시키고자 한다. 사회복지사는 클라이언트와 사회전반에 대한 이중적 책임을 인식해야 한다. 또한 클라이언트의 이익과 일반사회의 이익 간의 갈등을 가치관, 윤리 원칙 및 전문직의 윤리적 기준에 일치하는, 사회적으로 책임 있는 자세로 해결하도록 힘쓴다.

• 가치 : 성실

윤리 원칙 : 사회복지사는 신뢰받을 수 있는 행동을 한다.

사회복지사는 전문직의 사명, 가치관, 윤리원칙, 윤리적 기준을 항상 숙지하여 이와 일치되게 실천을 한다. 사회복지사는 정직하고 책임 있게 행동하며 자신들이 소속된 조직의 입장에서 윤리적 실천을 증진시킨다.

• 가치 : 능력

윤리 원칙 : 사회복지사는 자긴증력의 한도 내에서 실천하며 전문직의 전문 기술을 발전, 향상시킨다.

사회복지사는 전문직 지식이나 기술을 증진시키고 그것을 실천에 적용하고자 힘쓴다. 또한 전문직의 지식 기반에 이바지하도록 노력해야 한다.

4. 윤리기준

윤리기준은 모든 사회복지사의 전문직 활동에 관련된다. 이러한 기준들은 다음과 관련되어 있다.

① 클라이언트에 대한 사회복지사의 윤리적 책임

② 동료에 대한 사회복지사의 윤리적 책임

③ 실천 현장에서의 사회복지사의 윤리적 책임

④ 전문직으로서의 사회복지사의 윤리적 책임

⑤ 사회복지 전문직에 대한 사회복지사의 윤리적 책임

⑥ 사회전반에 대한 사회복지사의 윤리적 책임을 고려한다.

다음에 열거하는 기준의 일부는 전문직 행동에 대한 강제적 지침이며 기타 일부는 권장사항이다. 각 기준이 어느 정도로 강제적인가는 윤리기준에 위반되는 행위에 대한 조사를 책임진 사람들의 전문적 판단에 달려있다.

1) 클라이언트에 대한 사회복지사의 윤리적 책임

• 1.01 클라이언트에 대한 헌신

사회복지사의 일차적 책임은 클라이언트의 복리를 증진시키는 것이다. 일반적으로 클라이언트의 이익이 최우선이다. 그러나 특별한 경우, 사회복지사의 사회전반에 대한 책임이나 특정 법적 의무가 클라이언트에 대한 충성에 우선해야 할 때가 있을 수 있다. 이런 경우에는 클라이언트에게도 조언을 해주어야 한다(예를 들어, 사회복지사가 클라이언트의 아동학대 사실이나 자신 또는 타인을 해치려고 위협한 사실을 보고하도록 법적으로 요구받는 경우)

• 1.02 자기결정

사회복지사는 클라이언트의 자기 결정 권리를 존중하고 증진시키며 자신의 목표를 확인하고 명확히 하려는 클라이언트를 도와준다. 사회복지사는 클라이언트의 행동이나 잠재적 행동이 그 자신이나 타인에게 심각하고 예측가능하며 즉각적인 위험을 초래한다고 전문적으로 판단될 때, 클라이언트의 자기결정권을 제한할 수도 있다.

• 1.03 충분한 정보에 근거한 동의

ⓐ 사회복지사는 유효한 동의에 기초한 전문적 관계의 맥락 안에서만 서비스를 제공해야 한다. 사회복지사는 명확하고 이해하기 쉬운 말로 클라이언트에게 서비스의 목적, 서비스와 관련된 위험, 제3자 지불자의 요청에 의한 서비스의 한계, 관련 비용, 합리적인 대안들, 동의를 거절하거나 철회할 수 있는 클라이언트의 권리 및 동의에 따르는 시간계획 등을 알려주어야 한다. 또한 클라이언트가 질문할 기회도 제공해야 한다.

ⓑ 클라이언트가 글자를 모르거나 실천현장에서 사용되는 언어를 이해하기 어려워 하는 경우, 사회복지사는 클라이언트가 이해할 수 있도록 조치를 취해야 한다. 즉, 그에게 상세한 설명을 해주고 가능하다면 유자격 통역가나 번역가를 마련해 주어야 한다.

ⓒ 클라이언트가 충분한 정보에 근거한 동의를 할 능력이 부족한 경우에는 사회복지사는 적절한 제3자에게 허가를 구하거나 클라이언트의 이해 수준에 맞추어 알림으로써 클라이언트의 이익을 보호해 주어야 한다. 그리고 이러한 경우에 사회복지사는 제3자가 클라이언트의 소망과 이익에 부합되도록 행동하는지 확인하는 노력을 해야 한다. 사회복지사는 클라이언트가 충분한 정보에 근거한 동의를 할 수 있는 능력을 향상시키도록 합리적인 조치를 취해야 한다.

ⓓ 클라이언트가 비자발적으로 서비스를 받게 되는 경우에는 사회복지사는 서비스의 성격이나 범위에 관해서, 그리고 클라이언트가 서비스를 거부할 수 있는 한도에 관해서 정보를 제공해 주어야 한다.

ⓔ 전자매체(컴퓨터, 전화, 라디오 및 텔레비전)를 통해 서비스를 제공하는 사회복지사는 이 서비스에 연관된 한계나 위험을 서비스 수혜자에게 알려야 한다.

ⓕ 사회복지사는 클라이언트의 음성을 녹음하거나 비디오로 찍거나 혹은 제3자가 서비스가 제공되는 과정을 관찰하도록 허용하기에 앞서 클라이언트로부터 충분한 정보에 근거한 동의를 얻어야 한다.

• 1.04 적임능력

ⓐ 사회복지사는 자기가 받은 교육, 훈련, 면허, 자격증, 자문을 받은 경험, 수퍼비전을 받은 경험 또는 다른 관련된 전문직 경험의 범위 안에서만 서비스를 제공하고 자기가 그 서비스를 제공할 적임자라고 말할 수 있다.

ⓑ 사회복지사가 새로운 개입기술이나 접근법을 이용하여 서비스를 제공하기 위해서는 적임능력이 있는 사람들로부터 적절한 연수, 훈련, 자문, 수퍼비전을 받은 후에만 실질적인 영역에서 서비스를 제공할 수 있다.

ⓒ 새로운 실천영역에서 일반적으로 인정되는 기준이 존재하지 않을 경우 사회복지사는 신중한 판단을 내려야 하며 업무 능력을 확인하고 클라이언트를 위해로부터 보호하기 위한 책임감 있는 조치(적절한 교육, 조사, 훈련, 자문, 수퍼비전)를 취해야 한다.

• 1.05 문화적 능력과 사회적 다양성

ⓐ 사회복지사는 문화와 그것이 인간행동과 사회에서 수행하는 기능을 이해하며 모든 문화가 갖고 있는 강점을 인식해야 한다.

ⓑ 사회복지사는 클라이언트가 속한 문화에 대한 기본적 지식을 가져야 하며 클라이언트의 문화 및 서로 다른 사람들이나 문화적 집단들에 민감하게 서비스를 제공할 수 있는 능력을 발휘해야 한다.

ⓒ 사회복지사는 인종, 민족, 국적, 피부색, 성별, 성적지향, 연령, 혼인관계, 정치적 신념, 종교, 정신적 또는 신체적 장애에 관한 사회적 다양성 및 억압의 성격 등에 관한 교육을 받고 그것을 이해하도록 힘써야 한다.

• 1.06 이익의 갈등

ⓐ 사회복지사는 전문적 분별과 공정한 판단을 저해하는 이익갈등에 항상 주의를 기울이고 이를 피해야 한다. 사회복지사는 이익갈등이 현실적으로 존재하거나 발생하려고 할 때에는 이를 클라이언트에게 알려야 하며 클라이언트의 이익을 최우선으로 하고 클라이언트의 이익을 최대한 보호하는 합리적 조치를 취해서 문제를 해결해야 한다. 어떤 경우에는 클라이언트의 이익을 보호하기 위해서 그를 적절한 곳으로 의뢰하고 전문적 관계를 종결해야 할 때도 있다.

ⓑ 사회복지사는 자신의 개인적, 종교적, 정치적 또는 사업상의 이익을 위해 전문적 관계를 부당하게 이용하거나 타인을 이용해서는 안 된다.

ⓒ 사회복지사는 클라이언트를 이용할 위험이 있거나 잠재적 해를 끼칠 위험이 있는 경우에는 현재나 과거의 클라이언트와 이중, 다중의 관계를 맺어서는 안 된다. 이중, 다중의 관계를 피할 수 없는 경우에는 사회복지사는 클라이언트를 보호하기 위한 합리적 조치를 취해야 하며 뚜렷하고 적절하며 문화적으로 예민한 경계를 설정할 책임이 있다. (이중, 다중 관계는 전문적이든, 사회적이든, 사업적이든 사회복지사가 클라이언트와 한 개 이상의 관계에 관련될 때 일어난다. 이중, 다중의 관계는 동시적으로 또는 연속적으로 일어날 수 있다)

ⓓ 사회복지사는 관계를 맺고 있는 두 사람 또는 그 이상의 사람들(예를 들어, 부부, 가족성원)에게 서비스를 제공할 때 누가 클라이언트로 간주될 것이며, 서비스를 받는 각 개인들에 대한 사회복지사의 전문적 책임이 무엇인지를 관련 당사자 모두에게 명확히 해야 한다. 서비스 수혜자들 간에 이익갈등이 예상되거나 사회복지사가 갈등적인 역할을 수행해야 할 때에는 (예를 들면, 사회사업가가 클라이언

트들이 관련된 친권의 분쟁이나 이혼소송에서 증언하도록 요청받을 때)사회복지사는 관련 당사자에게 자신의 역할을 분명히 하고 이익갈등이 최소화되도록 적절한 행동을 취해야 한다.

• 1.07 프라이버시와 비밀보장

ⓐ 사회복지사는 프라이버시에 대한 클라이언트의 권리를 존중해야 한다. 사회복지사는 서비스의 제공이나 사회복지실천 평가, 조사수행에 필수적인 경우를 제외하고는 클라이언트에게 비밀정보를 요청해서는 안 된다. 일단 개인정보가 공유되면 비밀보장의 기준이 적용된다.

ⓑ 사회복지사는 클라이언트나 클라이언트를 대신해서 법적으로 동의할 권한을 인정받은 사람으로부터 타당한 동의를 얻었을 경우에만 비밀정보를 공개할 수 있다.

ⓒ 사회복지사는 강제적인 전문직상의 이유가 있는 경우 이외에는 전문 서비스 과정에서 취득한 모든 정보에 대해 비밀을 보장해야 한다. 그러나 클라이언트 자신이나 타인에 대한 심각하고 예측가능하며 즉각적인 위해를 방지하기 위해 정보공개가 필요할 때 또는 법률이나 규정이 클라이언트의 동의 없이도 정보의 공개를 요구하는 경우에는 이러한 원칙이 적용되지 않는다. 모든 경우에 사회복지사는 소기의 목적달성을 위해 필요한 최소한의 정보만을 공개해야 하며, 목적에 직접적으로 관련된 정보만을 공개해야 한다.

ⓓ 사회복지사는 가능한 한 비밀정보가 공개되기 전에 공개사실과 그로 인해 예상되는 결과에 대해서 클라이언트에게 알려야 한다. 이것은 비밀정보의 공개가 법적 요청에 의한 것이든 클라이언트의 동의에 기초한 것이든 상관없이 적용된다.

ⓔ 사회복지사는 비밀보장의 성격이나 비밀보장에 대한 클라이언트의 권리의 한계에 관해서 클라이언트나 다른 관련 당사자들과 의논해야 한다. 또한 클라이언트와 함께 비밀정보가 요구될 수 있는 상황이나 법적으로 비밀정보의 공개가 요청되는 상황들을 검토해야 한다. 이러한 논의는 사회복지사와 클라이언트의 관계에서 가능한 한 빨리 그리고 관계의 전과정을 통해서 필요할 때마다 수행되어야 한다.

ⓕ 사회복지사가 가족, 부부, 집단에 대하여 상담 서비스를 제공할 때 각 개인의 비밀보장 권리나 타인과 공유하는 정보의 비밀보장 의무에 관해서 당사자들 간에 합의를 구해야 한다. 그러나 동시에 가족, 부부, 집단 상담의 참가자 개개인에 대해서 그러한 합의의 이행이 완전히 보장될 수는 없음을 전원에게 알려야 한다.

ⓖ 사회복지사는 가족, 부부, 결혼, 집단 상담을 받는 클라이언트에게 상담 참가자들 간의 비밀정보의 공개에 관한 사회복지사, 고용주 및 기관의 정책을 알려야 한다.

ⓗ 사회복지사는 클라이언트가 공개할 권한을 주지 않는 한 제3자 지불자에게 비밀정보를 공개해서는 안 된다.

ⓘ 사회복지사는 프라이버시가 보장되지 않는 어떤 실천 현장에서도 비밀정보를 논의해서는 안 된다. 또한 공적이나 반공적인 장소, 가령 복도나 대기실, 승강기, 식당 등에서 비밀정보에 관해 논의해서는 안 된다.

ⓙ 사회복지사는 법적절차의 진행 중 법률이 허용하는 한도 내에서 클라이언트의 비밀을 최대한 보호해야 한다. 법정이나 법적 권한을 가진 기관이 사회복지사에게 클라이언트의 동의 없이 비밀정보나 면책 정보의 공개를 명하는 경우 그러한 공개가 클라이언트에게 해가 될 때에는 사회복지사는 법정에 그 명령을 철회하거나 가능한 한 그 범위를 좁게 한정하거나 또는 그 기록을 일반이 검열할 수 없게 비공개로 유지하도록 요청해야 한다.

ⓚ 사회복지사는 언론매체 관계자로부터 클라이언트의 정보를 요청받을 때 클라이언트의 비밀을 보호해야 한다.

ⓛ 사회복지사는 클라이언트의 서면정보, 전자정보 그리고 기타 민감한 정보에 대한 비밀을 보호해야 한다. 또한 클라이언트의 기록을 안전한 장소에 보관하며 그 기록에 접근할 권한이 없는 타인이 이용할 수 없도록 합리적 조치를 취해야 한다.

ⓜ 사회복지사는 컴퓨터, 전자메일, 팩시밀리, 전화, 전화응답기 또는 다른 전자나 컴퓨터 기술을 통해서 다른 관계자에게 전달된 정보의 비밀을 보장하며 유지하기 위해 주의해야 한다. 신상정보 공개는 가급적 피해야 한다.

ⓝ 사회복지사는 클라이언트의 기록의 이송이나 처리에 있어서 클라이언트의 비밀을 보호하면서 기록과 사회복지실천 자격에 관한 주 법령에 일치하는 방법을 취해야 한다.

ⓞ 사회복지사는 업무의 종료, 자격상실 또는 사망 시에 클라이언트의 비밀이 유지될 수 있도록 적절한 주의를 기울여야 한다.

ⓟ 사회복지사는 교육이나 훈련을 목적으로 클라이언트에 관하여 논의할 때 클라이언트 간 비밀정보의 공개에 동의하지 않는 한 그의 신상정보를 누설해서는 안 된다.

ⓠ 사회복지사는 자문가와 함께 클라이언트에 관해 논의할 때 클라이언트가 비밀정보의 공개에 동의하지 않거나 또는 공개를 해야 할 강력한 필요가 없는 한 신상정보를 누설해서는 안 된다.

ⓡ 사회복지사는 고인이 된 클라이언트의 비밀도 앞에서 언급한 기준에 따라 보호해야 한다.

• 1.08 기록에의 접근

ⓐ 사회복지사는 클라이언트가 자신에 관한 기록에 적절하게 접근할 수 있도록 해야 한다. 기록에 대한 클라이언트의 접근이 심각한 오해를 일으키거나, 클라이언트에게 위해를 끼칠 우려가 있을 경우에는 기록을 설명하거나 기록에 관해 조언을 해주어야 한다. 사회복지사는 기록에 대한 접근이 클라이언트 자신에게 심각한 위해가 될 것이라는 강력한 증거가 있는 예외적인 경우에만 기록 전체 혹은 일부에 대한 클라이언트의 접근을 제한해야 한다. 클라이언트의 요구와 기록의 전부 혹은 일부에의 접근을 제한한 합리적 이유를 클라이언트의 서류철에 기록해야 한다.

ⓑ 클라이언트에게 자신의 기록을 보여줄 때에는 사회복지사는 그 기록 속에 언급되거나 논의되고 있는 다른 개인들의 비밀을 보호할 수단을 강구해야 한다.

• 1.09 성적 관계

ⓐ 사회복지사는 어떤 상황에서도, 합의에 의한 것이든 강제에 의한 것이든 현재의 클라이언트와 성적 행동이나 성적 접촉을 해서는 안 된다.

ⓑ 사회복지사는 착취의 위험이 있거나 클라이언트에게 위해를 끼칠 수 있는 경우는 클라이언트의 친척이나 개인적 친분이 있는 사람과 성적 행동이나 성적 접촉을 해서는 안 된다. 클라이언트의 친척 또는 그와 개인적 친분이 있는 사람들과의 성적 행동이나 성적 접촉은 클라이언트에게 위해를 끼칠 가능성이 있으며, 이는 사회복지사와 클라이언트간의 적절한 전문적 경계를 유지하기 어렵게 만든다. 명확하고 적절하며 문화적으로 민감한 경계를 설정하는 책임은 클라이언트나 클라이언트의 친척 또는 클라이언트와 친밀한 대인관계를 맺고 있는 기타 당사자가 아닌 사회복지사가 전적으로 지게 된다.

ⓒ 사회복지사는 이전의 클라이언트와 성적 행동이나 성적 접촉을 해서는 안 된다. 왜냐하면 클라이언트에게 해를 입힐 가능성이 있기 때문이다. 만일 사회복지사가 이러한 금지 규정에 어긋나는 행동을 한다든지 또는 예외적인 상황 때문에 이러한 금지 규정의 예외가 인정되어야 한다고 주장한다면, 이전의 클라이언트가 의도적으로나 비의도적으로 착취나 강제를 당하거나 조종을 받지 않았다는 것을 입증할 전적인 책임은 사회복지사에게 있다.

ⓓ 사회복지사는 과거에 성적관계를 가졌던 사람에게 임상적 서비스를 제공해서는 안 된다. 과거의 성적 파트너에게 임상적 서비스를 제공하면 그 개인에게 잠재적 해를 입힐 가능성이 있으며 사회복지사와 그 개인 간에 적절한 전문적 경계를 유지하기가 어렵기 때문이다.

• 1.10 신체적 접촉

사회복지사는 클라이언트와 신체적 접촉을 해서는 안 된다. 그러한 접촉(달래거나 어루만지는)의 결과 클라이언트에게 심리적 상처를 줄 가능성이 있기 때문이다. 클라이언트와 적절하며 신체적 접촉을 시도하는 사회복지사는 그러한 신체적 접촉에 대한 명백하고 적절한 문화적으로 민감한 경계를 설정할 책임이 있다.

• 1.11 성희롱

사회복지사는 성적으로 클라이언트를 희롱해서는 안 된다. 성적 희롱은 성적 유혹, 성적 권유, 성적 호의의 요구 및 기타 성적 성격을 띤 언어적, 신체적 행위들을 의미한다.

• 1.12 인격을 손상시키는 언어

사회복지사는 클라이언트에게 또는 그에 관한 문서에서나 언어소통에서 인격인 명예를 훼손시키는 말을 사용해서는 안 된다. 사회복지사는 클라이언트에겐 그에 관한 모든 의사소통에서 정확하고 예의바른 말을 사용해야 한다.

• 1.13 서비스 비용의 지불

ⓐ 요금이 설정되어 있을 때 사회복지사는 그 요금이 공정하고 합리적이며 수행되는 서비스에 부합되는지를 확인해야 한다. 클라이언트의 요금지불능력도 고려해야 한다.

ⓑ 사회복지사는 클라이언트로부터 전문적 서비스에 대한 대가로 물품이나 용역을 받아서는 안 된다. 대상(물물)교환적 조치는 특히 서비스가 포함될 때 이익갈등이나 착취의 가능성이 있으며 사회복지사와 클라이언트 간에 부적절한 관계가 조성될 수 있다. 사회복지사는 이러한 대상교환 장치가 해당 지역사회에서는 전문직들 간의 관행이며, 서비스를 제공하기 위해 필요하고 자발적으로 교섭이 이루어지며 또한 클라이언트 주도하에 클라이언트의 충분한 정보에 근거한 동의에 따라 이루어짐이 분명한 경우에만 그 가능성을 검토하고 이에 참여할 수 있다. 전문적 서비스의 대가로서 클라이언트로부터 물품이나 용역을 받는 사회복지사는 이러

한 교환이 클라이언트나 전문적 관계에 해롭지 않다는 사실을 입증할 전적인 책임을 진다.

ⓒ 사회복지사는 그의 고용주나 기관을 통해 서비스를 이용할 수 있는 자격을 가진 클라이언트에 대해 사적으로 서비스에 대한 요금이나 어떤 다른 보수도 요청해서는 안 된다.

• 1.14 의사결정 능력이 없는 클라이언트

충분한 정보에 근거한 의사결정 능력이 없는 클라이언트를 대신해서, 사회복지사는 클라이언트의 이익과 권리를 보장하기 위해 합리적인 조치를 취해야 한다.

• 1.15 서비스의 중단

사회복지사의 부재, 재배치(전근), 질병, 장애 또는 사망과 같은 이유로 서비스가 중단될 경우, 사회복지사는 서비스의 계속성을 보장하기 위해 합리적인 노력을 기울여야 한다.

• 1.16 서비스의 종결

ⓐ 사회복지사는 클라이언트에 대한 서비스나 관계가 더 이상 요구되지 않거나 클라이언트의 욕구나 이익에 부응하지 못할 경우, 그 클라이언트에 대한 서비스 및 전문적 관계를 종결해야 한다.

ⓑ 사회복지사는 여전히 서비스를 필요로 하는 클라이언트를 유기하는 잘못을 피하기 위해 합리적 조치를 취해야 한다. 사회복지사는 모든 상황에서 제반 요인들을 신중히 고려하고 부작용을 최소화하도록 유의하면서 특별한 경우에만 서비스를 철회해야 한다. 그리고 사회복지사는 필요한 경우 서비스가 지속될 수 있도록 적절한 조치를 취해야 한다.

ⓒ 행위별 수가제하에서 일하는 사회복지사는 재정적 계약조건을 클라이언트에게 명확히 알렸고, 클라이언트가 현재 자신이나 타인에게 절박한 위험을 가하고 있지 않으며, 요금 비지불에 의한 임상적 및 기타 결과에 대해 클라이언트에게 이야기하고 논의를 했다면, 미지불액을 내지 않는 클라이언트에 대한 서비스를 종결할 수 있다.

ⓓ 사회복지사는 클라이언트와 사회적, 경제적 또는 성적 관계를 추구하기 위해서 서비스를 종결해서는 안 된다.

ⓔ 클라이언트에 대한 서비스를 종결하거나 중단할 예정인 사회복지사는 신속히 클라이언트에게 통지해야 하며, 그의 욕구와 선호에 맞게 서비스를 이전, 의뢰하거나 계속하도록 해야 한다.

ⓕ 직장을 떠나고자 하는 사회복지사는 클라이언트에게 서비스의 지속을 위해 적절한 선택 대안들을 알려주어야 하며 그 선택에 따르는 이점이나 위험을 알려야 한다.

2) 동료에 대한 사회복지사의 윤리적 책임

• 2.01 존경

ⓐ 사회복지사는 동료를 존경하는 마음으로 대해야 하며 동시에 동료의 자격, 견해, 의무 등을 정확하고 공정하게 표명해야 한다.

ⓑ 사회복지사는 클라이언트나 다른 전문가들과의 의사소통에서 동료에 대한 부당하고 부정적인 비판을 피해야 한다. 동료의 능력수준을 언급하거나 인종, 민족, 국적, 피부색, 성, 성적 지향, 연령, 혼인관계, 정치적 신조, 종교, 정신적 또는 신체적 장애와 같은 개인적 특성에 관한 품위를 떨어뜨리는 언사가 이에 해당한다.

ⓒ 사회복지사는 클라이언트의 행복에 이바지하기 위해서라면 사회복지 실천 동료뿐 아니라 다른 전문직의 동료와도 협력해야 한다.

• 2.02 비밀보장

사회복지사는 동료와의 전문적 관계나 상호교류과정에서 동료와 공유하게 된 비밀정보를 보호해야 한다. 사회복지사는 동료들에게 비밀보장에 관한 사회복지사의 의무와 그와 관련된 모든 예외들에 대해 확실하게 이해시켜야 한다.

• 2.03 다학문 간 협동

ⓐ 다학문 간 팀의 성원인 사회복지사는 사회복지 전문직의 시각, 가치와 경험을 끌어내어 클라이언트의 행복에 영향을 미치는 결정에 참여하고 기여해야 한다. 다학문 간 팀 전체로서 또는 개별 성원으로서의 전문적, 윤리적 의무가 명확히 확립되어야 한다.

ⓑ 팀의 결정에 대해 윤리적인 우려를 제기하는 사회복지사는 적절한 경로를 밟아 불일치의 해결을 시도해야 한다. 만일 그러한 불일치가 해결될 수 없는 경우에는 클라이언트의 복리에 부합하는 방향으로 우려 사항을 해결하기 위한 별도의 방법을 모색해야 한다.

• 2.04 동료가 관련된 분쟁

ⓐ 사회복지사는 자신의 지위획득이나 이익을 위해서 동료와 고용자 간의 분쟁을 이용해서는 안 된다.

ⓑ 사회복지사는 동료와의 분쟁에서 클라이언트를 이용하거나 동료 간의 갈등에 대한 부적절한 논쟁에 클라이언트를 끌어들여서는 안 된다.

• 2.05 자문

ⓐ 사회복지사는 동료의 자문이 클라이언트에게 최선의 이익이 되는 경우에는 언제든지 그 동료에게 충고나 조언을 구해야 한다.

ⓑ 사회복지사는 동료의 전문분야와 적임능력의 영역에 관해서 알고 있어야 한다. 또한 자문의 주제에 관한 지식과 전문성 및 적임능력이 입증된 동료에게서만 자문을 구해야 한다.

ⓒ 사회복지사가 클라이언트에 관해서 동료들과 논의할 때에는 자문의 목적달성에 필요한 최소한의 정보만을 공개해야 한다.

• 2.06 서비스 의뢰

ⓐ 사회복지사는 클라이언트에게 충분한 서비스를 제공하기 위해서 다른 전문가의 특수한 지식과 전문성이 필요할 때, 혹은 자신이 제공하는 서비스가 클라이언트에게 별로 효과적이지 못하거나 상당한 정도의 진전을 이루지 못하여 추가적인 서비스가 요구된다고 판단될 때 클라이언트를 다른 전문가에게 의뢰해야 한다.

ⓑ 다른 전문가에게 클라이언트를 의뢰하고자 하는 사회복지사는 책임의 순조로운 전환을 촉진시키기 위해 적절한 조치를 취해야 한다.

ⓒ 의뢰를 하는 사회복지사가 아무런 전문적 서비스도 제공하지 않은 경우에 사회복지사들이 의뢰의 대가로 보수를 주거나 받아서는 안 된다.

• 2.07 성적 관계

ⓐ 수퍼바이저나 교육자로서 기능하는 사회복지사는 수퍼비전을 받는 사람이나, 학생, 훈련생 또는 자신의 전문적 권위를 행사하는 다른 동료와 성적 행위나 성적 접촉에 관여해서는 안 된다.

ⓑ 사회복지사는 이익갈등이 일어날 수 있는 동료와의 성적 관계를 피해야 한다. 동료와 성적 관계에 빠지거나 빠질 우려가 있는 사회복지사는 필요에 따라서 이익갈등을 피하기 위해 전문적 책임을 이전할 의무가 있다.

• 2.08 성희롱

사회복지사는 수퍼비전을 받는 사람, 학생, 훈련생 또는 동료를 성적으로 희롱해서는 안 된다. 성희롱이란 성적 유혹, 성적 권유, 성적 행위의 요구 또는 성적 성격을 띤 기타 언어적, 신체적 행위이다.

• 2.09 동료의 손상

ⓐ 사회복지실천 동료의 손상이 개인적 문제, 심리사회적 고통, 약물남용 또는 정신건강상의 문제에 기인하여 효과적인 업무실천에 방해가 됨을 직접 알게 된 사회복지사는 가능하다면 그 동료와 함께 의논을 하고 치료를 받을 수 있도록 동료를 지원해야 한다.

ⓑ 사회복지실천 동료의 손상이 업무실천 효과를 방해하고 그 동료가 손상에 대해 적절한 조치를 취하지 않는다고 판단하는 사회복지사는 고용주, 기관, NASW, 인가규제 단체 및 다른 전문직 단체가 수립한 적절한 경로를 통해 조치를 취해야 한다.

• 2.10 동료의 능력 부족

ⓐ 사회복지실천 동료의 무능력에 대한 직접적인 정보를 가지고 있는 사회복지사는 가능한 한 그 동료와 의논하여 구체적 대책을 강구할 수 있도록 동료를 지원해야 한다.

ⓑ 사회복지실천 동료가 무능력한데 이에 대해서 적절한 수단을 강구하지 않는다고 판단하는 사회복지사는 고용주, 기관, NASW, 인가규제 단체 및 기타 전문직 단체가 수립한 적절한 경로를 통해 조치를 취해야 한다.

• 2.11 동료의 비윤리적 행위

ⓐ 사회복지사는 동료의 비윤리적 행위를 저지하고, 예방하고, 적발하고 시정하도록 적절한 대책을 강구해야 한다.

ⓑ 사회복지사는 동료의 비윤리적 행위에 관한 문제를 다루기 위해 수립된 정책이나 절차를 이해하고 있어야 한다. 사회복지사는 윤리적 고충 처리를 다루는 국가, 주, 지방의 수속절차 등에 정통해야 한다. 여기에는 NASW, 인가규제 단체, 고용주, 기관 및 다른 전문직 단체들이 제정한 정책이나 절차 등이 포함된다.

ⓒ 동료가 비윤리적 행위를 한다고 판단하는 사회복지사는 가능하다면, 그리고 그러한 논의가 생산적인 경우에 그 동료와 그 문제에 관해 논의하여 해결을 추구해야 한다.

ⓓ 동료가 비윤리적 행위를 한다고 판단하는 사회복지사는 필요에 따라 적절한 공식 경로를 밟아서 (가령 주의 인가기관이나 규제기관, NASW조사위원회, 기타 전문가 윤리위원회와 접촉하는 일 등) 행동을 취해야 한다.

ⓔ 사회복지사는 비윤리적 행위를 했다고 부당하게 고발당한 동료를 변호하며 원조해 주어야 한다.

3) 사회복지사의 실천현장에서의 윤리적 책임

• 3.01 수퍼비전과 컨설테이션

ⓐ 수퍼비전이나 컨설테이션을 제공하는 사회복지사는 필요한 지식과 기술을 갖추고 있어야 하며 자신의 지식이나 능력의 범위내에서만 제공해야 한다.

ⓑ 수퍼비전과 컨설테이션을 제공하는 사회복지사는 명백하고 적절하며 문화적으로 민감한 경계를 설정할 책임이 있다.

ⓒ 사회복지사는 수퍼비전을 받는 사람과 이중, 다중의 관계를 가짐으로써 수퍼비전을 받는 사람을 착취하거나 해를 끼칠 위험이 생길 경우에는 그러한 관계를 가지면 안 된다.

ⓓ 수퍼비전을 제공하는 사회복지사는 공정하고 정중하게 수퍼비전을 받는 사람의 업적을 평가해야 한다.

• 3.02 교육 및 훈련

ⓐ 교육자로서 학생의 실습지도자로서 또는 훈련자의 역할을 담당하는 사회복지사는 자신의 지식과 능력의 범위 내에서만 지도를 해야 하며, 전문직에서 활용되는 가장 최근의 정보와 지식에 기반을 두고 지도를 해야 한다.

ⓑ 교육자 학생실습지도자의 역할을 담당하는 사회복지사는 공정하고 정중하게 학생의 성적을 평가해야 한다.

ⓒ 교육자, 학생실습자의 역할을 담당하는 사회복지사는 학생이 서비스를 제공할 때 이를 클라이언트에게 일상적으로 통보하는 합리적인 조치를 취해야 한다.

ⓓ 교육자, 학생실습 지도자의 역할을 담당하는 사회복지사는 학생과 이중, 다중의 관계를 맺음으로써 학생을 착취하거나 해를 끼칠 위험이 있을 경우 이러한 관계를 맺으면 안 된다. 사회복지실천 교육자나 실습지도자는 명백하고 적절하며 문화적으로 민감한 경계를 설정할 책임이 있다.

• 3.03 업무 평가

타인의 업무를 평가하는 책임을 진 사회복지사는 공정하고 사려깊게, 명문화된 기준에 입각하여 그 책임을 수행해야 한다.

• 3.04 클라이언트의 기록

ⓐ 사회복지사는 기록상의 기술이 정확하며 제공된 서비스가 그대로 반영되어 있다는 것을 보증하기 위해 합리적 수단을 강구해야 한다.

ⓑ 사회복지사는 서비스의 전달을 용이하게 하고, 미래의 클라이언트에게 제공될 서비스의 연속성을 보장하기 위해 충분하고 적시적인 자료를 기록에 포함시켜야 한다.

ⓒ 사회복지사의 문서자료는 가능한 한 적절하게 클라이언트의 프라이버시를 보호해야 하며 서비스 전달에 직접적으로 관련되는 정보만을 포함해야 한다.

ⓓ 사회복지사는 서비스 종결 이후에도 미래의 적절한 접근을 보장하기 위해 기록을 보관해야 한다. 기록은 주 법이나 관련 계약서에 명시된 기간 동안 보존해야 한다.

• 3.05 청구서 작성

사회복지사는 제공된 서비스의 성격이나 한도를 정확하게 반영하며, 실천현장에서 누가 서비스를 제공했는지 확인해 주는 청구서 작성 방식을 수립하고 유지해야 한다.

• 3.06 클라이언트의 이전

ⓐ 동료나 다른 기관으로부터 서비스를 받고 있는 개인이 사회복지사에게 서비스를 받기 위해 접촉하게 될 때 사회복지사는 서비스 제공에 합의하기 전에 클라이언트의 욕구를 신중하게 고려해야 한다. 야기될 수 있는 혼란이나 갈등을 최소화하기 위해서 사회복지사는 클라이언트와 다른 서비스 제공자와 관계의 성격에 대해서, 또한 새로운 서비스 제공자와 관계를 맺는 것의 의미와 예상할 수 있는 이익과 위험에 대해서 충분히 논의할 필요가 있다.

ⓑ 만일 새로운 클라이언트가 다른 기관이나 동료에게서 서비스를 받아왔다면 사회복지사는 이전의 서비스 제공자와의 자문이 클라이언트에게 최선의 이익이 될지를 클라이언트와 의논해야 한다.

• 3.07 행정

ⓐ 사회복지실천 행정가는 클라이언트의 욕구를 충족시키기 위한 적절한 자원을 얻기 위해 자신이 속한 기관의 내부 및 외부에서 옹호활동을 펴야 한다.

ⓑ 사회복지사는 공개적이고 공정한 자원 배당 절차를 옹호해야 한다. 모든 클라이언트들의 욕구가 충족될 수 없을 때에는 적절하며 일관되게 적용되는 원칙에 입각한 비차별적인 자원할당절차를 개발해야 한다.

ⓒ 행정가인 사회복지사는 직원에게 적절한 수퍼비전을 제공할 수 있는 자원을 기관이나 조직에 확보하기 위하여 합리적인 조치를 취해야 한다.

ⓓ 사회복지실천 행정가는 자신이 책임지고 있는 근무환경이 NASW 윤리강령에 부합되며, 이 윤리강령의 준수를 권장하고 있는지 확인해야 한다. 또한 사회복지실천 행정가는 자신의 조직 내에서 그 강령을 어기고 방해하고 저지하는 여러 조건들을 배제할 합리적 수단을 강구해야 한다.

• 3.08 계속 교육과 직원의 능력 개발

사회복지실천 행정가나 수퍼바이저는 그들의 책임하에 있는 모든 직원들에 대해 계속 교육 및 직원개발을 제공하고 계획하기 위한 합리적 수단을 강구해야 한다. 계속 교육과 직원의 능력 개발을 사회복지실천 및 윤리에 관한 최근의 지식 및 새로운 발전을 다루어야 한다.

• 3.09 고용주에 대한 의무

ⓐ 사회복지사는 일반적으로 고용주나 고용기관에 대한 서약에 충실해야 한다.

ⓑ 사회복지사는 고용기관의 정책과 절차 및 서비스의 효율과 효과를 개선하기 위해 노력해야 한다.

ⓒ 사회복지사는 고용주가 NASW 윤리강령에 공포된 사회복지사의 윤리적 책임과 이것이 사회복지실천에서 갖는 함축된 의미를 인식하도록 합리적 조치를 취해야 한다.

ⓓ 사회복지사는 고용기관의 정책, 운용절차, 규칙이나 행정명령이 윤리적인 사회복지실천에 방해가 되도록 허용해서는 안 된다. 사회복지사는 고용기관의 활동이 NASW 윤리강령과 확실히 일치하도록 합리적 조치를 취해야 한다.

ⓔ 사회복지사는 고용기관의 업무할당이나 고용정책, 실천에서 차별을 예방하고 일소하기 위한 행동을 취해야 한다.

ⓕ 사회복지사는 공정한 인사정책을 시행하는 기관에만 취업을 하며 이러한 기관에만 학생의 현장실습 배치를 주선해야 한다.

ⓖ 사회복지사는 고용기관의 자원의 현명한 집사로서 적절하고 현명하게 자원을 보관하며 결코 그 자금을 부적절하거나 의도하지 않은 목적에 사용해서는 안 된다.

• 3.10 노사분쟁

ⓐ 사회복지사는 클라이언트에 대한 서비스나 근무 환경을 개선하기 위해 노동조합의 결성이나 참가를 포함하는 조직화된 활동에 관여할 수 있다.

ⓑ 노사분쟁, 준법투쟁, 파업 등에 관련된 사회복지사의 행동은 전문직의 가치, 윤리적 원칙 및 윤리적 기준에 의해서 주도되어야 한다. 현실적으로 사회복지사들 간에 파업이나 준법투쟁 중의 전문가로서의 일차적 의무에 관해서 의견의 차이가 존재하는 것은 당연하다. 사회복지사는 활동방향을 결정하기 전에 관련 이슈들과 그것이 클라이언트에게 미칠 수 있는 영향을 신중하게 검토해야 한다.

4) 전문가로서 사회복지사의 윤리적 책임

• 4.01 능력

ⓐ 사회복지사는 자신의 현재 능력에 근거하여 또는 요구되는 능력을 획득할 의사가 있을 때에만 직업상의 책임 및 고용을 수용해야 한다.

ⓑ 사회복지사는 전문적 실천 및 전문 기능의 수행에 능숙해지고 그러한 상태를 유지하도록 힘써야 한다. 사회복지사는 사회복지실천과 관련된 최신의 지식을 갖추고 있어야 하며 이를 비판적으로 검토해야 한다. 사회복지사는 일상적으로 전문 문헌을 검토하고 사회복지실천 및 사회복지실천 윤리에 관한 계속 교육에 참가해야 한다.

ⓒ 사회복지사는 경험을 기반으로 한 지식을 포함하여 사회복지실천이나 사회복지실천 윤리에 관련된 이미 인정받고 있는 지식에 기초하여 실천에 임해야 한다.

• 4.02 차별

사회복지사는 민족, 인종, 국적, 피부색, 성별, 성적 지향, 연령, 혼인관계, 정치적 신조, 종교 정신적 또는 신체적 장애에 근거한 어떤 형태의 차별도 묵과, 조장, 협조해서는 안 된다.

• 4.03 사적인 행위

사회복지사는 그의 전문적 책임 수행능력을 방해하는 사적인 행위를 용납해서는 안 된다.

• 4.04 부정직, 사기, 기만

사회복지사는 부정적, 사기, 기만행위에 가담, 묵인하거나 연루되어서는 안 된다.

• 4.05 손상

ⓐ 사회복지사는 자신의 개인적 문제, 심리사회적 디스트레스, 법적 문제, 약물 남용 또는 정신건강상의 문제로 전문적 판단이나 수행을 그르치거나 또는 자신이 전문적으로 책임을 지고 있는 클라이언트의 최선의 이익을 저해해서는 안 된다.

ⓑ 자신의 개인적 문제, 심리사회적 디스트레스, 법적 문제, 약물남용, 또는 정신건강상의 문제가 전문적인 판단 및 실천을 방해하게 되면 사회복지사는 즉시 자문을 구하며 전문적 도움을 얻어 적절한 치료적 조치를 강구해야 한다. 즉, 업무량을 조정하고 실천을 종료하거나 클라이언트와 타인을 보호하기 위해 필요한 조치를 취해야 한다.

• 4.06 잘못된 설명

ⓐ 사회복지사는 발언이나 행동을 할 때 그것이 개인으로서의 언동인지, 또는 사회복지 전문직 자체, 사회복지 전문직 기관 또는 사회복지사를 고용한 기관의 대표로서의 언동인지를 명백하게 구분해야 한다.

ⓑ 전문적 사회복지실천기관을 대표하는 사회복지사는 그 기관이 공식적으로 인정받은 지위를 정확하게 표명해야 한다.

ⓒ 사회복지사는 클라이언트, 기관, 일반 대중에 대해서 표명하는 자신의 전문직 자격, 자격증명서, 교육, 능력, 소속, 제공된 서비스, 성취될 결과에 대한 설명이 정확하다는 것을 보장해야 한다. 사회복지사는 실제로 취득한 관련 전문직 자격증명만을 주장해야 하며, 타인에 의한 부정확하고 그릇된 설명이 있으면 시정조치를 취해야 한다.

• 4.07 권유

ⓐ 사회복지사는 자신이 처한 환경 때문에 부당한 영향, 조작, 강제 등의 영향을 받기 쉬운 잠재적인 클라이언트에게 과도하게 권유를 해서는 안 된다.

ⓑ 사회복지사는 현재의 클라이언트나 특수한 환경 때문에 부당한 영향을 받기 쉬운 사람들에게 추천장에 배서를 간청(클라이언트의 이전의 진술을 추천장에 사용하는 데 동의해 달라는 간청)해서는 안 된다.

• 4.08 공적의 인정

ⓐ 사회복지사는 출처의 명시를 포함하여 실제로 자신이 수행했거나 공헌한 일에 대해서만 책임을 지며 공적을 인정받아야 한다.

ⓑ 사회복지사는 타인의 업적과 공헌을 정직하게 인정해야 한다.

5) 사회복지 전문직에 대한 사회복지사의 윤리적 책임

• 5.01 전문직의 성실성

ⓐ 사회복지사는 높은 수준의 실천을 유지하고 증진시켜야 한다.

ⓑ 사회복지사는 전문직의 가치, 윤리, 지식 및 사명을 지지하며 증진시켜야 한다. 사회복지사는 적절한 연구조사, 활발한 토의와 책임감 있는 비판을 통해서 전문직의 성실성을 보호, 증진, 개선해야 한다.

ⓒ 사회복지사는 사회복지 전문직의 가치, 성실성 및 그 능력을 증진하는 활동에 시간과 전문성을 할애해야 한다. 이러한 활동에는 교육, 조사, 자문, 서비스, 법적 증언, 지역사회에의 발표 및 전문직 단체에 참가하는 일 등이 있다.

ⓓ 사회복지사는 사회복지실천의 지식기반에 이바지하며 실천, 조사 및 윤리에 관련된 지식을 동료들과 공유해야 한다. 사회복지사는 전문 학술 문헌에 기여하며 전문가 회합이나 회의에서 그들의 지식을 공유해야 한다.

ⓔ 사회복지사는 미승인, 무자격 사회복지실천을 방지해야 한다.

• 5.02 평가와 조사

ⓐ 사회복지사는 정책, 프로그램의 실행 및 실천개입을 감시, 평가해야 한다.

ⓑ 사회복지사는 지식의 발달에 이바지하도록 평가와 조사를 증진, 촉진시켜야 한다.

ⓒ 사회복지사는 사회복지실천에 관련되는 새로운 지식을 비판적으로 검토하며 평가와 조사연구에서 얻은 입증자료를 전문직 실천에 충분히 활용해야 한다.

ⓓ 평가와 조사에 종사하는 사회복지사는 일어날 수 있는 결과들을 신중하게 고려하며 평가 및 조사 참가자의 보호를 위해 개발된 지침을 따라야 한다. 적절한 제도적 검토위원회의 자문을 구해야 한다.

ⓔ 평가와 조사에 종사하는 사회복지사는 참가자들로부터 충분한 정보에 근거한 문서화된 동의를 받아야 한다. 이때 참가거부에 대한 암시적 또는 현실적 손해나 불이익이 없고 부당한 참가권유가 없어야 하며, 참가자의 행복, 프라이버시, 존엄성이 고려되어야 한다. 정보에 근거한 동의에는 참가의 성격, 한도, 기관과 더불어 조사 참가 시의 위험 요소나 보상에 관한 정보 등이 포함되어야 한다.

ⓕ 평가와 조사연구의 참가자가 충분한 정보에 근거한 동의를 할 수 없을 때에도 사회복지사는 참가자의 수준에 적절한 설명을 하여 가능한 한 참가자로부터 동의를 얻어야 하며 정당한 대리인으로부터 문서화된 동의를 얻기도 한다.

ⓖ 사회복지사는 특정 형태의 자연적 관찰이나 공문서 조사와 같은, 동의의 절차를 밟지 않은 평가나 조사를 설계 및 실시해서는 절대로 안 된다. 그러나 그 조사에 대한 엄격하고 신뢰할 만한 검토결과 예상되는 과학적, 교육적 또는 응용적 가치 때문에 정당하다고 판명되거나, 또는 동의절차를 반드시 요구하지 않으면서 동등하게 효과적인 대안적 방법이 없는 경우에는 예외이다.

ⓗ 사회복지사는 평가나 조사 참가자에게 언제나 불이익 없이 동의를 철회할 권리가 있음을 알려주어야 한다.

ⓘ 사회복지사는 평가나 조사 참가자가 적절한 지지적 서비스를 이용할 수 있도록 합리적 조치를 취해야 한다.

ⓙ 평가와 조사에 종사하는 사회복지사는 부당한 신체적, 정신적 디스트레스, 위해, 위협, 박탈 등으로부터 참가자들을 보호해야 한다.

ⓚ 서비스 평가에 관여하는 사회복지사는 수집된 정보를 전문직의 목적을 위해서, 그리고 이 정보에 관해 전문적 관심을 갖는 사람들과만 논의해야 한다.

ⓛ 평가와 조사에 종사하는 사회복지사는 참가자와 그들에게서 얻은 자료의 익명성과 비밀을 보장해야 한다. 사회복지사는 비밀보장의 한계, 비밀을 보장하기 위해 취해진 조치, 그리고 조사 자료가 포함된 기록들이 폐기될 시기 등을 참가자에게 알려야 한다.

ⓜ 평가와 조사의 결과를 보고하는 사회복지사는 공개를 허락하는 정당한 동의가 없는 한 신상정보를 생략함으로써 참가자의 비밀을 보호해야 한다.

ⓝ 사회복지사는 평가와 조사 연구의 결과를 정확하게 보고해야 한다. 결코 그 결과를 꾸미거나 왜곡해서는 안되며, 출판 후에 인쇄된 자료에서 잘못이 발견되었을 때에는 표준적 출판 방법을 이용하여 시정조치를 취해야 한다.

ⓞ 평가와 조사에 종사하는 사회복지사는 참가자와의 이익갈등이나 이중관계에 유의하고 이를 피해야 하며 현실적으로 갈등이 일어나거나 일어나려고 할 때에는 참가자에게 그 사정을 알려야 한다. 그리고 참가자의 이익이 최우선되도록 문제 해결 수단을 강구해야 한다.

ⓟ 사회복지사는 책임감 있는 조사 연구에 관해 자신과 학생 및 동료들을 교육해야 한다.

6) 사회전반에 대한 사회복지사의 윤리적 책임

• 6.01 사회복지

사회복지사는 한 지역으로부터 전세계적 차원에 이르기까지 사회의 일반적인 복지를 향상시키고 인간과 지역사회 및 환경을 개선해야 한다. 사회복지사는 인간의 기본적 욕구 충족에 기여하는 생활 조건의 향상을 옹호하며, 사회정의 실현에 도움이 되는 사회적, 경제적, 정치적 및 문화적 가치와 제도를 증진시켜야 한다.

• 6.02 대중의 참여

사회복지사는 사회정책이나 사회제도를 형성함에 있어서 충분한 정보에 근거한 일반 대중의 참여를 촉진시켜야 한다.

• 6.03 공공의 긴급사태

사회복지사는 공공의 긴급사태에 직면해서 가능한 한 최대의 전문적 서비스를 적절하게 제공해야 한다.

• 6.04 사회적, 정치적 행동

ⓐ 사회복지사는 모든 사람이 인간의 기본적 욕구를 충족하는 데 필요한 자원, 고용, 서비스 및 기회에 동등하게 접근할 수 있도록 보장하는 사회적, 정치적 행동에 관여해야 한다. 사회복지사는 실천에 미치는 정치적 영역의 영향을 인식해야 하며, 인간의 기본적 욕구를 충족하고 사회적 정의를 증진시키며 사회환경을 개선하기 위한 정책과 법률 개정을 옹호해야 한다.

ⓑ 사회복지사는 특히 취약하고 불리한 상황에 처한 사람들, 억압, 착취당하는 사람과 집단을 비롯하여 모든 사람의 선택과 기회를 확대시키기 위해 노력해야 한다.

ⓒ 사회복지사는 미국 내에서 나아가 전 세계적 차원에서 문화적, 사회적 다양성을 존중하는 제반조건을 증진시켜야 한다. 사회복지사는 차이를 존중하는 정책과 실천을 옹호하며, 문화적 지식과 자원의 확장을 지원하고, 문화적 다양성을 옹호하는 프로그램이나 제도를 지지하며, 모든 사람들의 권리를 보장하고 평등과 사회정의를 앙양하는 정책을 증진시켜야 한다.

ⓓ 사회복지사는 민족이나 인종, 국적, 피부색, 성, 성적지향, 연령, 혼인 관계, 정치적 신념이나 정신적, 신체적 장애를 이유로 특정 개인이나 집단, 계급을 지배, 착취, 차별하는 행위를 방지하고 일소하기 위한 활동을 수행해야 한다.

〈전미사회복지사협회 사례관리 표준지침〉

전미사회복지사협회(NASW)의 사례관리 표준지침은 클라이언트, 체계, 사례관리자로 구분하여 총 10개 항목으로 구성되어 있음

standard 1. 사회사업 사례관리자는 사회사업교육위원회가 인증한 학사학위 또는 이에 해당하는 사회사업 프로그램을 졸업한 자로서 사례관리 실천수행에 필요한 지식, 기술, 그리고 경험을 갖고 있어야 한다.

standard 2. 사회사업 사례관리자는 자신의 전문적인 기술과 능력으로 클라이언트를 돕도록 한다. 이때 사례관리자는 무엇보다 클라이언트의 이익을 우선적으로 고려해야 한다.

standard 3. 사회사업 사례관리자는 사례관리실천의 모든 과정에 클라이언트가 참여하도록 한다.

standard 4. 사회사업 사례관리자는 클라이언트의 사적권리를 보장하고 또한 다른 사람으로부터 클라이언트 정보를 요청받았을 때 적절한 비밀보장을 지켜야 한다.

standard 5. 사회사업 사례관리자는 클라이언트와 그 가족에게 직접 서비스를 제공하거나 조정할 수 있는 클라이언트 수준에서 개입해야 한다.

standard 6. 사회사업 사례관리자는 현재 제공할 수 있는 사례관리 서비스 수준에서, 그리고 필요한 서비스 접근성을 높이는 서비스 체계 수준에서 개입해야 한다.

standard 7. 사회사업 사례관리자는 자원 활용 가능성이나 서비스 비용 그리고 재정 한도를 잘 알고 있어야 하며, 모든 사례 관리 기능과 활동을 실천에 우선 책임성을 갖는다.

standard 8. 사회사업 사례관리자는 서비스 전달체계의 적절성과 효과성을 모니터링하는 평가 및 질 관리 활동들에 참여해야 한다. 이때 사례관리자의 평가 및 질관리 활동 적용 범위는 사례관리자 자신의 사례관리 서비스뿐 아니라 사례관리 운영 전반의 전달체계를 포함한다. 그렇지 않을 경우 전체적으로 전문적인 책임성 보장을 위한 활동에 참여해야 한다.

standard 9. 사회사업 사례관리자는 사례관리자가 주어진 사례관리 과업들을 효과적으로 계획하고 수행하며, 평가할 수 있도록 합리적인 사례 수를 담당하도록 한다.

standard 10. 사회사업 사례관리자는 동료 및 다른 기관들과 같은 전문가로서 상호간 협력을 강화하도록 정중하게 대하며 존중하도록 노력한다.

부록 3 일본 사회복지사 윤리강령

우리들 사회복지사는 평화 옹호, 개인의 존엄, 민주주의라고 하는 인류의 일반적인 원리에 따라 복지 전문직의 지식, 기술과 가치관에 의해, 사회복지의 향상과 클라이언트의 자기 실행을 목표로 하는 전문직임을 밝힌다.

우리들은 사회의 진보 발전에 따르는 사회 변동이 자칫 인간의 소외를 초래하는 것에 주목하게 될 때 이 전문직이 복지 사회 유지, 추진에 꼭 필요한 제도인 것을 인식하는 동시에 전문직의 직책에 관해 일반 사회의 이해를 깊게 하고, 그 계발에 힘쓴다.

우리들은 사회복지사의 지식, 기술의 전문성과 윤리성의 유지, 향상이 전문가의 직책일 뿐만 아니라 클라이언트는 물론 사회 전체의 이익에 밀접히 관련되고 있는 것에 비추어, 본 강령을 제정하고 그것에 함께 동참하는 사람들로서 전문가 단체를 조직한다.

우리들은, 복지 전문직으로서의 행동에 관하여 클라이언트는 물론, 다른 전문직 또는 일반 사회에 대해서도 본 강령을 준수하는 것을 서약하며, 만약 직무 행위의 윤리성에 관하여 판단을 할 필요가 있는 때에는 행동의 지침으로서 본 강령을 기준으로 할 것을 선언한다.

원칙

(인간으로서의 평등과 존엄) 사람은 출신, 인권, 국적, 성별, 연령, 종교, 문화적 배경, 사회경제적 지위, 또는 사회에 대한 공헌도에 관계없이 모두 둘도 없는 존재로서 존중되어야 한다.

(자기실현의 권리와 사회의 책무) 사람은 타인의 권리를 침해하지 않는 한도에 있어서 자기실현의 권리를 가진다. 사회는 그 형태 여하에 관계없이 그 구성원의 최대한의 행복과 편익을 제공해야 한다.

(사회복지사의 직책) 사회복지사는 일본 헌법의 정신에 따라 개인의 자기실현, 가족, 집단/지역사회의 발전을 목표로 하는 것이다. 또한 사회복지의 발전을 저해하는 사회적 조건이나 곤란을 해결하기 위해 그 지식이나 기술을 사용할 책무가 있다.

클라이언트와의 관계

(클라이언트의 이익이 우선) 사회복지사는 직무 수행 시 클라이언트에 대한 서비스를 최우선으로 생각하며 자기의 사적인 이익을 위해 이용하는 일이 있어서는 안 된다. 또한 전문 직업상의 지식이나 기술이 비인간적인 목적에 이용되지 않도록 스스로 경계할 필요가 있다.

(클라이언트의 개별성의 존중) 사회복지사는 개인, 가족, 집단, 지역, 사회의 문화적 차이나 다양성을 존중하는 동시에 이러한 차이가 있는 클라이언트에 대해서도 동등한 열의를 갖고 서비스나 원조를 제공해야 한다.

(클라이언트의 수용) 사회복지사는 클라이언트를 있는 그대로 수용하여, 비록 클라이언트가 타인의 이익을 침해하거나 위해를 가할 우려가 있는 경우라도 미연에 사고를 방지하여, 결코 클라이언트를 거부하는 등의 일이 있어서는 안 된다.

(클라이언트의 비밀보장) 사회복지사는 클라이언트나 관계자로부터 사정을 할 때 경청하는 경우도 업무 수행상 필요한 범위로 제한하고 사생활 비밀보장을 보호하기 위해 클라이언트에 관한 정보를 제3자에게 제공해서는 안 된다. 만약 그 정보제공이 클라이언트나 공공의 이익을 위해 필요한 경우는 본인임이 구별될 수 있는 방법을 피하고 가능하면 본인의 동의를 얻어야 한다.

기관과의 관계

(소속 기관과 강령의 마인드) 사회복지사는 언제나 본 윤리강령의 취지를 존중하고 소속기관, 단체가 언제나 그 기본 정신을 준수하도록 유의한다.

(업무 개혁의 책무) 사회복지사는 소속기관, 단체의 업무나 절차의 개선, 향상을 늘 염두에 두고 기관, 단체의 책임자에게 제언하도록 하며 만약 의사소통의 방법으로 개선될 수 없는 경우는 책임 있는 방법에 의해 그 취지를 밝힐 수 있다.

(전문직의 명성에 대한 책임) 사회복지사는 만약 동료가 클라이언트의 이익을 침해하거나 전문직으로 명성을 떨어뜨리는 등의 일이 있는 경우 그 사실을 본인에게 지적하거나 본 협회 규약 제7조에 규정된 조치를 취할 것을 요구할 수 있다.

행정 및 사회와의 관계

(전문적 지식 기술의 향상) 사회복지사는 언제나 클라이언트와 사회의 새로운 소식을 민감하게 감지하고 클라이언트에 의한 서비스 선택의 범위를 넓히기 위해 자기가 제공하는 서비스 한계를 극복하도록 하여 클라이언트와 사회에 대해 공헌하여야 한다.

(전문적 지식, 기술의 응용) 사회복지사는 그 업무 수행에 의해 원조 전문직의 지식을 클라이언트뿐만 아니라 일반 시민의 사회생활의 향상에 도움이 되도록 행정이나 정책, 계획 등에 적극적으로 반영시키도록 해야 한다.

전문직으로서의 책무

(전문성의 유지 향상) 사회복지사는 동료나 다른 전문가와의 지식 경험의 교류를 통해 늘 자기의 전문적 지식과 기능 수준의 유지 향상에 힘씀으로써 소속 기관, 단체 서비스의 질을 향상시키고 사회복지 전문직의 사회적 명성을 높여야 한다.

(직무내용의 주지 철저) 사회복지사는 사회복지의 향상을 목표로 하는 전문직의 업무나 내용을 일반 사회에 알리도록 노력해야 한다. 이 경우 공적인 장소에서의 발언이 개인 자격으로서인지 전문직으로서의 입장에 의한 것인지를 명확하게 할 필요가 있다.

(전문직의 옹호) 사회복지사는 실천을 통하여 언제나 이 전문직의 지식, 기술, 가치관의 명확화에 힘쓴다. 만약 이 전문직이 부당한 비판을 받는 일이 있으면, 전문직의 입장을 옹호해야 한다.

(원조 방법의 개선 향상) 사회복지사는 동료와 다른 전문가의 공헌이나 업적을 존중하고 자기나 동료의 업적이나 서비스의 효과, 효율에 관하여 검토하고 원조방법의 개선 향상에 유의해야 한다.

(동료와의 상호 비판) 사회복지사는 동료나 다른 전문가와의 사이에 직무수행의 방법에 차이가 있는 것을 용인하는 동시에 만약 상호 비판의 필요가 있는 경우는 적절하고 타당한 방법과 수단에 따라야 한다.

부록 4 세계인권선언(1948. 12. 10. 국제연합 총회에서 채택)

인류 가족 모든 구성원의 고유한 존엄성과 평등하고 양도할 수 없는 권리를 인정하는 것이 세계의 자유, 정의, 평화의 기초가 됨을 인정하며,

인권에 대한 무시와 경멸은 인류의 양심을 짓밟는 야만적 행위를 결과하였으며, 인류가 언론의 자유, 신념의 자유, 공포와 궁핍으로부터의 자유를 향유하는 세계의 도래가 일반인의 지고한 열망으로 천명되었으며,

사람들이 폭정과 억압에 대항하는 마지막 수단으로서 반란에 호소하도록 강요받지 않으려면, 인권이 법에 의한 지배에 의하여 보호되어야 함이 필수적이며,

국가 간의 친선관계의 발전을 촉진시키는 것이 긴요하며,

국제연합의 여러 국민들은 그 헌장에서 기본적 인권과, 인간의 존엄과 가치, 남녀의 동등한 권리에 대한 신념을 재확인하였으며, 더욱 폭넓은 자유 속에서 사회적 진보와 생활수준의 개선을 촉진할 것을 다짐하였으며,

회원국들은 국제연합과 협력하여 인권과 기본적 자유에 대한 보편적 존중과 준수의 증진을 달성할 것을 서약하였으며,

이들 권리와 자유에 대한 공통의 이해가 이러한 서약의 이행을 위하여 가장 중요하므로,

따라서 이제 국제연합 총회는 모든 개인과 사회의 각 기관은 세계인권선언을 항상 마음속에 간직한 채, 교육과 학업을 통하여 이러한 권리와 자유에 대한 존중을 신장시키기 위하여 노력하고, 점진적인 국내적 및 국제적 조치를 통하여 회원국 국민 및 회원국 관할하의 영토의 국민들 양자 모두에게 권리와 자유의 보편적이고 효과적인 인정과 준수를 보장하기 위하여 힘쓰도록, 모든 국민들과 국가에 대한 공통의 기준으로서 본 세계인권선언을 선포한다.

제1조 모든 사람은 태어날 때부터 자유롭고, 존엄성과 권리에 있어서 평등하다. 사람은 이성과 양심을 부여받았으며 서로에게 형제의 정신으로 대하여야 한다.

제2조 모든 사람은 인종, 피부색, 성, 언어, 종교, 정치적 또는 그 밖의 견해, 민족적 또는 사회적 출신, 재산, 출생, 기타의 지위 등에 따른 어떠한 종류의 구별도 없이, 이 선언에 제시된 모든 권리와 자유를 누릴 자격이 있다.

나아가 개인이 속한 나라나 영역이 독립국이든 신탁통치지역이든, 비자치지역

이든 또는 그 밖의 다른 주권상의 제한을 받고 있는 지역이든, 그 나라나 영역의 정치적, 사법적, 국제적 지위를 근거로 차별이 행하여져서는 아니된다.

제3조 모든 사람은 생명권과 신체의 자유와 안전을 누릴 권리가 있다.

제4조 어느 누구도 노예나 예속상태에 놓여지지 아니한다. 모든 형태의 노예제도 및 노예매매는 금지된다.

제5조 어느 누구도 고문이나, 잔혹하거나, 비인도적이거나, 모욕적인 취급 또는 형벌을 받지 아니한다.

제6조 모든 사람은 어디에서나 법 앞에 인간으로서 인정받을 권리를 가진다.

제7조 모든 사람은 법 앞에 평등하고, 어떠한 차별도 없이 법의 평등한 보호를 받을 권리를 가진다. 모든 사람은 이 선언을 위반하는 어떠한 차별에 대하여도, 또한 어떠한 차별의 선동에 대하여도 평등한 보호를 받을 권리를 가진다.

제8조 모든 사람은 헌법 또는 법률이 부여하는 기본권을 침해하는 행위에 대하여 담당 국가법원에 의하여 효과적인 구제를 받을 권리를 가진다.

제9조 어느 누구도 자의적인 체포, 구금 또는 추방을 당하지 아니한다.

제10조 모든 사람은 자신의 권리와 의무, 그리고 자신에 대한 형사상의 혐의를 결정함에 있어서, 독립적이고 편견 없는 법정에서 공정하고도 공개적인 심문을 전적으로 평등하게 받을 권리를 가진다.

제11조 1. 형사범죄로 소추당한 모든 사람은 자신의 변호를 위하여 필요한 모든 장치를 갖춘 공개된 재판에서 법률에 따라 유죄로 입증될 때까지 무죄로 추정받을 권리를 가진다.

2. 어느 누구도 행위 시의 국내법 또는 국제법상으로 범죄를 구성하지 아니하는 작위 또는 부작위를 이유로 유죄로 되지 아니한다. 또한 범죄가 행하여진 때에 적용될 수 있는 형벌보다 무거운 형벌이 부과되지 아니한다.

제12조 어느 누구도 자신의 사생활, 가정, 주거 또는 통신에 대하여 자의적인 간섭을 받지 않으며, 자신의 명예와 신용에 대하여 공격을 받지 아니한다. 모든 사람은 그러한 간섭과 공격에 대하여 법률의 보호를 받을 권리를 가진다.

제13조 1. 모든 사람은 각국의 영역 내에서 이전과 거주의 자유에 관한 권리를 가진다.

2. 모든 사람은 자국을 포함한 어떤 나라로부터도 출국할 권리가 있으며, 또한 자국으로 돌아올 권리를 가진다.

제14조 1. 모든 사람은 박해를 피하여 타국에서 피난처를 구하고 비호를 향유할 권리를 가진다.

2. 이 권리는 비정치적인 범죄 또는 국제연합의 목적과 원칙에 반하는 행위만으로 인하여 제기된 소추의 경우에는 활용될 수 없다.

제15조 1. 모든 사람은 국적을 가질 권리를 가진다.

2. 어느 누구도 자의적으로 자신의 국적을 박탈당하거나 그의 국적을 바꿀 권리를 부인당하지 아니한다.

제16조 1. 성년에 이른 남녀는 인종, 국적 또는 종교에 따른 어떠한 제한도 받지 않고 혼인하여 가정을 이룰 권리를 가진다. 이들은 혼인 기간 중 및 그 해소 시 혼인에 관하여 동등한 권리를 가진다.

2. 결혼은 양당사자의 자유롭고도 완전한 합의에 의하여만 성립된다.

3. 가정은 사회의 자연적이며 기초적인 구성 단위이며, 사회와 국가의 보호를 받을 권리를 가진다.

제17조 1. 모든 사람은 단독으로는 물론 타인과 공동으로 자신의 재산을 소유할 권리를 가진다.

2. 어느 누구도 자신의 재산을 자의적으로 박탈당하지 아니한다.

제18조 모든 사람은 사상, 양심 및 종교의 자유에 대한 권리를 가진다. 이러한 권리는 자신의 종교 또는 신념을 바꿀 자유와 선교, 행사, 예배, 의식에 있어서 단독으로 또는 다른 사람과 공동으로, 공적으로 또는 사적으로 자신의 종교나 신념을 표명하는 자유를 포함한다.

제19조 모든 사람은 의견과 표현의 자유에 관한 권리를 가진다. 이 권리는 간섭받지 않고 의견을 가질 자유와 모든 매체를 통하여 국경에 관계없이 정보와 사상을 추구하고, 접수하고, 전달하는 자유를 포함한다.

제20조 1. 모든 사람은 평화적 집회와 결사의 자유에 관한 권리를 가진다.

2. 어느 누구도 어떤 결사에 소속될 것을 강요받지 아니한다.

제21조 1. 모든 사람은 직접 또는 자유롭게 선출된 대표를 통하여 자국의 통치에 참여할 권리를 가진다.

2. 모든 사람은 자국의 공무에 취임할 동등한 권리를 가진다.

3. 국민의 의사는 정부의 권위의 기초가 된다. 이 의사는 보통 및 평등 선거권에 의거하며, 또한 비밀투표 또는 이와 동등한 자유로운 투표 절차에 따라 실시되는 정기적이고 진정한 선거를 통하여 표현된다.

제22조 모든 사람은 사회의 일원으로서 사회보장제도에 관한 권리를 가지며, 국가적 노력과 국제적 협력을 통하여 그리고 각국의 조직과 자원에 따라 자신의 존엄성과 인격의 자유로운 발전을 위하여 불가결한 경제적, 사회적 및 문화적 권리의 실현에 관한 권리를 가진다.

제23조 1. 모든 사람은 근로의 권리, 자유로운 직업 선택권, 공정하고 유리한 근로조건에 관한 권리 및 실업으로부터 보호받을 권리를 가진다.

2. 모든 사람은 어떠한 차별도 받지 않고 동등한 노동에 대하여 동등한 보수를 받을 권리를 가진다.

3. 모든 근로자는 자신과 가족에게 인간적 존엄에 합당한 생활을 보장하여 주며, 필요할 경우 다른 사회적 보호의 수단에 의하여 보완되는, 정당하고 유리한 보수를 받을 권리를 가진다.

4. 모든 사람은 자신의 이익을 보호하기 위하여 노동조합을 결성하고, 가입할 권리를 가진다.

제24조 모든 사람은 근로시간의 합리적 제한과 정기적인 유급휴일을 포함한 휴식과 여가에 관한 권리를 가진다.

제25조 1. 모든 사람은 식량, 의복, 주택, 의료, 필수적인 사회역무를 포함하여 자신과 가족의 건강과 안녕에 적합한 생활수준을 누릴 권리를 가지며, 실업, 질병, 불구, 배우자와의 사별, 노령, 그 밖의 자신이 통제할 수 없는 상황에서의 다른 생계 결핍의 경우 사회보장을 누릴 권리를 가진다.

2. 모자는 특별한 보살핌과 도움을 받을 권리를 가진다. 모든 어린이는 부모의 혼인 여부에 관계없이 동등한 사회적 보호를 향유한다.

제26조 1. 모든 사람은 교육을 받을 권리를 가진다. 교육은 최소한 초등기초단계에서는 무상이어야 한다. 초등교육은 의무적이어야 한다. 기술교육과 직업교육은 일반적으로 이용할 수 있어야 하며, 고등교육도 능력에 따라 모든 사람에게 평등하게 개방되어야 한다.

2. 교육은 인격의 완전한 발전과 인권 및 기본적 자유에 대한 존중의 강화를 목표로 하여야 한다. 교육은 모든 국가들과 인종적 또는 종교적 집단 간에 있어서 이해, 관용 및 친선을 증진시키고 평화를 유지하기 위한 국제연합의 활동을 촉진시켜야 한다.

3. 부모는 자녀에게 제공되는 교육의 종류를 선택함에 있어서 우선권을 가진다.

제27조 1. 모든 사람은 공동체의 문화생활에 자유롭게 참여하고, 예술을 감상하며, 과학의 진보와 그 혜택을 향유할 권리를 가진다.

2. 모든 사람은 자신이 창조한 모든 과학적, 문학적, 예술적 창작물에서 생기는 정신적, 물질적 이익을 보호받을 권리를 가진다.

제28조 모든 사람은 이 선언에 제시된 권리와 자유가 완전히 실현될 수 있는 사회적 및 국제적 질서에 대한 권리를 가진다.

제29조 1. 모든 사람은 그 안에서만 자신의 인격을 자유롭고 완전하게 발전시킬 수 있는 공동체에 대하여 의무를 부담한다.

2. 모든 사람은 자신의 권리와 자유를 행사함에 있어서, 타인의 권리와 자유에 대한 적절한 인정과 존중을 보장하고, 민주사회에서의 도덕심, 공공질서, 일반의 복지를 위하여 정당한 필요를 충족시키기 위한 목적에서만 법률에 규정된 제한을 받는다.

3. 이러한 권리와 자유는 어떤 경우에도 국제연합의 목적과 원칙에 반하여 행사될 수 없다.

제30조 이 선언의 그 어떠한 조항도 특정 국가, 집단 또는 개인이 이 선언에 규정된 어떠한 권리와 자유를 파괴할 목적의 활동에 종사하거나, 또는 그와 같은 행위를 행할 어떠한 권리도 가지는 것으로 해석되지 아니한다.

Universal Declaration of Human Rights

PREAMBLE

Whereas recognition of the inherent dignity and of the equal and inalienable rights of all members of the human family is the foundation of freedom, justice and peace in the world,

Whereas disregard and contempt for human rights have resulted in barbarous acts which have outraged the conscience of mankind, and the advent of a world in which human beings shall enjoy freedom of speech and belief and freedom from fear and want has been proclaimed as the highest aspiration of the common people,

Whereas it is essential, if man is not to be compelled to have recourse, as a last resort, to rebellion against tyranny and oppression, that human rights should be protected by the rule of law,

Whereas it is essential to promote the development of friendly relations between nations,

Whereas the peoples of the United Nations have in the Charter reaffirmed their faith in fundamental human rights, in the dignity and worth of the human person and in the equal rights of men and women and have determined to promote social progress and better standards of life in larger freedom,

Whereas Member States have pledged themselves to achieve, in cooperation with the United Nations, the promotion of universal respect for and observance of human rights and fundamental freedoms,

Whereas a common understanding of these rights and freedoms is of the greatest importance for the full realization of this pledge,

Now, therefore, The General Assembly, Proclaims this Universal Declaration of Human Rights as a common standard of achievement for all peoples and all nations, to the end that every individual and every organ of society, keeping this Declaration constantly in mind, shall strive by teaching and education to promote respect for these rights and freedoms and by progressive measures, national and international, to secure their universal and effective recognition and observance, both among the peoples of Member States themselves and among the peoples of territories under their jurisdiction.

Article 1

All human beings are born free and equal in dignity and rights. They are endowed with reason and conscience and should act towards one another in a spirit of brotherhood.

Article 2

Everyone is entitled to all the rights and freedoms set forth in this Declaration, without distinction of any kind, such as race, colour, sex, language, religion, political or other opinion, national or social origin, property, birth or other status.

Furthermore, no distinction shall be made on the basis of the political, jurisdictional or international status of the country or territory to which a person belongs, whether it be independent, trust, non-self-governing or under any other limitation of sovereignty.

Article 3

Everyone has the right to life, liberty and security of person.

Article 4

No one shall be held in slavery or servitude; slavery and the slave trade shall be prohibited in all their forms.

Article 5

No one shall be subjected to torture or to cruel, inhuman or degrading treatment or punishment.

Article 6

Everyone has the right to recognition everywhere as a person before the law.

Article 7

All are equal before the law and are entitled without any discrimination to equal protection of the law. All are entitled to equal protection against any discrimination in violation of this Declaration and against any incitement to such discrimination.

Article 8

Everyone has the right to an effective remedy by the competent national tribunals for acts violating the fundamental rights granted him by the constitution or by law.

Article 9

No one shall be subjected to arbitrary arrest, detention or exile.

Article 10

Everyone is entitled in full equality to a fair and public hearing by an independent and impartial tribunal, in the determination of his rights and obligations and of any criminal charge against him.

Article 11

1. Everyone charged with a penal offence has the right to be presumed innocent until proved guilty according to law in a public trial at which he has had all the guarantees necessary for his defence.
2. No one shall be held guilty of any penal offence on account of any act or omission which did not constitute a penal offence, under national or international law, at the time when it was committed. Nor shall a heavier penalty be imposed than the one that was applicable at the time the penal offence was committed.

Article 12

No one shall be subjected to arbitrary interference with his privacy, family, home or correspondence, nor to attacks upon his honour and reputation. Everyone has the right to the protection of the law against such interference or attacks.

Article 13

1. Everyone has the right to freedom of movement and residence within the borders of each State.
2. Everyone has the right to leave any country, including his own, and to return to his country.

Article 14

1. Everyone has the right to seek and to enjoy in other countries asylum from persecution.
2. This right may not be invoked in the case of prosecutions genuinely arising from non-political crimes or from acts contrary to the purposes and principles of the United Nations.

Article 15

1. Everyone has the right to a nationality.
2. No one shall be arbitrarily deprived of his nationality nor denied the right to change his nationality.

Article 16

1. Men and women of full age, without any limitation due to race, nationality or religion, have the right to marry and to found a family. They are entitled to equal rights as to marriage, during marriage and at its dissolution.
2. Marriage shall be entered into only with the free and full consent of the intending spouses.
3. The family is the natural and fundamental group unit of society and is entitled to protection by society and the State.

Article 17

1. Everyone has the right to own property alone as well as in association with others.
2. No one shall be arbitrarily deprived of his property.

Article 18

Everyone has the right to freedom of thought, conscience and religion; this right includes freedom to change his religion or belief, and freedom, either alone or in community with others and in public or private, to manifest his religion or belief in teaching, practice, worship and observance.

Article 19

Everyone has the right to freedom of opinion and expression; this right includes freedom to hold opinions without interference and to seek, receive and impart information and ideas through any media and regardless of frontiers.

Article 20

1. Everyone has the right to freedom of peaceful assembly and association.
2. No one may be compelled to belong to an association.

Article 21

1. Everyone has the right to take part in the government of his country, directly or through freely chosen representatives.
2. Everyone has the right to equal access to public service in his country.
3. The will of the people shall be the basis of the authority of government; this will shall be expressed in periodic and genuine elections which shall be by universal and equal suffrage and shall be held by secret vote or by equivalent free voting procedures.

Article 22

Everyone, as a member of society, has the right to social security and is entitled to realization, through national effort and international co–operation and in accordance with the organization and resources of each State, of the economic, social and cultural rights indispensable for his dignity and the free development of his personality.

Article 23

1. Everyone has the right to work, to free choice of employment, to just and favourable conditions of work and to protection against unemployment.
2. Everyone, without any discrimination, has the right to equal pay for equal work.
3. Everyone who works has the right to just and favourable remuneration ensuring for himself and his family an existence worthy of human dignity, and supplemented, if necessary, by other means of social protection.
4. Everyone has the right to form and to join trade unions for the protection of his interests.

Article 24

Everyone has the right to rest and leisure, including reasonable limitation of working hours and periodic holidays with pay.

Article 25

1. Everyone has the right to a standard of living adequate for the health and well−being of himself and of his family, including food, clothing, housing and medical care and necessary social services, and the right to security in the event of unemployment, sickness, disability, widowhood, old age or other lack of livelihood in circumstances beyond his control.
2. Motherhood and childhood are entitled to special care and assistance. All children, whether born in or out of wedlock, shall enjoy the same social protection.

Article 26

1. Everyone has the right to education. Education shall be free, at least in the elementary and fundamental stages. Elementary education shall be compulsory. Technical and professional education shall be made generally available and higher education shall be equally accessible to all on the basis of merit.
2. Education shall be directed to the full development of the human personality and to the strengthening of respect for human rights and fundamental freedoms. It shall promote understanding, tolerance and friendship among all nations, racial or religious groups, and shall further the activities of the United Nations for the maintenance of peace.
3. Parents have a prior right to choose the kind of education that shall be given to their children.

Article 27

1. Everyone has the right freely to participate in the cultural life of the community, to enjoy the arts and to share in scientific advancement and its benefits.

2. Everyone has the right to the protection of the moral and material interests resulting from any scientific, literary or artistic production of which he is the author.

Article 28

Everyone is entitled to a social and international order in which the rights and freedoms set forth in this Declaration can be fully realized.

Article 29

1. Everyone has duties to the community in which alone the free and full development of his personality is possible.
2. In the exercise of his rights and freedoms, everyone shall be subject only to such limitations as are determined by law solely for the purpose of securing due recognition and respect for the rights and freedoms of others and of meeting the just requirements of morality, public order and the general welfare in a democratic society.
3. These rights and freedoms may in no case be exercised contrary to the purposes and principles of the United Nations.

Article 30

Nothing in this Declaration may be interpreted as implying for any State, group or person any right to engage in any activity or to perform any act aimed at the destruction of any of the rights and freedoms set forth herein.

참고문헌

고미영・최경원・황숙연 역(1995). **사회복지실천의 가치와 윤리**. 사회복지실천연구소.

공미혜・안현주(2006). 농촌지역 이주여성의 가정폭력 경험. 농촌사회의 변화와 다양한 가족, 한국가족관계학회・한국농촌사회학회 공동세미나.

국가인권위원회(2004). NAP수립을 위한 노인권 기초현황조사.

____________(2006). 국가인권정책기본계획 권고안(2007~2011)

____________(2011). 인권의 해설.

권영성(1999). **헌법학원론**. 법문사.

권중돈・조학래・윤경아・이윤화・이영미・손의성・오인근・김동기(2014). **사회복지개론**. 학지사.

김기덕(2002). **사회복지윤리학**. 나눔의집.

김기덕・최소연・권자영(2012). **사회복지윤리와 철학**. 양서원.

김도균(2008). 인권의 개념과 권리. 인권법교재발간위원회 편, **인권법**. 아카넷.

김민수(2013). 사회복지사의 윤리적 민감성에 영향을 미치는 요인에 관한 연구. 경상대학교 대학원 석사학위논문.

김상균・오정수・유채영(2010). **사회복지 윤리와 철학**. 나남출판.

김오남(2006). 이주여성의 부부갈등 결정요인 연구. 가톨릭대학교 대학원 박사학위논문.

김완진・송현호・이재율(1996). **공리주의・개혁주의・자유주의**. 서울대학교출판부.

김재기(2006). **공무원과 노동인권**. 한국학술정보.

김중섭・도모나가 겐죠(2004). **세계화와 인권 발전**. 도서출판 오름.

김호정(2005). 개인적 요인과 조직적 요인이 공직자의 윤리적 판단에 미치는 영향. **한국행정학보**, 39(4), 125-148.

남찬섭(1998). 복지국가에 있어서의 분배정의 : 정치철학적 정의론과 일반인들의 분배정의인식. 연세대학교 대학원 박사학위논문.

마이클 샌델(2010). **정의란 무엇인가**. 이창신 역. 김영사.

문성학(1996). **철학, 삶 그리고 윤리**. 형설출판사.

민주사회를 위한 변호사모임(2010). 2010 한국인권보고서, 민주사회를 위한 변호사모임.

박병도(2006). 연대의 권리, 제3세대 인권. 인권법교재발간위원회 편, 인권법. 아카넷.

박병현(2012). 사회복지정책론. 학현사.

박인혜(2011). 여성인권운동의 프레임과 주체 변화에 대한 연구 : 여성의 전화를 중심으로. 성공회대학교 대학원 박사학위논문.

박채용·정태일(2001). 정치철학적 정의론에 관한 연구. 社會科學研究, 17(2), 93－124.

보건복지부(2002). 마드리드 고령화국제행동계획.

새움터(1997). 기지촌, 기지촌 여성, 혼혈아동 실태와 사례. 새움터.

서정갑(1994). 미국정치의 과정과 정책. 나남출판사.

성지혜(1996). 중국교포여성과 한국남성 간의 결혼 연구. 대구효성가톨릭대학교 대학원 석사학위논문.

손병돈(2008). 사회복지와 인권. 양서원.

심재호(2002). 사회복지노동조합에 대한 연구 : 현실과 전망, 사회복지정책, 15.

앤서니 기든스(2009). 현대사회학(제6판). 김미숙·김용학·박길성·송호근·신광영·유홍준·정성호 공역. 을유문화사.

양옥경(2009). 사회복지 윤리경영 인증지표 개발연구. 사회복지 윤리경영 선도기관 육성사업 2차년도 결과보고대회 자료집, 1－75. 한국사회복지협의회.

양옥경 외(2011). 사회복지 윤리와 철학. 나눔의집.

양옥경·최명민(2010). 사회복지기관 윤리경영 자가점검지표 개발에 관한 연구. 한국사회복지행정학회, 12(2), 43－77.

에이블 뉴스(2010. 2. 9). “발달장애인 불임수술은 인권침해”.

여성가족부(2012). 2012년 여성정책 수요조사.

우국희·임세희·성정현·최승희·장연진·좌현숙(2013). 사회복지 윤리와 철학. 공동체.

윤형숙(2004a). 국제결혼 배우자의 갈등과 적응. 최 협·김성국·정근식·유형기 공편, 한국의 소수자, 실패와 전망(pp. 321－349). 한울.

이삼열(2004). 인권사상의 발전과 실천과제. 도서출판 오름.

李瑞行(1995). 東西洋의 正義論. 哲學思想, 16, 77－104.

이순민(2012). 사회복지 윤리와 철학. 학지사.

이종수(2009). 행정학사전. 대영문화사.

이효선(2005). 사회복지 윤리와 철학의 이해. 학지사.

임의영(2003). 사회적 형평성의 개념적 심화를 위한 정의론 비교연구 : Rawls에 대한 Nozick, Walzer, Young의 비판적 논의를 중심으로. 한국사회와 행정연구, 14(2), 47-64.

임홍빈(2000). 인권의 이념과 아시아가치론. 아연출판부.

장홍숙(2008). 사회복지사의 윤리적 민감성에 영향을 미치는 요인 연구. 숭실대학교 대학원 석사학위논문.

전만길(2005). 외국인주부 한국생활실태조사연구. 한국외국어대학교 대학원 석사학위논문.

전재일(1981). 사회사업 실제의 통합적 접근방법에 관한 연구. 사회복지연구, 10.

정원섭(2011). 정의론과 공정성의 조건. 철학과 현실, 88, 22-34.

정진성·공석기·구정우(2010). 인권으로 읽는 동아시아 - 한국과 일본의 인권 개선조건 -. 서울대학교출판문화원.

정철현(2005). 문화연구와 문화정책. 서울경제경영.

조추용(1998). 사회복지 전문직에 관한 연구. 한국사회복지학회 추계학술대회 자료집. 한국사회복지학회, pp. 108-122.

조효제(2007). 인권의 문법. 후마니타스.

지식채널e(2001). 지식e 1~6. 북하우스.

채구묵(2002). 사회복지노동조합 결성의 필요성, 방향 및 전략. 사회복지정책, 14.

철학사전편찬위원회(2009). 철학사전. 중원문화.

최명민(2005). 정신보건사회복지사의 윤리적 민감성 훈련프로그램 개발 및 평가. 정신보건과 사회사업, 20, 182-215.

최명민(2007). 사회복지사 윤리적 민감성 척도 개발과정 및 그 과정에서 나타난 논점들. 한국사회복지학회 국제학술발표대회지, 2007(2), 577-584.

최명민·이기영·최현미·김정진(2009). 문화적 다양성과 사회복지. 학지사.

최 현(2008). Vita Activa 1 인권. 책세상.

한국노인복지시설협회(2009). 노인복지시설 인권매뉴얼. 한국노인복지시설협회.

한동우(2002). 국내 이주노동자의 실태와 사회적 대응방안. 상황과복지, 12, 13-42.

홍기혜(2000). 중국 조선족 여성과 한국 남성간의 결혼을 통해 본 이주의 성별 정치학. 이화여자대학교 대학원 석사학위논문.

홍성철(2007). 유곽의 역사. 페이퍼로드.

Alissi, A. S.(1965). Social Influences on Group Values. *Social Work, 10*(11).

Barry Cournoyer(2000). *The Social Work Skill Workbook 3.* 김인숙 · 김용석 공역(2002). 사회복지실천기술 연습. 나남.

Barsky, A. E.(2010). *Ethics and Values in Social Work.* Oxford University Press.

Beauchamp, T., & Childress, J.(1994). *Principles of Biomedical Ethics*(4th ed.). New York : Oxford University Press.

Beetham, David(1999). *Democracy and Human Rights.* Cambridge : Polity.

Biestek, F. P.(1967). *The Casework Relationship.* George Allen & Unwin.

Bobbio(1996). *The Age of Rights.* Cambridge, UK and Oxford *: Polity Press.*

Bok, S.(1983). The Limit of Confidentiality. *The Hastings Center Report, 13*(1), 24–31.

Congress, E.(1999). *Social Work Values and Ethics.* Chicago : Nelson–Hall.

Corey, G., Corey, M. S. & Callanan, P.(1988). *Issues and Ethics in the Helping Professions*(3rd ed.). Brooks/ Cole Publishing Company.

David Jary(1995). *Collins Dictionary of Sociology.* Harper Collins Publishers.

Freeman, Michael(2002). *HUMAN RIGHT – An interdisciplinary approach.* Blackwell Publishing Ltd.

Furman, F. K.(1987). Teaching Business Ethics : Questioning the Assumption, Seeking New Directions. *Journal of Business Ethics, 6.*

Gordon, Andrew(1991). *Labor and Imperial Democracy in Prewar Japan.* University of California Press.

Griffin, James(2008). *On Human Rights.* Oxford : Oxford University Press.

Hepworth, D. H., & Larsen, J. A.(1990). *Direct Social Work Practice*(3rd ed.). Belmont, CA : Wadsworth Publishing Company.

Honer, S. M., & T. C. Hunt(1987). *Invitation to Philosophy : Issues and Options.* Belmont. Calif : Wdasworth Publishing Co.

Ian, Neary(1996). *Case Studies on Human Rights in Japan.* Japan Library.

Kirst–Ashman, K. K., & Hull, G. H.(1999). *Understanding Generalist Practice*(2nd ed.). Nelson–Hall Publishers.

Levy, Charles S.(1984). Values and Ethics. In S. Dillick(Ed.), *Value Foundations of Social Work*(pp. 17–29). Detroit : School of Social Work, Wayne State University.

Loewenberg, Frank. M., & Dolgoff, R.(1996). *Ethical Decisions for Social Work Practice.* Peacock. Inc. 서미경 · 김영란 · 박미은 공역(2009). 사회복지실천윤리. 양서원.

Micheline Ishay(2004). 조효제 역. 세계인권사사상사. 도서출판 길.

NASW(1995). *Encyplopedia of Social Work.* Maryland : NASW.

Nozick, R.(1974). *Anarchy, State, and Utopia.* 남경희 역(2000). 아나키에서 유토피아로 : 자유주의국가의 철학적 기초. 문학과지성사.

Rawls, J.(1971). *A Theory of Justice.* 황경식 역(1986). 사회정의론. 서광사.

Reamer, F. G.(1994). *Social Work Malpractice and Liability.* New York : Columbia University Press.

____________(1995). Malpractice Claims against Social Workers : First Facts. *Social Work, 0*(5), 595－601.

____________(1999). *Social Work Values and Ethics*(2nd ed.). New York : Columbia University Press.

Rothman, J.(1989). Client Self－Determination : Untangling the Knot. *Social Service Review, 63,* 598－612.

Russell, B.(1996). *HISTORY OF WESTERN PHILOSOPHY.* 서상복 역(2009). 러셀 서양철학사. 을유문화사.

Samuel Moyn(2011). 공민희 역. 인권이란 무엇인가?. 21세기 북스.

Sturdevant S. P., & Stoltzfus. B.(2003). 김윤아 역. 그들만의 세상–아시아의 미군과 매매춘. 잉걸.

Walsh, J.(2006). *Theories for Direct Social Work Practice.* Belmont, CA : Thomson.

Walzer, M.(1983). *Spheres of Justice : A Defence of Pluralism and Equality.* 정원섭 외 역(1999). 정의와 다차원적 평등 : 정의의 영역들. 철학과 현실사.

Wolfson, E.(1999). The Fee in Social Work : Ethical Dilemmas for Practitioners. *Social Work, 44*(3), 269－273.

Wynn, J.(2006). *Theories for Direct Social Work Practice.* Belmont, CA : Thomson Brooks/Cole.

Young, I.(1990). *Justice and the Politics of Difference.* Princeton, New Jersey : Princeton University Press.

Zastrow, C. H.(1999). *The Practice of Social Work*(6th ed.). Pacific Grove, CA : Brooks/ Cole.

〈웹사이트〉
국제노동기구. http://www.ilo.org
두산백과. www.doopedia.co.kr
위키백과. http://ko.wikipedia.org/wiki/위키
한국사회복지사협회. www.welfare.net

찾아보기

인명

• 내용 •

저/자/약/력

윤성호(shyun71@gmail.com, **제1부 사회복지의 철학**)
동서대학교 사회복지학부 부교수
부산대학교 대학원 사회복지학과 박사(사회복지정책 및 제도전공)

이미라(miracle9025@naver.com, **제2부 사회복지실천 윤리**)
동의대학교 사회복지학과 부교수
부산대학교 대학원 사회복지학과 박사(사회복지실천전공)

손지현(sonjikaki@daum.net, **제3부 인권과 사회복지**)
신라대학교 사회복지학부 조교수
부산대학교 대학원 사회복지학과 박사(지역사회복지전공)

인권과 함께 살펴보는
사회복지 윤리와 철학

|공저자| 윤성호 · 이미라 · 손지현

|1판 1쇄| 발행 2023년 9월 15일
|1판 2쇄| 발행 2025년 2월 20일

|발행인| 김 동 훈
|발행처| 공 동 체

|주소| 경기도 고양시 일산동구 호수로 358-39, 동문타워 I 905호(백석동)
|전화| 031) 814-3000(대표)
|팩스| 031) 814-3100
|홈페이지| http://www.compub.co.kr
|전자우편| compub@naver.com
|출판등록| 2005년 10월 6일
|등록번호| 제396-2005-36호

|ISBN| 979-11-6725-488-7
정가 20,000원